역사의 글쓰기

문 학 과 영 화 가 역 사 를 만 날 때

* 이 저서는 2007년 정부(교육과학기술부)의 재원으로 한국연구재단의 지원을 받아 수행된 연구임(NRF-2007-361-AL0015).

역사의 글쓰기

문학과 영화가 역사를 만날 때

이화인문과학원 엮음

이화출판

책을 펴내며

역사의 글쓰기를 논할 때 중요하게 제기되는 문제 중의 하나는 역사의 진실성과 이야기의 허구성에 관한 것이다. 역사 서술은 이야기를 전제로 하며, 이야기란 허구나 상상을 내포하기 때문이다. 그렇다면 '상상적인 것'의 산물인 문학 텍스트는 역사와 어떤 관계일까? 문학은 종종 역사적 사실들에 문제를 제기하며 나아가 그것들을 이데올로기와 인식론으로 전환하는 구실을 하기도 한다. 어떤 역사적 사건이나 개념, 논쟁거리에 대해 기술할 경우, 정치적이든, 이데올로기적이든, 아니면 인식론적이든 그것은 항상 현재와의 관계하에 재구성되고, 그 과정에서 미학적인 서술이나 문체가 개입한다. 이때, 근원적으로 허구의 속성을 가진 문학은 종종 한 시대의 이데올로기적 사유에 대한 비판적 기능을 하기도 하며 역사가들이 자임하는 객관성을 문제 삼기도 한다.

이화여자대학교 이화인문과학원과 파리-동東대학Université Paris-Est Marne-la-Vallée 문학·지식·예술연구소Centre de recherche Littérature Savoir et Arts는 2012년 6월과 10월 두 차례에 걸쳐 "역사의 글쓰기Ecritures de l'histoire"라는 제하의 공동학술대회를 개최하였다. 두 대학의 교수들과 두 연구소의 연구자들이 참가한 이 학술대회를 기획하면서 우리가 공유했던 문제의식은 다음과 같다. 역사적 '사실'은 어떻게 역사적 '사건'으로 전환되는가? 역사가들이 선택한 '역사적 사실'은 어떻게 텍스트로 기술되는가? 다시 말해 문학 · 예술 텍스트는 역사적 사실을 어떻게 서술하는가? 문학적 글쓰기는 역사적 의미의 구성에 어떤 기여를 하는가? 문학이라는 허구는 역사 기술에 인식론적 전환을 가져올 수 있는가? 영화나 미술은 역사에 대한 서술과 해석에서 어떤 다른 관점을 지닐 수 있을까?

이 책은 두 학술대회에서 발표 · 논의된 결과의 일부로서, 그 객관성과 진실성에 대한 논쟁이 끊이지 않는 역사 구성의 메커니즘을 재현하고, 반성하고, 재구성하는 문학적 · 예술적 성과에 대한 다양한 연구들을 담고 있다. 전체 4부, 총 15편의 글로 구성되어 있는데, 우선 1부는 역사와 기억의 문제를 중점적으로 다루고 있으며, ' '역사의 시대'라 불리는 19세기 프랑스의 사실주의 소설가'라는 소제목의 2부에서는 발자크와 플로베르의 작품에 나타난 역사 쓰기의 양상과 의미를 검토하고 있다. 20세기의 문학을 대상으로 한 3부에서는 현대 문학이 니체가 정의한 '기념비적 역사'를 해체하고 있는 것으로 보고, 역사를 바라보고 재구성하는 다양한 관점들에 초점을 맞추었다. 마지막으로 제4부에서는 영화가 역사를 어떻게 재구성하는지 점검했다. 아무쪼록 이 책이 문학과 영화가 역사와 맺는 관계에 관심을 가진 연구자들과 학생들에게 많은 도움이 될 수 있기를 바란다.

2013년 5월

송기정(이화여자대학교 불어불문학과 교수)

차례

1부

역사와 기억

기억과 판단

: 16–17세기 역사의 과학적 위상 정립과정

엘렌 바 오스트로비엑키

16세기는 학문 방식이 신학으로부터 해방되는 가운데, 지식의 여러 영역과 이들의 상호 관계가 심도 있게 재정의되던 시기이다. 이러한 가운데에서, 인간사 관련 지식인 역사는 자립적 위상과 새로운 과학적 정당성을 획득하고자 했다. 이러한 시도는 역사가의 임무를 어떻게 정의할 것인가를 두고 16세기에서 17세기로 넘어가는 무렵에 벌어진 미묘한 신경전을 통해 잘 알 수 있는데, 이때의 논쟁들을 통해 역사가의 기억이 아니라 판단능력을 중요시하고, 역사가를 단순히 과거사의 전달자로만 보지 않는 시각이 대두되었다. 이러한 역사의 학문적 정체성 확립과정은 17세기에도 계속된다. 연구방법론의 재정립이 한창이던 학계의 전반적 맥락 안에서 역사 또한 학문적 정당성을 확립해가고자 했다.

1. 16세기의 인본주의적 역사관

사실의 수집과 선택

『수상록』 중 「책에 관하여Des Livres」에서 몽테뉴가 역사가에 대해 언급한 다음 부분은 역사가에 대한 고찰의 출발점이 된다.

> "아주 초보적인 역사가들은 역사적 사실에 자신들의 시각을 섞지 않고, 기록할 내용만을 성심껏 모을 뿐이다. 이런 유형의 역사가들은 그 진실 여부에 대한 판단을 우리에게 전적으로 남겨둔다. […] 그런데 탁월한 역사가들은 무엇을 알려야 할지 선택하고, 더 사실처럼 보이는 것을 가려낸다. 이 유형의 역사가들은 우리에게서 판단의 수고를 덜어주긴 했다. 그렇긴 해도 이것은 마뜩잖은 일이다. 두 유형의 역사가들 중에서, 두 번째 유형이 우리를 망쳐놓고 있다. 그들은 음식을 씹어서 우리 입 안에 넣어주는 짓을 하고 있는 것이다. […] 꼭 알아야 할 것들을 선택한다고 하면서 그들은 종종 우리에게 훨씬 유용한 말이나 사건을 빼놓는다. 정말 놀라운 것은 그들이 잘 이해할 수 없다는 이유로 빼먹기도 한다는 것이다. […] 분명 그들은 자신들의 훌륭한 논리와 우아한 표현을 마음껏 펼쳐 보이고, 그들 나름대로 판단할 권리가 있다. 하지만 우리에게도 판단할 여지를 남겨두어야 한다."[1]

이 부분은 역사가의 임무에 대한 중요한 두 가지 측면을 보여준다. 첫 번째는 사실을 '모으고 기록하는' 것이다. 사실 수집의 측면 때문에, 역

---

1 Michel de Montaigne, *Essais*, II, 10, "Des livres", éd. Villey, Paris, PUF, 1965(1924), 416-417.

사가는 정보의 보관자가 되고, 그의 활동은 '기억'에 부합한다. 두 번째는 '취사선택'하고 '결정'하고 선택한 내용을 알리는 것이다. 이 같은 구성 작업은 '판단' 행위에 상응한다. 이 두 가지 측면은 고대 그리스 · 로마 시대부터 사료 편찬 작업에 포함된 것이었다.

이 사료 편찬 작업을 정의할 때 개별적 사실에 주의를 기울인다는 것은 아리스토텔레스의 『시학』에 나오는 유명한 구절을 보면 알 수 있다. 아리스토텔레스는 역사와 시(문학)를 구분하기 위해, 역사는 개별성과, 문학은 일반성과 연결시킨다.[2] 하지만 이런 이론적 구분에 근거하여, 역사적 사실을 다루는 오늘날의 방식을 고대 그리스 시대(혹은 고전 시대)에 투영시킨다면 그것은 부적절한 짓이다. 카트린 다르보-페샹스키 Catherine Darbo-Peschanski는 폴 벤느Paul Veyne의 주장을 환기시키면서 고대 사료 편찬의 특징이 다음과 같다고 밝힌다. "출처에 대한 작업이 없다. 즉 출처의 선택(증언의 선택, 자료의 구성), 출처의 분류(1차 출처, 2차 출처), 출처에 대한 비판적 평가 등이 없다는 뜻이다. [···] 진실에 대한 이런 견해는 사실에 대한 견해와 연결되어 있다. 사실은 존재하며, 역사가에게 명백하고 객관적으로 주어진다. 그래서 사실을 해석하거나 증명하기 위해 애쓸 필요가 전혀 없다. 단지 사실을 기록하기만 하면 된다."[3]

이 같은 사고의 틀 안에서는 역사적 사실보다는 원리가 더 중요하다. 그런데 원리란 역사적 사실로부터 이끌어낸 일반적 법칙으로, 비역사적 성격을 띤다. 가령, 프랑수아 샤틀레François Châtelet에 의하면, 정확성

---

2 Aristote, *Poétique*, 9, 1451ab, introduction, traduction et annotation de Michel Magnien, Le Livre de poche, 1990, 98.

3 Catherine Darbo-Peschanski, "L'historien grec ou le passé jugé", *Figures de l'intellectuel en Grèce ancienne*, sous la direction de Nicole Loraux et Carles Miralles, Paris, Belin, 1998, 44.

을 무엇보다 중요하게 여겼던 투키디데스에게도 "실제로 있었던 것처럼 기록하기 위해 그 텍스트를 논리적으로 구성했다면 그것으로 충분했다. 그에게는, 객관적 사실들을 그대로 기록하는 것보다는 증거와 논리가 보장되는 구조로 재구성하는 것이 더 중요했던"[4] 것이다.

한 가지 더 주목할 만한 사실은 고대 그리스에서 '역사가'라는 인물군이 생겨나자마자 '철학자'와 경쟁 구도를 형성하게 되었다는 것이다. 지식의 무대에 등장한 이 새로운 인물군은 어느 날 갑자기 만들어진 것이 아니다. 그런데 얼마 지나지 않아 역사가는 철학자 앞에 무릎을 꿇는다. 기원전 4세기에 들어서면서 철학자는 주요한 준거가 되며, 지식계의 척도가 되기 때문이다. 역사가는 철학자를 비판할 뿐 아니라 철학자를 자처하며, 혹은 철학에 대응하기 위해 역사가 철학적임을 보여주려고 노력한다.[5]

고대 그리스 시대부터 역사가의 작업은 개별적 실재實在의 사실 기록이었을 뿐만 아니라, 이 개별적 실재로부터 일반적 결론을 이끌어내는 판단 작업이기도 했다. 이것은 역사가의 임무에 대한 고전주의적 이해이며, 17세기의 사료 편찬 작업에 근거해볼 때도 여전히 타당한 생각이다. 17세기의 사료 편찬에 대한 이런 이해는 『역사서를 위한 서문』(1646)에서 라 모트 르 바이에La Mothe Le Vayer가 주장한 것이다. 그는 키케로와 타키투스에게서 발견한 법칙을 다음처럼 언급하고 있다. "단지 사건들만을 기록하는 것이 아니라, 항상 그 이유와 이전의 교훈을 전달하는 것"[6]이 법칙임을 환기시킨다. 다시 말해, 고대 그리스 시대 이래로 역

---

4 François Châtelet, *La naissance de l'histoire*, Paris, Minuit, 1962, 37.

5 François Hartog, "Premières figures d'historien en Grèce : historicité et histoire", *Figures de l'intellectuel en Grèce ancienne*, 1998, 124 참조.

6 François de La Mothe Le Vayer, *Œuvres de François de La Mothe Le Vayer, Conseiller d'État, Nouvelle édition revuë et augmentée*, éd. Michel Groll, Dresde, 1756, vol. IV, partie II, 286.

사를 규정할 때는 두 가지 작업으로 구성된 기준을 적용시켜왔다. 하나는 사실 복구 작업이며, 다른 하나는 이 사실에 바탕한 지적 재구성 작업이다. 그런데 이 두 작업의 유기적 연결방식은 시대에 따라 달라지며, 역사가의 다양한 작업 양상을 드러내준다.

'탁월함'에 대한 '단순함'의 승리

몽테뉴 텍스트의 인용 부분을 통해, 16세기에서 17세기로 넘어가는 시점에서 역사가에게 무엇을 기대했는지 알 수 있다. 역사가에게 요구되는 것은 '아주 단순한' 기억이거나 '탁월한' 판단이었다. 첫 번째 요소인 기억은 역사의 특성이 무엇인지에 대한 질문을 낳는다. 몽테뉴는 역사가의 임무에 대해 복구 작업만으로 충분하다고 본다. 이 입장은 자명한 듯이 보이지만 일반적인 역사 인식에 대립되는 것이며, 앞으로 설명할 두 번째 입장인 '판단'에 반대되는 것이다. 두 번째 요소인 판단은 사료 편찬 작업의 타당화에 필요한 기준에 대한 질문을 낳는다. '탁월한' 역사가들의 우월성은 그들의 작업방식(합리적 과정)이 아니라, 이 방식의 수행능력과 관련이 있다. 탁월한 역사가나 범용한 역사가나 모두 똑같은 방식으로 작업하기 때문이다. 즉 두 역사가 모두 취사선택하고 다시 표현하므로, 방법론적으로 볼 때는 범용한 역사가가 탁월한 역사가에 비해 어떤 면에서 부족한 것인지 정확하게 짚어낼 수 없다. 탁월한 역사가의 성공 이유에 대해서, 몽테뉴는 역사가의 도덕적 자질이 기준이 될 수 있다고 간접적으로 밝힌다. 그런데 이 도덕적 자질은 그 역사 텍스트의 성공, 즉 역사가에 대한 독자의 신뢰에 따라 결정된다.

역사가들 중에는 '기억과 판단' 사이를 오가는 이들이 있다. 이러한 부류의 역사가들의 실패를 통해, 사료 편찬 작업을 정의할 때 왜 확실한 태도를 취할 수 없는지 짐작할 수 있다. 고대 그리스 시대의 계승자인 인본주의 역사가는 기억과 판단을 함께 활용하여 역사 기술을 하려고 했었다. 그런데 비범한 재능은 찾아볼 수 없었고, 평범한 방식으로 기억과 판단을 연결시켰다. 이 평범한 방식을 통한 판단과 기억의 연결은 나쁜 결과를 초래하고 말았다. 바로 이것 때문에, '기억'만을 중시하는 '아주 단순한' 역사가들이 주목받으며 중요하게 자리매김하게 되었다. 단순한 역사가란, 좋은 역사가를 정의하는 기준을 찾지 못한 막다른 상황에서 얻은 궁여지책인 셈이다. 즉 역사가의 임무에서 아예 '판단'을 제거함으로써 열등한 판단을 제거한 것이다. 그렇게 해서 단순한 역사가는 수사학 형태(및 그 도덕적 배경)와 '사실' 요소를 분리시켰다. 이처럼 '판단' 작업이 제거된 후, '사실'은 역사 기록 작업의 핵심 구성요소가 되었다.

사실 복구 작업이 역사에 대한 지식에서 핵심적인 사항이 되면서 역사가의 도덕적 자질에 대한 질문도 더 이상 필요 없게 된다. 또한 역사의 수사적 타당성에 대한 질문도 필요 없게 된다. 이처럼 사실 복구 작업이 역사 글쓰기의 중심에 서자, 지적 단련을 위한 여지가 생겨나게 된다. 그런데 이 지적 단련의 공간은 독자가 그대로 받아들여야 하는 역사가의 도덕적 권위가 세워지는 공간이 아니라, 독자 자신에게 주어진 비평 훈련의 공간이다. 게다가 역사가와 독자의 이 같은 임무 분담은, 역사가의 해석 작업에 어떤 위상을 부여할 것인지에 대한 17세기 초반의 토론에서 쟁점이 된다. 어떤 이들은 역사가의 해석이 "부족한 독자들의 판단능력을 보충하기 위해 필요하다"[7]고 생각한다. 그런가 하면, 도덕적 판단을 드러내는 철학자나 연설가(웅변가)의 방식과 역사가의 기술 작업

7 Béatrice Guion, *Du bon usage de l'histoire*, Paris, Honoré Champion, 2008, 178 이하 참고.

을 분명하게 구분 짓는 것이 바람직하다고 여기는 이들도 있다. 이 두 가지 입장을 통해, 독자의 역할을 고려하는 가운데 역사가의 임무를 다양하게 한정 지을 수 있다. 정보 수집만이 역사가의 고유한 영역이고, 이 정보에 대한 이론적 재구성은 그 영역이 아니라고 할 수 있다. 이럴 경우, 역사는 더 높은 과학적 정당성을 갖춘 학문 영역들에 단지 재료를 공급하는 위치에 머물게 된다. 반대로 역사에 두 가지 영역이 모두 포함된다면, 역사는 이론적 차원에서 과학적 정당성을 갖게 된다. 하지만 이 입장은 역사가의 도덕적 권위에 바탕하기 때문에, 과학적 정당성이란 측면에서는 불안정할 수밖에 없다.

앞서 인용한 몽테뉴의 말은 16세기의 학문 영역에서 역사가 이 같은 문제적 위상을 갖고 있음을 잘 보여준다. 역사는 두 가지 다른 양상으로, 키케로의 표현을 빌자면, "생의 스승"이 된다. 기억을 강조한다면, 역사는 다른 학문에 재료를 제공해줌으로써만 가르침을 줄 수 있다. 한편 판단에 강조점을 둔다면, 역사의 가치는 신뢰할 만한 탁월한 몇몇 역사가들에만 근거하게 된다.

무엇보다 진실을

그런데 이 신뢰도('선택의 충분조건')는 어디에 근거하는가? 몽테뉴에 따르면, "유일한 좋은 역사는 지배자들이나 그 지배적 주도권에 참여한 자들, 다른 일들을 주도할 수 있는 재력을 가진 자들에 의해 기록된 것이다. 그런데 이들은 거의 그리스인들이나 로마인들이다."[8] 역사가의 판단은 자신의 경험에 근거할 때 타당하다. 이 논리에 의하면, 역사 기록

8 Michel de Montaigne, 앞의 글, 418.

의 과정에는 사실 기록뿐 아니라, 그 사실 기록에서 비롯된 영향을 표현하는 사료의 재구성도 포함된다. 역사가는 자신의 경험을 설명하고, 마주한 특정 사실이 그 자신에게 끼친 영향을 설명한다. 그래서 역사가가 사건의 근원지(출처)에 더 가까이 위치할수록, 그의 기록은 더욱더 믿을 만하다. 이 기록 안에는 그 근접성을 통해 타당성을 인정받은 결론들도 포함되기 때문이다.

이것은 역사가를 증인 혹은 그 사실에 직접 관여한 앞선 증인들의 중계자로만 간주하는 인본주의 역사에서 중요한 타당성 기준이다. 경험은 역사적 말(語)을 정당화하고 그 말이 진리라는 주장에 토대를 제공한다. 그래서 경험에 뿌리를 두고 있다는 점을 통해, 16세기에 역사는 학문으로서의 자립성과 과학적 신빙성을 인정받고자 한다. 뒤부아Claude-Gilbert Dubois에 의하면, 이 시기의 "역사는 연설 기교를 넘어서, 과학적 위상을 갖추기 위한 문턱에 올라서는 변화를 보였고", 이 변화는 이탈리아 사료 편찬 작업의 영향으로 이루어졌다. 이탈리아 사료 편찬에서는 "진실을 구축하는 방식을 강조함으로써 […] 역사를 문학이 아니라 과학의 영역 안에 포함시키기"[9] 때문이다.

진실의 추구를 가장 우선시한다는 것, 이는 예를 들어 장 보댕Jean Bodin의 『역사를 쉽게 배우는 방법Méthode pour faciliter la connaissance de l'histoire』(1566)의 첫 페이지에 다음처럼 나타나 있다. "세 가지 종류의 역사 혹은 진실된 이야기가 있다."[10] 역사에 대한 이 정의는 역사 탐구를

---

9 Claude-Gilbert Dubois, "Les lignes générales de l'historiographie au XVIe siècle", *L'histoire et les historiens au XVIe siècle*, Publications de l'Université de Saint-Étienne, 2001, 23.

10 Jean Bodin, *La Méthode de l'histoire*, traduction de Pierre Mesnard, Paris, Éditions des Belles Lettres, 1941, 1.

과학의 영역 안에 놓아두기 위해서이다. 이 입장은 같은 책의 다른 곳에서도 발견된다. "이야기가 진실에 부합하지 않으면, 거기에 역사적이라는 이름을 붙일 수 없다."[11] 이 말은, 전통적으로 역사가 속해 있던 문학 영역으로부터 역사를 떼어낸다는 뜻이다.[12] 경험에 뿌리를 둠으로써, 역사에서 모든 허구적 구성방식을 배제시키고, 실제 사실을 고려한다는 주장에 힘이 실린다. 그렇게 해서 16세기 말, 라 포플리니에르La Popelinière는 역사가 "이제 자신들의 열정만을 좇는 시인들과 화가들에게 상상과 허위의 자유를 내주고" 대신 "이성을 안내자로 삼아 진실한 이야기를 공유해야 한다"[13]고 주장한다. 라 포플리니에르와 보댕에 따르면, 역사는 진실을 추구하는 이성적 과정이다. 즉 역사와 자연과학과의 유사성을 보여주는 것을 통해 문학의 범주에서 역사를 뽑아내려고 한 것이다.[14]

역사는 그동안 주인으로 섬겼던 수사학과 단숨에 거리를 두고, 자연철학에서 새로운 정당성을 찾으려고 한 것 같았다. 하지만 한쪽을 버린다고 해서 자동적으로 다른 한쪽을 얻게 되는 것은 아니다. 역사가들은 허구를 버리면서, 이성의 이름으로 열정을 내던진다. 기분 좋은 그럴싸한 이야기로 독자에게 불러일으키는 열정이든, 역사가의 객관성을 해칠 수 있는 역사가 자신의 열정이든, 어쨌든 열정을 버린 것이다. 하지만 이 합

11 Mawy Bouchard, "L'invention fabuleuse de l'histoire à la Renaissance. Processus d'autoconsécration et émergence d'une nouvelle discipline savante (Bodin et La Popelinière)", *Littératures* n° 47, *Fictions du savoir à la Renaissance*, automne 2002, Toulouse, Presses Universitaires du Mirail, et www.fabula.org/colloques/documentlol.php, 4-5 참조.

12 Claude-Gilbert Dubois, 앞의 글 14 참조.

13 La Popelinière, *Histoire des histoires* (1599), Mawy Bouchard, 앞의 글 14 재인용.

14 "16세기 말경 역사가들은 [···] 점점 더 시인들과 차별화되려고 한다. 르네상스 시대의 '과학'은 자연철학 영역과 물리적 현상 연구를 가리키는 것이지만, 역사 이론가들은 소위 과학적 활동, 다시 말해 진실을 최우선시하는 활동의 몇몇 특성을 보여주고자 한다" (Mawy Bouchard, 앞의 글, 4-5).

리성이 역사의 과학적 위상을 정당화하지 못한다면, 사료 편찬 방법의 중심에 있는 이 합리성은 문제를 야기하게 된다. 보댕은 마리-도미니크 쿠지네Marie-Dominique Couzinet의 분석에 근거하여 이 이론적 어려움을 다음처럼 명확하게 보여준다. "역사를 예술로 만들려고 하는 것에 대응하여, 보댕은 역사가 개별적 역사가 아니라 [⋯] 인식 가능한 모든 것을 대상으로 하는 보편적 역사라고 답한다. [⋯] 따라서 역사는 모든 도덕적, 이론적 가르침의 [⋯] 보관소라는 의미에서 규범적 성격을 띠게 된다."[15]

해결해야 할 난점

역사의 보편성을 강조하는 이 같은 접근을 통해 역사는 새로운 이론적 위상을 갖게 되었다. 하지만 이런 접근은 양면성을 띠게 된다. 보편성이 대상의 적용 범위와 연관되어 적용 범위의 극대화를 의미하게 된다. 즉 이 보편성은 연구방법론과는 무관한 것이다. 따라서 적용 범위의 보편성이 오히려 연구방법론과 관련된 역사의 과학성을 사라지게 할 위험이 있는 것이다. 라 포플리니에르는 이 입장에 관련된 위험을 다음처럼 지적했다. "보댕도 역사를 인간 활동의 이야기이지, 신의 이야기나 그 외 다른 이야기로 생각하지 않았음이 분명하다. 그렇게 해서, 그의 방법은 보편적 역사가 아니라 개별적 역사에 적용되는 것이 분명하다."[16] 하지만 라 포플리니에르도 이 위험에서 완전히 자유로운 것은 아니다. 그는 역사가 적용 범위의 보편성에서 다른 학문들보다 우월하다고 생각하기 때문이다. "모든 세상사의 영역 위에 세워진 역사는 그 모든 것을

15 Marie-Dominique Couzinet, *Sub specie hominis. Études sur le savoir humain au XVIe siècle*, Vrin, 2007, 156.

16 La Popelinière, 앞의 책, X, Mawy Bouchard, 앞의 글 13 재인용.

끌어안으면서, 역사만이 제공할 수 있는 이점을 이 영역들에 가져다준다."[17] 이렇게 이론적 정당성을 보증해주는 '판단'을 강조하게 되면, 그동안 추구해왔던 역사 영역의 정체성이 희석될 수 있다.

역사의 과학적 정당성을 확립하기 어려운 이유는 기억의 차원인 수동적 논리와 판단의 차원인 능동적 논리를 유기적으로 연결시키기가 쉽지 않기 때문이다. 기억은 증언을 통해 정보를 습득하는 수동적 논리 활동이고, 판단은 사실 자료를 이성적으로 재구성하는 능동적 논리 활동이다. 이 둘 사이에 끼인 역사는 하급 학문이거나, 역사 영역으로서의 정체성을 상실한 연구방법이 되어버린다. 즉 역사는 원재료를 공급하는 역할을 하면서 전前이론적 위상만을 갖거나, 어떤 대상이라도 검토할 수 있는 이성적 활동이 되어버린다. 그래서 역사는 때로는 부족해서, 때로는 과해서, 과학 영역에서 자신만의 자리를 찾기 어려운 것이라고 할 수 있다.

이 난관을 극복하기 위해서는 판단 활동의 가치를 부각시켜야 한다. 하지만 이전과는 다른 방식으로 이 판단 활동을 부각시켜야만 한다. 즉 사실에 바탕하여 논리적 일관성을 가진 이야기를 만들어내는 것이 아니라, 사실 그 자체를 입증해야만 한다. 증언에 대한 역사가의 태도가 달려져야 한다는 뜻이다. 역사가는 자신의 임무의 과학성을 확고히 하기 위해서, 자신이 증인의 말을 전달하는 중계자, 다시 말해 증인의 권위를 물려받은 자가 아님을 인식해야 한다. 증언을 비평적으로 평가하는 자, 다시 말해 이 비평적 이성 활동의 권위를 보유한 자가 되어야 한다.

16세기 말에도 이 난관을 여전히 넘어서지 못했다. 정당성과 자율성을 추구하는 역사 앞에는 방법의 양면성이라는 장애물이 놓여 있었던 것이다. 그래서 역사는 복원하고 보존하는 하나의 방식일 뿐, 진정한 과학성

---

17 위의 책, 6.

은 결여되어 있다는 공격을 받았다. 데카르트를 비롯한 17세기 사상가들은 역사가 판단의 반대편에 있는 기억과 연관성이 있다고 비난하게 된다.

2. 17세기의 과학적 방법론

역사와 과학의 대립

데카르트는 그의 연구방법론 때문에 중요한 준거점이 될 수 있는 인물이다. 하지만 역사학의 과학적 위상을 견고하게 하기 위한 방법론적 고찰은 르네상스에 시작된 것으로, 데카르트 방법론의 탄생과 별개로 17세기에도 계속되었다. 이 사실은 『방법서설Discours de la méthode』(1637)보다 앞서 나온 『마술사라고 비난받은 위인들을 위한 변론Apologie pour les grands hommes accusés de magie』(1625)에서 가브리엘 노데Gabriel Naudé가 했던 분석에서 확인할 수 있다. 그런가 하면, 자연과학 영역에서 이루어진 새로운 연구방법론의 추구는 갈릴레이의 저서 『천문대화Dialogo sopra i due massimi sistemi del mondo』(1632)가 나올 수 있는 원동력이 되었다.

『진리의 탐구La Recherche de la vérité』에서 데카르트는 과학적 학문 영역에서 역사를 완전히 빼버린다. "이성적 담론 없이 축적된 단순한 지식과 과학적 학문은 서로 다르다는 것을 주지하길 바란다. 즉 언어, 역사, 지리 등과 같이 경험에만 근거한 지식은 과학적 학문과는 다르다는 뜻이다."[18] 데카르트의 이 같은 구분은 파스칼에게서도 찾아볼 수 있다.

---

18 René Descartes, *La Recherche de la vérité*, *Œuvres philosophiques*, éd. Ferdinand

『진공론 서설Préface au traité du vide』에서 파스칼은 "[과학적 학문의] 한 영역은 기억에만 좌우되는 것으로 순수하게 역사적이며, 그 목적은 다른 저자들이 기록해둔 내용을 알아가는 것일 뿐이다. 나머지 한 영역은 이성적 사유에만 좌우되는 것으로 전적으로 교조주의적이며, 그 목적은 숨겨진 진리를 찾고 발견하는 것이다"[19]라고 쓰면서, 이성적 결정과 기억을 분리했다. 그런데 역사를 과학적 학문 영역에서 배제시킨 데카르트와 달리, 파스칼은 역사를 지식 형성을 위한 방식 중 하나로 보고 과학적 학문 영역 안에 놓아둔다.

'역사적'과 '과학적'이라는 두 가지 방식의 구분을 통해, 데카르트는 과학이란 이성적 주체의 자족적인 창의력이라고 정의하기에 이른다.[20] 두 영역의 차이점은 주체가 지식과 어떤 관계를 맺느냐에 있다고 생각했던 것이다. 역사의 경우는 수동적 관계이며, 과학의 경우는 능동적 관계이다. 역사는 책을 통해 전통으로부터 얻는 것에 그대로 동의하는 관계를 의미한다. 반면, 과학의 특성인 이성적 행위는 자율적 관계이며, 단순 기록에 대해서 거리를 두는 것을 의미한다. 이 같은 입장은 다른 중요한 문제를 드러내준다. 즉 이성적 행위를 중요하게 여기는 논증에서, 이성을 돋보이게 하려고 역사를 이용한다는 점이다. 이 같은 예는 많은 저자들에게서 찾아볼 수 있고,[21] 그들이 철학자이건, 물리학자이건, 실험가이

Alquié, Paris, Bordas, 3 vols., 1988-1989 [1963-1973], t. II, 1111-1112.

19 Blaise Pascal, *Œuvres complètes*, édition L. Lafuma, Paris, L'Intégrale/Seuil, 1963, 230A. 이후에 나오는 파스칼의 인용은 이 저서에서 가져온 것이다.

20 "역사는 이미 발명된 것과 책에 기록되어 있는 모든 것을 의미한다. 반면, 과학은 모든 어려운 문제를 해결하는 능력이며, 그 창의성을 통해 인간 정신이 과학에서 발견 가능한 것을 찾아내는 능력을 의미한다. 이 과학을 소유한 사람은 더 이상 아무것도 바라지 않는다. 따라서 이런 사람은 진정한 의미에서의 '자급자족자'라고 부를 수 있다" (호흐란드Hogelande에게 보낸 1640년 2월 8일자 편지).

21 가령, 갈릴레이의 『천문대화』에 나오는 등장인물 살비아티는 다음처럼 말한다. "이 길

건, 수학자이건 상관없이, 한 가지 공통점이 있다. 그것은 17세기 수학적 모델에 근거하여 정체성을 확립해가던 과학의 울타리 밖에, 역사를 놓아둔 것이다.

사료에 대한 엄밀한 원칙

'역사적'과 '과학적'이라는 구분에 맞서, 역사가 자연과학과 같은 이성적 방식에 속한다는 것을 보여주기 위해서는 역사의 과학적 정당성이 중요하다. 그리고 역사가 인간 행위에 관한 진정한 과학으로서 자리매김할 수 있음을 보여주는 데도 중요한 역할을 한다. 그 이유는, 인간 행위란 결국 자연의 범주 안에 있는 여러 영역 중의 하나일 뿐이기 때문이다. 데카르트의 주장이 보여주듯이, 역사를 과학의 주변부로 내몰아버린 것은 내용과 지적 과정을 서로 연결시켜 생각하기 때문이다(내용은 경험의 전달을 통해 알려진 인간 행위를 말한다. 그리고 지적 과정은 전통이 제공한 자료 아래에 이성을 종속시키는 것과, 사실을 기록하는 기억 작업을 말한

을 가고자 한다면, 철학자라는 이름을 버리시오. 그리고 자신을 역사가 혹은 기억의 박사라고 부르시오. 철학적 추론을 하지 않는 사람은 철학자라는 명예로운 자격을 가질 자격이 없소!" 역사와 과학의 대립은, 라이프니츠가 여러 학문 영역에 대한 대중의 수용 태도에 관해 설명하는 부분에서도 찾아볼 수 있다. "세상 사람들은 일반적으로 역사만을 좋아하고, 과학적 추론처럼 보이는 것은 무시하거나 그 분야의 전문가의 손에 팽개쳐버린다"(*Opuscules et fragments inédits de Leibniz. Extraits des manuscrits de la Bibliothèque royale de Hanovre*, publiés par Louis Couturat, Hildesheim, Georg Olms, 1961 [1903], 225, Guion, 12 재인용). 벨Bayle도 역사의 인기에 대해 언급하면서 역사와 자연과학을 다음처럼 대립시킨다. "물리 실험가나 수학자가 한 명이라면, 역사 연구에 온갖 열정을 쏟는 사람들은 백 명에 이른다."(*Dissertation qui fut imprimée au devant de quelques essais*, *Dictionnaire historique et critique*, seconde édition revue, corrigée et augmentée par l'auteur, Rotterdam, Reinier Leers, 1702 [1697], 3 vols., t. III, 3132.)

다). 따라서 역사학의 위상을 회복하려면, 더 정확하게 말해, 역사학의 위상을 정립하려면, 이 두 가지를 분리시키고, 과학적 방법론에 의한 과정, 다시 말해 자연과학에서 활용하는 것과 유사한 지적 방법과 내용을 연결시켜야 한다.

가브리엘 노데는 이 같은 역사 인식을 일찍이 보여주었다는 점에서, 특히 중요한 인물이다. 장-미셸 그로Jean-Michel Gros의 분석을 따라가면서, 노데의 입장을 알아보도록 하겠다. "마키아벨리의 사상에 의거해, 노데는 역사과학이 기계론적 가정에 속한다는 생각을 장려하려고 한다. […] 바탕이 되는 이 가정으로 인해 역사는 과학이라는 위상을 얻을 수 있다."[22] 이 관점에 의하면, 연구의 대상이 물리적 사물이냐 인간 활동이냐는 거의 중요하지 않다. 두 경우 모두, 지식(학문)으로서의 타당성은 이 연구에 이용된 똑같은 합리성에 근거하기 때문이다. 그리고 이 타당성은 원자료에 좌우되기도 하므로, 원자료가 신뢰할 만한 것임을 밝혀야 한다. 자연과학에서 감각적 인식은 꼭 필요하지만 충분하지는 않은 과정이다. 이와 마찬가지로, 인문과학인 역사에서도 증언은 필수불가결한 원자료라고 할 수 있지만, 적절한 합리적 과정을 거치지 않으면 아무 가치가 없다. 사료 편찬 과정에 대한 이런 인식에 의하면, 증언(역사)의 권위는 증인의 권위가 아니라 그 증언을 구축한 역사가의 이성적 방법의 권위에서 비롯되는 것이다. 이런 점에서, 역사는 데카르트가 말하는 과학에 반대되는 것이 아니다. "철학자의 임무는 질서를 발견하는 것이 아니라 창조해내는 것"[23]이라고 했던 그의 논리에 의거해볼 때, 오히

---

22 Jean-Michel Gros, "Les libertins et l'histoire", *Libertinage et Philosophie au XVIIe siècle, Les Libertins et la Science*, Publications de l'Université de Saint-Étienne, 2005, 130.

23 Philippe Desan, *Naissance de la méthode*, Nizet, 1987, 147.

려 데카르트적 방법론을 적용한 것이라고 할 수 있다.

역사적 사실이 기록되는 것이라기보다는 만들어지는 것이라고 한다면, 그 원칙은 무엇일까? 역사는 불확실하다는 것이 일반적인 생각이며, 이 같은 불확실성은 자연과학의 기하학적 확실성과 대비되면서 역사의 약점으로 간주되기도 한다. 그런데 이처럼 역사를 불확실하다고 여기는 주된 이유는, 역사가 책에 기록된 것에 근거한다는 점 때문이다. 과거의 자료는 강연 등과 같은 음성 기록, 그리고 대부분의 경우 텍스트에 축적되어 있다. 과거 자료가 이처럼 기록을 통해 전달된다는 것은, 대상 자체로 접근할 때 왜곡의 가능성이 있다는 뜻이기도 하다. 반면, 자연과학의 경우는 이 대상과 직접적으로 접촉할 뿐 아니라 그 대상을 직접 다루거나 (실험의 경우에는) 생산해내기 때문에, 실재에 왜곡 없이 접근할 수 있다고 생각하게 된다.

이 같은 주장에 맞서, 역사가는 비평적 읽기를 통해 왜곡의 정도를 줄이는 것을 과학적 임무로 삼게 된다. 우리는 노데의 『마술사라고 비난받은 위인들을 위한 변론』에서 역사에 진정한 과학적 정당성을 부여하기 위해 노력한 흔적을 볼 수 있다. 그는 사료史料 활용의 엄밀한 원칙 몇 가지를 제시한다. 가령, "여론이나 인기 있는 의견에 휩쓸리지" 않기 위해 "원저자에 대한 장기간의 성실한 연구"에 전력을 다해야 한다고 강조한다. 그런가 하면, 이 시대에 "견고하고 진정성 있는 결론에 이르기 위해" 다양한 증언을 "세밀한 이성적 작업을 통해 검토하고 재고"해야 한다고 했다. "자신들의 시대가 판단을 다듬고 정교하게 만들어야 할 시대인 만큼" 여러 증언을 "섬세하게 재검토하고 재고"[24]해야만 한다는 것이다.

---

24 Gabriel Naudé, *Apologie pour les grands hommes accusés de magie, Libertins du XVIIe siècle*, vol. 1, éd. Jacques Prévot, Paris, Gallimard, "La Pléiade", 1998, 376-377.

이성적 판단의 개입

이성의 반대편에 있는 기억의 수동성에 맞서 비평적 작업을 강조하게 된다. 그 이유는 판단 행위는 시간의 지적 특성으로 제시되기도 하기 때문이다. 역사의 원재료는 도덕적 가치가 아니라 과학적 정당성을 좌우하는 판단 행위의 대상이 된 것이다. 즉 역사가가 더 이상 증인의 말을 전달하는 중계자가 아니라 검열자라는 의미에서, 이러한 역사 인식 방법은 인본주의적 역사관과는 거리를 두게 되는 것이다. 증언의 권위는 그냥 주어지는 것이 아니라, 이성적 방법에 의거해 확립되어야 한다. 다시 말해, 역사가의 정당성을 뒷받침해주는 실험은 과거사의 기록자(증인)가 아니라, 비평적 읽기의 주체인 역사가가 행하는 실험이다. 역사가 진정한 의미에서의 과학 영역에 들어갈 수 있었던 것은, 기억 행위가 얼마나 복잡한지를 보여주는 것을 통해서였다. 다시 말해, 기억이 단지 수동적인 기록 행위일 뿐이라는 선입견을 없애는 것을 통해서 가능했다.

그렇게 해서 역사학은 두 가지 움직임을 통해 점차적으로 정당성을 얻어가게 된다. 하나는, 기억을 수동적인 기록 능력으로 보는 데카르트 방법론의 관점과는 거리를 두는 것이다. 다른 하나는, '판단'이라는 적극적인 이성적 능력에 바탕하여 자료 작업을 함으로써 기억으로부터 자료를 되찾는 것이다. 이처럼 기억과 판단을 대립시키는 것은, 역사의 자율성에 대한 르네상스 저자들의 고찰에서도 이미 지배적인 현상이었다. 그렇다면 이런 대립이 17세기 말까지 연장된 것일 뿐일까?

자연과학에서 과학성이 다시 정의되는 가운데 일어난 변화는 학문 사이의 관계에 영향을 끼쳤다. 하지만 이 같은 변화는, 판단이라는 용어의 양면적 사용 때문에 뒤에 가려진 것 같다. 간단히 말해, '사실을 형성하는 판단'과 '사실로부터 구축되는 판단'을 구분하는 것이 중요하다. 17세기 말에 역사가 독립적인 과학적 학문으로 자리를 잡지 못했다면, 그 주된 이유는 '생의 스승'이라는 역사의 오랜 이미지가 너무 강하게 자리 잡고 있었기 때문이다. 물론 "역사는 생의 스승historia magistra vitae"이라는 키케로의 이 표현이 판단과 역사를 이어주는 데 상당한 영향을 끼친 것은 분명하다. 하지만 키케로의 표현과 관련이 있는 '판단'은 역사가가 사실에 근거하여 도달하게 되는 도덕적 판단이다. 이런 관점에서는 역사는 여전히 하인의 신분에 머물러 있다. 신학의 종이 아니라 수사학의 종인 것이다. 역사는 도덕적 철학에 종속된 채, 이 철학에 예증거리인 판단을 제공해주는 위치에 있는 것이다.

자연과학과 비교해본다면, 도덕적 철학의 시녀로서의 역사는 인간 본성에 관한 과학으로서의 위상을 갖게 된 것처럼 보인다. 이것은 퐁트넬의 관점이다. 그에 의하면, 역사는 인류학적 지식을 제공해야 하는데, 인류학적 지식은 경험적 자료에 바탕하여 일반 법칙을 이끌어내기 때문이다.[25] 하지만 역사의 과학성에 대한 이런 인식 때문에, 역사는 비역사적인 도덕적 학문의 도구로 남게 된다. 이런 점에서 본질 - 인간의 본질이라고 해도 - 을 이해하는 방법으로 역사를 이해하는 것은 역사의 진정한 위상 회복이 아니다. 비평적 판단 행위에 의해 구축된 법칙과 불변 요소는 도덕적 관점에 다시 귀속되기 때문이다.

역사학의 진정한 자립은, 역사학자의 연구가 이 같은 도덕적 관점에서 벗어나 사실 구축을 위한 비판적 판단 행위로 옮겨졌을 때, 오직 위계질서의 전복과 더불어서 가능할 것이다. "'역사는 생의 스승'이라는 생각과 완전히 결별하려면, 역사에서 유사점을 찾는 짓을 그만두어야 한다.

25 이하 Béatrice Guion, 앞의 책, 547과 292 참고.

그리고 역사의 매 순간이 유일무이하다는 것을 깨달아야 한다."[26] 이렇게 되었을 때, 다시 말해 19세기가 되어서야, 역사학은 독자적인 과학적 위상을 얻게 된다. 판단이 사실에서 비롯되는 담화 형성일 뿐만 아니라, 사실 구축을 위한 비평적 방법으로 부각되기 시작한 것은, 자연과학에서의 방법론적 변화와 관련하여 17세기에 있었던 굉장한 발전이다. 이제 남은 일은, 앞선 시대에 해방자의 역할을 했던 자연(과학)을 더 이상 준거로 삼지 않는 것이다. 그럴 때에야 역사학은 역사성을 연구하기 위한 나름의 고유한 방법론에 이르게 된다.

참고문헌

Aristote, *Poétique*, introduction, traduction et annotation de Michel Magnien, Le Livre de poche, 1990.

Bodin, Jean, *La Méthode de l'histoire*, traduction de Pierre Mesnard, Paris, Éditions des Belles Lettres, 1941.

Bouchard, Mawy, "L'invention fabuleuse de l'histoire à la Renaissance. Processus d'autoconsécration et émergence d'une nouvelle discipline savante (Bodin et La Popelinière)", *Littératures* n° 47, *Fictions du savoir à la Renaissance*, automne 2002.

Châtelet, François, *La naissance de l'histoire*, Paris, Minuit, 1962.

Couzinet, Marie-Dominique, *Sub specie hominis. Études sur le savoir*

26 위의 책, 558.

humain au XVIe *siècle*, Vrin, 2007.

Darbo-Peschanski, Catherine, "L'historien grec ou le passé jugé", *Figures de l'intellectuel en Grèce ancienne*, sous la direction de Nicole Loraux et Carles Miralles, Paris, Belin, 1998.

Desan, Philippe, *Naissance de la méthode*, Nizet, 1987.

Descartes, *La Recherche de la vérité, Œuvres philosophiques*, éd. Ferdinand Alquié, Paris, Bordas, 3 vols., 1988-1989 [1963-1973], t. II.

_____, *Dissertation qui fut imprimée au devant de quelques essais*, *Dictionnaire historique et critique*, seconde édition revue, corrigée et augmentée par l'auteur, Rotterdam, Reinier Leers, 1702 [1697], 3 vols., t. III.

Dubois, Claude-Gilbert, "Les lignes générales de l'historiographie au XVIe siècle", *L'histoire et les historiens au XVI*^e *siècle*, Publications de l'Université de Saint-Étienne, 2001.

Gros, Jean-Michel, "Les libertins et l'histoire", *Libertinage et Philosophie au XVII*^e *siècle*, *Les Libertins et la Science*, Publications de l'Université de Saint-Étienne, 2005.

Guion, Béatrice, *Du bon usage de l'histoire*, Paris, Honoré Champion, 2008.

Hartog, François, "Premières figures d'historien en Grèce : historicité et histoire", *Figures de l'intellectuel en Grèce ancienne*, sous la direction de Nicole Loraux et Carles Miralles, Paris, Belin, 1998.

La Mothe Le Vayer, François de, *Œuvres de François de La Mothe Le Vayer, Conseiller d'État, Nouvelle édition revuë et augmentée*, éd. Michel Groll, Dresde, 1756, vol. IV.

Montaigne, Michel de, *Essais*, II, 10, "Des livres", éd. Villey, Paris, PUF, 1965 (1924).

Naudé, Gabriel, *Apologie pour les grands hommes accusés de magie*, in *Libertins du XVIIe siècle*, vol. 1, éd. Jacques Prévot, Gallimard, "La Pléiade", 1998.

역사와 마주한 16세기 프랑스 여성들의 개인적 글쓰기

카롤린 트로토

종교전쟁이라는 끔찍한 시기는 프랑스에서 역사의식의 변화를 보여주는 글들을 양산했다. 장 보댕Jean Bodin이나 루이 르 루아Louis Le Roy 같은 이론가들은 역사에 대한 정의에 진전을 가져왔고,[1] 역사 특히 동시대의 역사는 새로운 방식으로 기록되기 시작한다. 피에르 드 레스투알Pierre de L'Estoile과 장 드 레리Jean de Léry 같은 종교 전쟁의 목격자들이 쓴 문학작품은 세상과 부딪치면서 생겨난 자의식을 보여준다. 또 당시의 회고록은 이해관계를 목적으로 하는 글에서 벗어나 우리에게 소중

1 Claude-Gilbert Dubois, *La conception de l'histoire en France au XVIe siècle (1560-1610)*, Paris, Nizet, 1977 ; Philippe Desan, *Penser l'Histoire à la Renaissance*, Caen, Paradigme, 1993 ; *Nouvelle Revue du XVIe siècle*, 19/1, 2001 ; "L'histoire en marge de l'histoire à la Renaissance", cahiers V. L. Saulnier 19, Paris, Éditions Rue d'Ulm, 2002 ; Danièle Bohler et Catherine Magnien Simonin(éd.), *Écritures de l'histoire(XIVe-XVIe siècle)*, Actes du colloque du Centre Montaigne, Bordeaux, 19-21, septembre 2002, Genève, Droz, 2005 참조.

한 역사의 증언들을 전해주고 있다. 여성들은 이러한 변화에 결정적으로 기여했다. 우리는 그 여성들 중에서 생-바르텔레미Saint-Barthélemy 학살에 관해 진술한 두 여성에게 관심을 기울이고자 한다. 학살 몇 년 후에 필립 뒤플레시-모르네Philippe Duplessis-Mornay[2]와 결혼해 모르네 부인이 되는 샤를로트 아르발레스트Charlotte Arbaleste(1548–1606)[3]와 앙리 드 나바르Henri de Navarre의 아내인 마르그리트 드 발루아 Marguerite de Valois(1553–1615)[4]가 그들이다. 이 두 여성이 사건을 겪었던 상황은 아주 달랐다. 학살의 순간 파리에 있었던 전자는 젊은 과부이자 신교도였던 반면, 루브르에 있었던 후자는 막 결혼한 신부로 구교를 믿었다. 그러나 마틸드 베르나르Mathilde Bernard가 지적했듯이 그들의 기록은 "외견상 놀라울 정도로 닮았다."[5] 따라서 우리는 그 사건과 비판에 의해 위험에 처해질 두려움을 넘어서, 무엇이 이러한 동일성을 구축했는지에 대해 분석해보고자 한다.

1. 역사, 부정성négation의 경험

다음의 두 이야기는 침대 속에서 느닷없이 학살이 일어난 것을 알게

---

2 개혁파 신학자, 개신교 정치인으로 앙리 4세의 조언자, 낭트칙령의 장본인.

3 Charlotte Duplessis-Mornay, *Les Mémoires de Madame de Mornay*, éd. critique par Nadine Kuperty-Tsur, Paris, Honoré Champion, 2010.

4 Marguerite de Valois, *Mémoires et Discours*, éd. Éliane Viennot, Saint-Étienne, Publications de l'Université de Saint-Étienne, 2004. 전기에 관련된 사항은 엘리안느 비에노가 마르그리트 드 발루아를 위해 만든 사이트(www.elianeviennot.fr/Marguerite-bibliographie.html) 참조.

5 Mathilde Bernard, *Écrire la peur à l'époque des guerres de religion*, Paris, Hermann, 2010, 161.

된 두 주인공을 보여준다. 샤를로트 아르발레스트는 이렇게 말한다.

> 그런데 내가 아직 침대 속에 있을 때, 신교도인 부엌 하녀 한 명이 시내에 나갔다가 새파랗게 질려 돌아와서는 사람들이 모두를 죽이고 있다고 말했다. 나는 그 당장에 크게 놀라지는 않았다. 하지만 옷을 걸치고 창밖을 내다본 순간, 내가 머무르고 있던 생-앙투안 대로에 모든 사람들이 크게 흥분한 상태로 모여들어 있는 것이 눈에 보였다.[6]

독실한 신교도였던 샤를로트는 죽음이 자신을 위협하고 있음을 알아차린다. 그녀는 우선 세 살 반인 어린 딸을 왕실의 소원訴願 심사관이었던 한 구교도의 집으로 보냈고, 그의 권유로 자신 역시 급히 그곳으로 거처를 옮긴다. 아직 오전 여덟 시밖에 되지 않았기에 가능한 일이었다. 그녀는 이렇게 해서 자신의 거처를 약탈한 "기즈 공公의 하인들"로부터 벗어났으나 이후 피신을 해야만 했다.

> [...] 남아 있던 우리 쪽 사람들은 변장을 하고 궁륭 위 텅 빈 공간에 되는 대로 몸을 숨겼다. 나는 다락방 위에 나 있던 궁륭 속에 자리 잡은 채 거리에서 학살당하는 남자와 여자, 아이들이 지르는 너무나도 기이한 비명소리들을 들었다. 딸을 아래에 남겨둔 나는 당혹감과 거의 절망과 비슷한 감정에 휩싸여 신을 모독한다는 두려움도 잊은 채, 이 천민들의 손에 산 채로 떨어지거나 내 자신의 죽음보다 더 두려운 딸의 학살 장면을 눈뜨고 보느니 차라리 이 자리에서 떨어져 죽어버렸으면 좋겠다고 생각했다.[7]

---

6 Charlotte Duplessis-Mornay, 앞의 책, 108.

7 위의 책, 109.

샤를로트의 어린 딸이 신속히 증조모의 집에 안전히 몸을 숨길 수 있었던 반면, 그녀 자신은 스스로 상술했듯이 파리를 벗어나 확실한 은신처를 찾기까지 며칠을 기다려야 했다. 역사와의 만남은 이처럼 죽음과 폭력과의 만남, 자신의 죽음의 가능성을 알려주는 타인의 죽음과의 만남이었다. 샤를로트는 사십 명의 사람들과 첫 피난처를 나누어 사용했는데, 딸이 마치 자기 자신인 양 자신이 죽으면 딸도 죽게 되리라 여긴다. 여기서는 우선 타인과의 공감empathie[8]과 주체의식이 드러나며 이는 화자의 역사와의 만남을 특징짓는 "당혹감과 거의 절망과 비슷한" 감정을 초월할 수 있게 해준다.

> 그는 드 레랑이라는 이름의 귀족이었다 [⋯] 그는 팔꿈치를 칼에 찔리고, 팔은 미늘창에 찔린 채 내 방으로 들어왔다. 그 뒤로 네 명의 경관이 우르르 따라 들어왔다. 신사는 자신을 보호하기 위해 내 침대에 몸을 던졌다. 나는 그가 나를 붙잡는 것을 느끼면서 거리로 뛰쳐나갔고, 그는 여전히 나를 잡고 내 뒤를 따라 나왔다. 나는 그 남자가 누구인지, 그가 나를 해치려고 온 것인지, 혹은 경관들이 그나 나를 죽이려고 하는 것인지 전혀 알 수 없었다. 우리는 둘 다, 서로서로 똑같이 공포에 질려, 비명을 질렀다.[9]

이 장면의 극적인 측면을 제외한다면, 샤를로트와 마르그리트의 이야기는 모두 내밀한 순간에 기습을 받았다는 유사성을 보인다. 두 여성은 그들의 방, 게다가 거의 옷을 입지 않은 상태로 침대에서 학살 사실

---

8 서양적 정체성의 확립에서 이 개념의 중요성을 알려면 Stephen Greenblatt, *Renaissance self-fashioning, from More to Shakespeare*, Chicago and London, The University of Chicago Press, 2005(1980), 224 참조.

9 Marguerite de Valois, 앞의 책, 75.

을 알게 된다. 이 상황은 역사적 사실로 장 드 메르제Jean de Mergey[10]라는 또 다른 증인의 이야기 속에서도 찾아볼 수 있다. 그러나 우리의 두 여성 화자는 이를 잠재적 희생자의 취약성이라는 상징적 상황으로 만든다. 이는 마르그리트 왕비의 회고록에서 더욱 명백하다. 학살을 명령한 왕의 여동생이며 왕궁에 있었음에도 불구하고 그녀 또한 위기에 처한 듯 보이며 살해의 위험에 직면한 위그노파 남성과 동일한 감정을 느끼는 것처럼 보이기 때문이다. 그녀 역시 공감으로 마음이 움직이는데, 이로 인해 그녀는 타인의 죽음과 동시에 자신의 죽음의 가능성을 느낀다. 게다가 그녀는 "자신을 붙잡은 그 불쌍한 남자의 목숨"을 구한다. 그러나 그녀는 "살아 있다기보다는 죽은" 상태로 남으며, 이어 그와 흡사한 두 번째 사건을 겪게 된다. 그 일화에 의하면 그녀는 바로 곁에서 한 남자가 미늘창에 관통되는 것을 목격하게 되며, 자신도 그와 함께 찔린 줄 알고 그만 기절하고 만다.

이 두 텍스트에서, 우리는 역사와의 만남을 부정성négativité과의 만남으로 읽을 수 있다. 폭력에 의해 존재들이 사라졌고, 그 존재들은 우리의 화자들에게 자신의 죽음 가능성, 추상적인 죽음이 아니라 그들의 육체와 구체적으로 연결된 죽음의 가능성을 가리켜 보여준다. 마르그리트 드 발루아가 묘사한 장면은 강간을 연상시킨다. 사실 성적인 주제는 그녀의 이야기 전체에 포진해 있고 우리는 초야의 첫 부분에 할애된 다음의 문장들에서부터 이를 감지할 수 있다.

> 그러면서 이미 침대에 들어간 왕, 내 남편은 침대에 누우라고 명했다.

10 Jean de Mergey, *Mémoires*, éd. Michaud et Poujoulat, Paris, Guyot Frères, 1838, série 1, vol. 9, 576.

> 나는 그 말에 따랐다. 막 결혼한 나로서는 누구인지 전혀 알 수 없는 30명 혹은 40명의 위그노들이 침대를 둘러싸고 있었다.[11]

생-바르텔레미 학살은 불같은 성격의 앙리 드 나바르와 치른 이 초야와도 흡사하게 모습을 드러낸다. 이 주제는 마르그리트가 앙리 드 나바르와의 이혼을 거부하려는 자신의 말을 성적인 함의를 가진 일화의 형태로 전하는 구절에서 다시 등장한다.

샤를로트를 살펴보자면, 어린 딸의 죽음에 대한 그녀의 두려움은 그녀에게 자신의 어머니로서의 육체를 환기시킨다고 할 수 있다. 긴 도피생활의 다른 일화들도 그녀에게 자신의 몸을 환기시킨다. 파리를 떠나기 위해 탄 배 위에서, 말투 때문에 개신교로 밝혀질까 두려워 그녀는 "자는 척"한다. 다른 두 여인과 여인숙 침대에서 잠을 잘 때도 빌려 입은 수놓은 블라우스가 자신의 정체를 드러내지 않을까 두려워한다. 우리의 두 여성은 극도의 폭력이 자신들의 육체에 타격을 가할 수 있다는 의식을 표상하는 것으로 보인다. 그런데 그들의 육체의 이런 표상은 여성 정체성[12]과 관련이 있다. 권력을 위해 개인적 내밀함 속으로 집단적 폭력이 개입하자 이 두 여성 작가는 공감뿐만 아니라 개별화, 자기 표명, 자신의 특이성의 인식 등을 통해 자아를 의식하게 된다. 이 두 여성이 남긴 매우 아름다운 텍스트는 역사와 마주한 그들의 행동을 상세하게 이야기할 뿐만 아니라 이야기하는 방식 자체를 펼쳐 보이면서 이를 확인하게 한다. 이 이야기하는 방식이야말로 그들로 하여금 저자가 되고 자신의 목소리를 내도록 해주는 것이다.

---

11 Marguerite de Valois, 앞의 책, 73-74.

12 예를 들어 메르제는 단순히 "그때 나는 침대에서 벌떡 일어나 가능한 한 빨리 옷을 입었다"라고 말한다(Jean de Mergey, 앞의 책, 576).

2. 샤를로트와 마르그리트의 선택

샤를로트와 마르그리트는 생-바르텔레미의 역사적 순간에 대해 단순히 증인으로만 남지 않았다. 그녀들은 행동해야 했고 결정을 내려야 했다. 나딘 퀴페르티-취르Nadine Kuperty-Tsur가 분석했듯이, 샤를로트의 이야기는 격변을 겪고 선택이란 것을 하면서 진정한 신앙을 증거하는 순교자, 개신교의 선택받은 여주인공의 에토스를 구성하고 있다.[13] 그녀의 이야기는 논증을 겨냥하고 있는 것이다. 그러나 퀴페르티-취르가 지적하듯이, 우리는 이 텍스트에서 같은 장르의 다른 작품들에서와 마찬가지로 "자발적 증언, 즉 상세히 기록했으며 신앙 옹호의 성격을 띤 사건사적 역사와 텍스트의 암묵적인 차원에 자리하는 비자발적 증언"[14]을 모두 찾아볼 수 있다. 샤를로트의 『회고록』이 생-바르텔레미 학살에 할애한 대목은 그녀의 두 번째 남편 필립 드 모르네와는 상관없이 단지 그녀 자신에게만 관련된 드문 경우에 속한다. 뿐만 아니라 그녀는 어떻게 필립 드 모르네가 파리에서 생-바르텔레미 학살을 겪어냈는지도 들려준다. 당시는 아직 남편을 만나지 않았을 때였음에도 불구하고 말이다. 이 첫 번째 이야기는 훨씬 더 간결하다. 따라서 이 텍스트 안에는 그녀의 호교론적 의도를 뛰어넘는 무언가가 있고, 바로 이것이 텍스트를 풍요롭게 해준다.

따라서 화자가 단순히 자신의 구명 단계의 전 과정을 적어놓는 데 만족하지 않고 분석과 선택을 통해 스스로 취사한 부분을 기록하고 있다

---

13 Nadine Kuperty-Tsur, "Rhétorique des témoignages protestants autour de la Saint-Barthélemy, le cas des Mémoires de Charlotte Duplessis-Mornay", *Elseneur* n° 17 *Se raconter, témoigner*, Caen, 2001, 159-178과 173 참조.

14 위의 글, 173.

는 사실에 주목하는 편이 흥미로울 듯하다. 학살이 벌어지고 있음을 알게 된 새벽녘의 정황을 이야기하는 첫머리에서부터 이미 이 특징은 분명하게 드러난다. 이 대목에서 화자가 암시하는 바에 의하면, 처음에 그녀는 하녀가 지나치게 호들갑을 떨며 두려워한다고 생각했다. 그러나 그것은 자신의 눈으로 상황의 심각성을 확인하고 대처법을 결정하기 전의 일이다. "직접 보니 과연 사태가 그럴 만하다는 생각이 들었다. 나는 무슨 일이 벌어진 것인지 알아보고자 오빠들이 머무르고 있는 어머니 집으로 사람을 보냈다."[15] 기즈 공의 군인들 측에서 그녀의 목숨과 재산을 지켜주는 대가로 백 에퀴écu를 요구했을 때에도 그녀는 이렇게 기록한다. "잠깐 생각해보니 그들이 내 처소를 알게 되는 것이나 내가 그들을 찾아가는 것 모두 전혀 바람직하지 않을 것 같았다. 그보다는 어머니에게 간청하여 내가 어떤 상태에 빠졌는지 전혀 알지 못하나 어쨌든 그들이 요구한 금액은 반드시 지불하리라는 말로 그들을 설복해달라고 하는 편이 좋을 듯했다."[16] 그녀는 여러 번 은신처를 바꾸었다. 그로부터 십여 일이 지난 후, 즉 학살이 벌어지고 난 첫 화요일에 그녀의 어머니는 딸에게 생명의 위협에서 완전히 벗어나기 위해 다시 가톨릭 신앙으로 회귀하여 미사에 참여할 것을 제안한다. 이는 기실 그녀의 오빠들이 선택한 해결책이기도 했다. 구원의 수사학을 동원하여 구축한 이 일화는 기록의 핵심 단계를 구성한다. 그러나 이에 따른 사건들을 소개할 때에도 여전히 화자는 "나는 파리를 떠나기로 결심했다."[17]라는 자신의 최종 선택에 그것들을 종속시킨다. 이후 그녀가 스당Sedan에 도착하기까지 많은 우여곡절이 발생하는데, 그때마다 매번 "결심"과 "결정하다"라

15 Charlotte Duplessis-Mornay, 앞의 책, 108.

16 위의 책, 109.

17 위의 책, 111.

는 단어들의 사용이 점철된다.

마르그리트의 이야기를 다시 읽어보면 거기엔 샤를로트만큼의 결정적 선택의 순간은 없다. 그녀가 상세하게 기술하는 사건의 국면은 훨씬 짧다. 다루는 것이 단 며칠 동안 일어난 이야기일뿐더러 그녀가 강조하는 바는 자신의 무지함이기 때문이다. 마르그리트는 샤를로트보다 젊다. 샤를로트가 이미 어머니이자 과부였던 데 비해 그녀는 이제 막 새색시가 된 상태였다. 그런 앳됨에도 불구하고 그녀는 파혼을 제안하는 어머니와 달리 앙리 드 나바르의 아내로 남겠다는 중대한 결심을 표명하는 장면으로 이야기를 끝맺는다. 샤를로트는 자신의 목숨에 위협이 되는 걸 알면서도 개신교도로서의 정체성을 확언한다. 그와 마찬가지로 마르그리트 또한 선택을 내린 밤에 이미 그녀의 목숨을 위태롭게 했으며 이후 결혼식 순간부터 1594년 위송에 감금되어 『회고록』 집필을 시작하는 순간까지 커다란 희생을 치르게 만들었던 위그노 왕의 아내라는 스스로의 정체성을 분명히 밝힌다. 이 상징적인 장면들은 두 여인이 각기 자기 이야기의 배우가 되고 그로부터 자신의 사회-역사적 정체성의 본질적 요소 하나를 확인하는 계기로서 제시되어 있다.

여기에는 여성이라는 그녀들의 정체성과 관련된 측면도 함께 작용하고 있다. 엘리안 비에노Éliane Viennot가 명확히 밝혔듯이 마르그리트 드 발루아는 마치 자신이 남자이기라도 한 듯 통상적으로 스스로를 남자형제들의 형제로 소개하곤 했다. 그런데 생-바르텔레미 학살 이야기는 예외이다.[18] 왕비는 자신을 "프랑스의 딸"로 지칭한다. 그리고 어머니가 그녀에게 "왕인 그의 남편이 남자였는지, 만약 아니라면 그로써 결혼을 무

---

18 Éliane Viennot, "Les ambiguïtés identitaires du *Je* dans les *Mémoires* de Marguerite de Valois", *Le Genre des Mémoires, essai de définition*, Paris, Klincksieck, 1995, 69-79 참조.

효화시킬 수 있다"고 말할 때, 그녀는 "자기 입에서 냄새가 난다는 것을 알려주지 않았다고 격노하는 남편에게 남편 말고는 다른 어떤 남자에게도 가까이 가본 적이 없었기에 남자들은 그처럼 다 입냄새가 나는 법이라 생각했다고 답한 로마 여인처럼" 응수한다. 이럴 때 마르그리트는 자신이 처한 역사적 상황 속에서 여성의 정체성으로 발휘할 수 있는 역할이 무엇인지를 십분 자각하고 있는 여자로서 스스로를 묘사하고 있음이 분명하다.

샤를로트 아르발레스트도 이와 비슷하다. 그녀는 파리에서 도주하기 위해 올라탄 배에서 자신을 끌어내리려던 어느 군인과의 일화를 들려준다. 그에 의하면, 어떤 여인이 끼어들어 "만약 저 여자가 남자였다면 이렇게 헐값에 위기를 벗어날 수 없었을 것"이라며 만류한 덕분에 군인은 그 시도를 단념하고 만다. 이처럼 여성이라는 정체성은 구원에 큰 역할을 한다. 그녀가 개종을 받아들인 자기의 남자형제들과 대조되는 태도를 보이는 데서도 여성의 정체성은 확연히 표명된다. 특히 샤를로트의 오빠는 그녀가 스당으로 피난 가기 전에 마지막으로 맞선 인물이었는데, 그녀는 당시 그가 "살기 위해 억지로 미사에 나가야 했을 뿐더러 기이한 개종을 위해 쫓기는 처지라 커다란 당혹감에 빠져 있다"고 생각한다. 개신교도들의 일반적인 증언들[19]과 관련하여 나딘 퀴페르티-취르가 강조했듯이, 샤를로트와 그녀의 남자형제들 간의 대립은 개별화 individualisation를 신의 "선택이라는 개념에 연결하는" 태도와 결부된다. 하늘이 돕는, 이른바 구원이 결정된 인물들의 존재가 있고 그것이 곧 신적인 개입의 징표들이다. 그리고 신의 선택을 정당화하는 것은 신앙의 견고함이다. 그럴 때 오빠의 "당혹감"은 그의 파멸을 의미한다. 샤

19 Nadine Kuperty-Tsur, 앞의 글, 167.

를로트가 아들의 교육을 위해 쓴 이 이야기에 부여한 의미도 아마 그런 것이었으리라. 그러나 그렇다고 해도 지적이고 의지가 강하며 흠잡을 데 없는 여성이라는 그녀의 정체성이 그녀의 구원의 도구가 되었다는 사실에는 변함이 없다. 그 점은 결코 간과할 수 없는 것으로, 사실 증언의 글쓰기는 샤를로트로 하여금 자신의 고유한 정체성에 대한 의식을 분명히 확인하도록 해준다.

이 두 텍스트의 비교에서 두드러지는 또 다른 점은 위기의 장면에서 어머니들에게 부여되는 지위이다. 마르그리트는 카트린 드 메디치와 맞서 자신의 정체성을 선택하고, 샤를로트는 어머니에 대항하여 아버지의 종교였던 신교에 대한 신심을 재확인한다. 두 텍스트에서 딸들은 이처럼 어머니에 맞서 자신의 정체성을 표명하며, 그럼으로써 개별화는 유사성과 차이의 용어들을 통해 사유해야만 하는 구별의 움직임이라는 사실을 시사한다. 샤를로트의 텍스트 속에 등장하는 외할머니, 어머니, 딸의 존재는 그녀를 확고한 여성적 계보 속에 기입하는 동시에 자서전 작가로 강력하게 개별화하도록 허락한다. 게다가 이 두 경우 모두 아버지는 작고했고 어머니가 권위를 구현하면서 막강한 힘을 가진 것처럼 나타난다. 개별적인 차이들을 부정하는 만큼 절대적인 힘을 행사하는 권력 앞에서 주인공들은 스스로 선택을 내림으로써 자신들의 고유한 정체성을 확인한다. 이렇게 해서 그녀들은 종교적 차이와 귀족의 자치주의에 반反하여 작용하는 권력의 메커니즘을 여인들의 삶이라는 또 다른 영역을 통해 폭로한다. 그녀들은 자신들이 인물로서 가지는 에토스뿐만 아니라 특히 작가로서의 정체성까지도 구축하는 텍스트들을 통해 그녀들의 독특성을 표명하는 동시에 보편성을 드러내는 것이다.

3. 자신의 목소리를 내다

역사 앞에서 이 두 여성은 스스로의 선택과 행동을 통해 자신들의 정체성을 표명한다. 그리고 회고록의 글쓰기는 사건 당시에 발생한 하나의 발언 행위를 계속 연장해나가는 것처럼 보이는 자서전적 행위를 구성한다. 두 여성은 어머니에 맞서 각기 확고한 태도로 자신의 말을 발언한다. 그리하여 모든 일은 마치 그 발언 행위가 그녀들 목소리의 최초 표명인 것처럼 느끼게끔 진행된다. 회고록은 그 최초의 목소리의 공명상자에 해당하는 셈이다.

샤를로트는 개종을 거부한다. 그 거부가 서술체의 담화를 통해 이야기된다는 것은 놀라운 일이다. 우리는 어머니에 맞서 개종을 거부한 후부터는 그녀의 이야기가 말(파롤)에 대한 묘사들로 넘쳐나는 사실을 확인할 수 있다. 가령 그녀가 여인숙에서 묵는 장면이 그렇다. 여인숙에서 구교도들이 학살에 관해 서로 이야기를 나누고, 그 순간 한마디의 말이라도 했다간 샤를로트의 신분이 드러나 버릴 위험한 상황이다.

> 저녁을 다 먹은 후에도 그 수도자들과 상인들은 기쁨에 들떠 온통 그들이 파리에서 보았던 것에 대한 이야기뿐이었다. 내가 한마디라도 한다면 그들은 내가 위그노처럼 말한다고 이야기할 것이다. 나는 그들에게 대답하지 않기 위해 자는 척하는 수밖에 없었다.[20]

이후 파리 근교의 포도원에서 15일간 숨어 지내는 동안 그녀는 다음과 같이 기록한다. "오빠는 식사 전과 후의 감사기도만은 여전히 프랑스

20 Charlotte Duplessis-Mornay, 앞의 책, 112.

어로 해도 되도록 허락해주었다."[21] 그녀를 오빠와 대립시켰던 마지막 도주 장면도 결국은 말들에 대한 이야기이다. 자신의 목숨을 구하기 위해 미사에 가야 했던 그녀의 오빠는 "기이한 개종을 위해 쫓기고" 있었고, 사람들은 샤를로트가 그의 마음을 돌릴까봐 걱정했다. 오빠는 샤를로트를 미사에 데려가지만 그녀는 신부에게 등을 돌린다. 그로 인해 오빠는 "동생에게 결코 그런 얘기를 꺼내지 말걸 그랬다"라고 생각하기에 이른다. 마침내 샤를로트는 스당으로 떠나기로 결심하는데, 역시나 그 대목에서도 그녀가 들려주려는 것은 이어지는 말들의 연쇄이다.

나는 오빠에게 내 결심을 이야기했다. 오빠는 그 결심이 무모하다고 생각했지만 어쨌든 그때까지 고집을 부리던 수레꾼을 설득해 나를 데려다주도록 도와주었다. 그리고 어머니와 친구들이 나의 행동에 자신의 보증이 있었다는 것을 알지 못하게 해달라고 부탁했다.[22]

말하는 것이나 침묵하는 것, 그리고 자신의 어휘와 언어를 선택하는 것은 이렇게 해서 구원의 요소들이 되는 동시에, 여성 화자가 자신의 목소리를 냄으로써 우리가 읽고 있는 작가가 되어가는 경위를 들려주는 듯 보이는 이야기의 사건들을 구성한다. 결국 생-바르텔레미의 이야기가 우리에게 제공하려는 바는 대화 상대자들 앞에서 자신의 신념을 확고히 표명하면서도 필요하다면 비밀과 모호함을 사용함으로써 세상 속에 자신의 자리를 확보하는 선택의 말, 의식의 말로 탄생하는 과정의 재현이리라.

이상으로부터 우리는 이 생-바르텔레미 학살에 관한 이야기가 마르그

21 위의 책, 114.

22 위의 책, 115.

리트 드 발루아의 회고록에서와 마찬가지로 샤를로트의 『회고록』 속에서도 아주 중요한 위치를 차지하고 있다는 것을 이해할 수 있다. 장 드 레리가 우리로 하여금 상세르Sancerre 진지에서 그의 작가적 소명이 태어나는 순간을 목도하게 하는 것과 마찬가지로,[23] 이 두 여성은 우리에게 역사 속에서 그녀들의 목소리가 분출되는 순간을 목격할 수 있게 해준다. 발언이 한층 확고해지는 것과 살아남게 된 사실을 이야기하는 핵심 일화 사이에 존재하는 상호 연관성이 이렇게 해서 확인된다. 발언과 '살아남음'이라는 문학적인 자서전의 글쓰기의 역할은 격자 구조에 넣어진다. 작품은 위협받는 개인으로 하여금 감정의 격렬함에 잠기면서, 그리고 해석의 유동성에 몸을 맡기면서 스스로의 삶을 재현해낼 수 있도록 허용한다.

두 회고록은 모두 그 이야기의 생생함으로 우리의 경탄을 자아낸다. 우리는 "하녀 하나의 목에 매달린 채" 도망가는 샤를로트의 어린 딸이나 어느 귀족 남자가 "그녀에게서 채 세 발자국도 떨어지지 않은 곳에서 미늘창에 관통되는" 장면을 목격하는 마르그리트를 쉽게 그려볼 수 있다. 비평적 관점에 의하면 이 두 경우 모두 그 숙련된 기량의 글쓰기를 통해 17세기 회상록 저자들의 대성공을 예고한다. 캐서린 랜덜Catharine Randall은 말과의 관계에서 새로운 경향을 드러낸 동시에 17세기 살롱풍의 글쓰기에 길을 열어준 개신교 집단에 샤를로트 아르발레스트를 포함시킨다. " '말'과의 이 새로운 관계는 […] 17세기 살롱 출입인들 특유의 유연한 자기-표현법을 특징짓는 언어유희의 일종을 예비한다".[24] 마르

---

23 Frank Lestringant, *Le Huguenot et le sauvage*, Paris, Klincksieck, 1999, 74 참조.

24 Catharine Randall, "Shouting down Abraham: how sixteenth century huguenot women found their voice", *Renaissance Quarterly*, vol. 6, n° 2, summer 1997, 411-442.

그리트 드 발루아의 텍스트도 단어들에 동일한 주의를 기울인다. 이 부분에 대해서는 이 구교도 여인이 많은 수의 신도교 사람들과 가까이 지냈다는 사실을 상기해볼 수 있으리라. 더 광범위하게는 언어에 대한 관심이 두 여인이 속해 있는 교양 있는 귀족계층을 특징짓는 것으로 보인다. 예를 들어 마르그리트 드 발루아는 푸클랭의 『프랑스의 수사학』 2부를 가지고 있었다. 그녀는 생-바르텔레미 학살에 대한 자신의 이야기를 익살스러운 대답으로 끝낸다. 그럼으로써 양면성을 선호하며 역사를 향해 반어적 질문을 던지도록 유도하는 문화를 반영하는 글쓰기의 전범을 제시한다.

두 회고록의 이야기 구성 방식은 또한 일화를 일종의 위기로 읽을 것을 권유한다. 정체성은 그 위기 속에 뿌리를 내리고 있다. 샤를로트는 이야기의 초입에 학살 앞에서 자신이 자살을 생각할 정도로 "당혹감과 거의 절망에 가까운 심정"을 경험했다고 적고 있다. 그러나 이야기가 진행됨에 따라 그녀는 자신의 신앙을 확고히 하며, 마침내는 지조를 굽힌 오빠에게서 "커다란 당혹감"을 확인하게 된다. 스테판 종제Stéphan Geonget[25]가 보여주듯이, 그 당시 개신교의 담론에서 당혹감이란 구교와 신교 사이의 망설임을 말하며, 이 망설임은 때로 인간과 신 사이의 충돌이란 외양으로 드러난다. 따라서 "사람들이 진정한 선善이라고 부르는 거짓 악惡의 이 놀라운 회심"—샤를로트가 이야기의 수신자인 자신의 아들에게 주는 권두 고찰에 의하면 이것이야말로 신의 은총을 드러낸다—을 보여주기 위해 단어들의 배치를 통해 일화를 은밀하게 구조화한다. 더욱 믿음이 확고해진 그녀는 스당에서 필립 뒤플레시-모르네를 만나며 그에게 "자신의 남자형제 그 누구보다도 더 애착을 느끼

25 Stéphan Geonget, *La notion de perplexité à la Renaissance*, Genève, Droz, 2006, 221.

게 된"다. 이러한 배경을 거쳐 글쓰기는 종교적으로 분리되었던 친정어머니의 가정보다 샤를로트와 필립 뒤플레시-모르네가 이뤄낸 개신교 가정이 우월하다는 점을 확신하는 데 도달한다. 이렇게 해서 그녀는 어머니의 비난에 대항해 개신교를 택한 자신의 선택을 귀납적으로 정당화한다. 가족에 대한 배신으로 나타날 수 있었을 것이 좀 더 상위적 차원의 가정 개념에 대한 신실함으로 드러나는 것이다.

마르그리트의 이야기 구성법 역시 의미심장하다. 여기서는 작가 스스로가 자신의 결혼식으로 시작되어 학살로 이어진 사건이 일종의 행운의 역전으로 해석될 수 있을 것이라 적고 있다.

> 인간에게 결코 완전한 지복을 주지 않는 행운은 얼마 가지 않아 제독의 부상이라는 사건을 통해 승리와 결혼의 행복한 상태를 그와 정반대로 바꾸었다. 그것은 신교를 믿는 모든 사람들에게 커다란 타격을 입혔고 그들을 일종의 절망에 빠뜨렸다.

역사적 사건은 그 자체가 하나의 "전환"이되 마르그리트는 그것을 개인적 위기로도 바라봐줄 것을 권유한다. 곧 출간될 소논문[26]을 통해 우리는 이 이야기의 구성법이 결혼식 당시 그녀를 특징짓던 수동적 대상의 위치로부터 자신의 담화와 역할을 책임지는 주체적 위치로 변화시켜 가는 과정의 정체성 형성 방식을 강조하고 있음을 보여주고자 했다.

역사의 위협을 받는 두 여성은 이처럼 글쓰기에 의해 그 위협을 뛰어넘음으로써 부정성에서 벗어난다. 작품은 단지 역사 속에서 두 여성에

---

26 Caroline Trotot, "Vivre et écrire la Saint-Barthélemy au féminin : les Mémoires de Marguerite de Valois", *Vivre l'histoire*, éd. Michael Soubbotnik et Caroline Trotot, Strasbourg, Presses Universitaires de Strasbourg, 2013년 출간 예정.

의해 행해진 결정적인 선택을 반영할 뿐만 아니라, 역사에 영향을 미치는 여성 작가l'auteure로서의 정체성을 형성함으로써 그 자체가 생존의 결정적인 행위를 구성한다.[27] 작품은 스스로의 문학적 가치를 통해 역사를 재생산하고 역사의 부정의 힘을 변화의 힘으로 전환시킨다. 자기 자신들의 고유한 담론을 창안해내기 위해 여성들은 역사의 행위자들에 의해 구축된 지배 구조에 의문을 던지는 유희를 말 속에 삽입했다. 이후 구체제 귀족들의 지성의 표식이 될 아이러니에 바탕을 둔 마르그리트의 글쓰기가 보여주는 지속적인 양면성은 그렇기에 곧 역사의 해석학을 향한 초대이다. 샤를로트의 『회고록』 역시 오늘날 프랑스 개신교도들과 근대국가라는 대단히 복잡한 역사적 사실을 고찰하는 데 많은 시사점을 제공하는 필립 뒤플레시-모르네의 정치적, 외교적인 행동에 관한 해석을 권유한다.[28]

각기 처한 조건과 신념의 차이에도 불구하고 마르그리트 드 발루아와 샤를로트 뒤플레시-모르네는 역사에 대한 새로운 글쓰기의 창안을 통해서 자아의식을 표명하려는 동일한 움직임을 보여준다. 전통적으로 교육이 부당하게 등한시해온 그녀들의 작품에서는 독특하고 생생한 목소리가 들린다. 그 목소리들은 자신들이 동시대의 위인들과 함께 나눴던 대화에 밑거름처럼 깔린 인문주의적 지식을 바탕으로 세계에 대한 스스로의 섬세한 지성을 길어낸다. 이 철과 불의 시대에 말은 삶에 대한 근원적 감정을 향해 존재를 회부하는 폭력의 시련 속에 뿌리내린다. 학살 앞에서 겪는 두려움은 생-바르텔레미 사건을 여성 작가 탄생의 최초 장면

27 이는 Stephen Greenblatt가 그의 책 *Renaissance self-fashioning from More to Shakespeare*에서 다른 인물들을 두고 묘사한 과정과 유사하다.

28 Hugues Daussy, *Les huguenots et le roi, le combat politique de Philippe Duplessis-Mornay 1572-1600*, Genève, Droz, 2002 참조.

으로 만든다. 두 여성은 오랫동안 그 사건을 이야기하고 그들의 관점을 재구성할 것을 선택함으로써 자신들의 개별화가 이루어지는 결정적인 계기를 재현한다. 뿐만 아니라, 언어에 의한 감정의 변모라는 자질에 근거를 둔 자신들의 작가로서의 주체성에 엄연한 역사성을 부여한다.

참고문헌

Bernard, Mathilde, *Écrire la peur à l'époque des guerres de religion*, Paris, Hermann, 2010.

Daussy, Hugues, *Les huguenots et le roi, le combat politique de Philippe Duplessis-Mornay 1572-1600*, Genève, Droz, 2002.

Desan, Philippe, *Penser l'Histoire à la Renaissance*, Caen, Paradigme, 1993.

Dubois, Claude-Gilbert, *La conception de l'histoire en France au XVIe siècle (1560-1610)*, Paris, Nizet, 1977.

Duplessis-Mornay, Charlotte, *Les Mémoires de Madame de Mornay*, éd. critique par Nadine Kuperty-Tsur, Paris, Honoré Champion, 2010.

Geonget, Stéphan, *La notion de perplexité à la Renaissance*, Genève, Droz, 2006.

Greenblatt, Stephen, *Renaissance self-fashioning from More to Shakespeare*, Chicago and London, The University of Chicago Press, 2005.

Kuperty-Tsur, Nadine, "Rhétorique des témoignages protestants autour de la Saint-Barthélemy, le cas des Mémoires de Charlotte Duplessis-Mornay", *Elseneur* n° 17 *Se raconter, témoigner*, Caen, 2001.

Lestringant, Frank, *Le Huguenot et le sauvage*, Paris, Klincksieck, 1999.

Mergey, Jean de, *Mémoires*, éd. Michaud et Poujoulat, Paris, Guyot Frères, 1838.

Randall, Catharine, "Shouting down Abraham : how sixteenth century huguenot women found their voice", *Renaissance Quarterly*, vol. 6, n° 2, summer, 1997.

Valois, Marguerite de, *Mémoires et autres écrits*, éd. Éliane Viennot, Paris, Honoré Champion, 1999.

Valois, Marguerite de, *Mémoires et Discours*, éd. Éliane Viennot, Saint-Étienne, Publications de l'Université de Saint-Étienne, 2004.

Viennot, Éliane, "Les ambiguïtés identitaires du *Je* dans les *Mémoires* de Marguerite de Valois", *Le Genre des Mémoires, essai de définition*, Paris, Klincksieck, 1995.

장아이링의 글쓰기*

: 인류의 축적된 곤경의 기억의 서사

홍석표

1. 장아이링의 작품과 대도시 상하이

장아이링張愛玲(1920-1995)은 중국 현대문학사에서 대단히 중요한 작가의 한 사람으로서 1990년대 이후 더욱 주목을 받아왔다. 최근에는 리안李安 감독의 영화 〈색, 계色, 戒〉의 원작자로 알려지면서 더욱 유명해진 듯하다. 미국의 중국현대문학 연구자 샤즈칭夏志淸은 1961년에 펴낸 『중국현대소설사A History of Modern Chinese Fiction』에서 장아이링을 "오늘날 중국의 가장 우수하고 가장 중요한 작가"[1]라고 평가하면서 루쉰魯迅 · 마오둔茅盾 · 라오서老舍 · 바진巴金 · 선총원沈從文 등과 같은 반열에

* 이 글은 2010년 5월에 발표된 필자의 "張愛玲의 '황량荒凉' 의식과 『전기傳奇』의 서사전략"(『中國文學』 제63집)에서 출발하여 '역사의 글쓰기' 개념에 초점을 맞추어 재구성된 것이다.

1 夏志淸, 『中國現代小說史』, 復旦大學出版社, 2005, 254.

놓고 다룬 바 있다.

장아이링은 1943년 5월 통속문학잡지 『자라란紫羅蘭』에 첫 소설 「침향설: 첫 번째 향로沉香屑: 第一爐香」를 발표하면서 작가로 데뷔했다. 그 후 왕성한 창작활동으로 1943년만 해도 「재스민 차茉莉香片」 · 「경성지련傾城之戀」 · 「황금 족쇄金鎖記」를 『잡지雜誌』에 발표했고, 「심경心經」 · 「유리기와琉璃瓦」를 잡지 『만상萬象』에, 「봉쇄封鎖」를 잡지 『천지天地』에 발표했다. 1944년에는 「붉은 장미 흰 장미紅玫瑰與白玫瑰」를 『잡지』에 연재했고, 중단편소설집 『전기傳奇』와 산문집 『유언流言』을 출판했다. 1950년에는 량징梁京이라는 필명으로 장편소설 『십팔춘十八春』을 상하이의 『역보亦報』에 연재했으며, 홍콩에 머물던 1953년에는 영어로 장편소설 『앙가秧歌』를 완성했고, 1954년에는 장편소설 『적지지련赤地之戀』을 썼다. 『적지지련』은 대륙 중국의 토지개혁운동과 농촌의 정치생활을 회의적인 태도로 묘사한 작품인데, 장아이링이 미국에 정착할 무렵 후스胡適에게 보낸 편지에서 『적지지련』은 "동남아東南亞의 일반 독자들의 홍미를 고려했기 때문에 스스로도 매우 불만입니다"[2]라고 말하기도 했다. 1966년에는 홍콩의 『성도일보星島日報』에 「황금 족쇄」를 개편하여 장편소설 『원녀怨女』를 연재했고, 1968년에는 『십팔춘』을 수정하여 타이베이臺北에서 『반생연半生緣』을 출판했다. 또한 1978년에는 단편소설 「색, 계色, 戒」를 『중국시보中國時報』의 부간副刊 『인간人間』에 발표하기도 했다.

이들 작품 중에서 장아이링의 대표작으로 우선 주목되는 것은 출판 당시부터 베스트셀러에 오르며 사람들로부터 크게 환영을 받은 소설집 『전기傳奇』[3]이다. 이 소설집은 1944년 8월에 출판되어 9월에 곧바로 재판

---

2 張愛玲, 「致胡適信」: 子通 · 亦清 編, 『張愛玲文集補遺』, 中國華僑出版社, 2002, 282.

3 '전기傳奇'란 남녀의 애정을 다룬 로맨스소설을 가리킨다. 원래 '전기'는 당대唐代에 유행한, 기이한 이야기나 남녀애정을 담은 문언소설을 가리키며, 명대明代에는 남녀 간의

이 나왔고 1946년에는 다시 증정본(增訂本)이 나왔다. 초판본 『전기』에는 「황금 족쇄金鎖記」, 「경성지련傾城之戀」, 「재스민 차茉莉香片」, 「침향설: 첫 번째 향로沈香屑:第一爐香」, 「침향설: 두 번째 향로沈香屑:第二爐香」, 「유리기와琉璃瓦」, 「심경心經」, 「젊었을 때靑年的時候」, 「꽃이 지다花凋」, 「봉쇄封鎖」 등 10편의 작품이 수록되어 있고, 1946년의 증정본增訂本 『전기』에는 신작新作 「남은 감정留情」, 「난새의 경사鴻紅鸞禧」, 「붉은 장미 흰 장미紅玫瑰與白玫瑰」, 「기다림等」, 「아샤오의 슬픔桂花蒸 阿小悲秋」이 추가로 실려 있다.

장아이링은 도시에서 태어나 도시에서 자란 순수한 도시인이었기 때문에 도시의 영혼을 주로 그렸다. 그녀의 소설은 대부분 대도시 상하이의 봉건가정을 배경으로 하여 연애와 혼인을 둘러싼 남녀문제를 다루었다. 그녀가 1937년부터 시작된 중일中日전쟁, 이른바 항일전쟁抗日戰爭 시기와 일본이 패망한 1945년 이후 중국 국민당과 공산당 사이의 국공내전國共內戰 시기를 거쳤음에도 불구하고 그녀의 소설 속 주인공들은 전쟁이나 민족과 직접적인 연관이 없다. 때문에 그녀의 소설은 사회주의 중국이 성립된 1949년 이후 대륙 중국에서는 완전히 사라졌으며, 사후 1990년대 이후에야 다시 부활하게 된다.

장아이링은 『전기』의 창작과 관련하여 "그것을 쓸 때 한시도 상하이인上海人을 생각하지 않은 적이 없었다. […] 상하이인만이 나의 글이 다 드러내지 못한 의미를 이해할 수 있을 것이다"[4]라고 했는데, 장아이링의 소설은 상하이인과 떼어서 생각하기는 어렵다. 그녀는 상하이인의 특징을 이렇게 묘사했다. "상하이인은 전통적인 중국인에 더하여 근대의

사랑을 극화한 희곡戱曲을 가리킨다.

4 「到底是上海人」, 『流言』, 張愛玲全集, 5.

고압高壓적인 생활에 단련된 사람이다. 신구新舊 문화의 갖가지 기형적인 산물의 교류는 결과적으로 그다지 건강한 것이 아니다. 하지만 여기에는 일종의 기이한 지혜가 있다."[5] 장아이링은 전통과 근대가 병존하고 신구 문화가 뒤섞여 있는 상하이 사람들의 특징을 묘사했는데, 그것은 당시 상하이 도시 공간의 특수성이기도 하다. 당시 상하이는 가장 발달한 근대적인 상업도시로서 근대적인 것과 전통적인 것이 병존해 있었고 서양적인 분위기와 중국적인 분위기가 혼재해 있었다. 장아이링은 바로 이러한 상하이에서 나고 자랐으니 그녀의 작품은 '동서고금東西古今'이 교차하는 당시 상하이의 특수한 문화적 성격을 반영하고 있는 것이다.

요컨대, 장아이링은 근대적인 것과 전통적인 것, 서양적인 것과 중국적인 것이 혼재해 있던 도시 공간에서 '경계지대'의 경험을 누구보다 철저하게 했다. 그녀는 가장 근대적 도시생활을 누렸을 뿐만 아니라 청말清末 대신인 리훙장李鴻章의 후손으로서 전통 귀족가문의 생활양식에도 익숙해 있었다. 또한 가장 발달한 대도시의 서구화된 생활을 누리면서도 중국의 전통소설을 탐닉하는 등 '동양적인 것'에도 심취해 있었다. 장아이링의 『전기』를 두고 "북적대는 연회에 나타난 불청객처럼 이쪽에도 말이 통하지 않고 저쪽에도 말이 통하지 않아 냉담하지만 너무나 익숙한 그런 것이었다"[6]라는 당시의 비평은 매우 의미심장하다.

---

5 앞의 책, 5.

6 「張愛玲的風氣」: 陳子善 編, 『張愛玲的風氣—1949年前張愛玲評說』, 東書報出版社, 2004, 53 참조.

2. '불철저'한 정체성

장아이링은 1944년 9월에 『전기』를 재판하면서 그 표지를 친구 옌잉炎櫻이 그려준 그림으로 바꾸었는데, 그 도안이 마음에 들어 한 획 한 획 습자 글씨를 임모하듯이 베끼면서 그때의 느낌을 이렇게 서술했다. "생명도 이와 같은 것이리라. 생명은 그 자체의 도안圖案이 있으며 우리는 단지 임모臨摹일 뿐이다. […] 이러한 굴복屈服은 내 소설 속 인물의 모호하고不明不白, 용렬하고, 난감하고, 체면을 잃은 그러한 굴복 같지는 않지만, 그래도 결국은 처량한 것이다."[7] 우리의 모습이 생명의 도안을 '임모'한 것에 지나지 않는다면, 우리는 수동적인 존재로서 '굴복'적이다. 바로 이러한 '굴복'적인 존재로서 우리의 모습은 '모호한不明不白' 형상을 띠며 『전기』에서 갖가지 형태로 출현한다. 「봉쇄」에서 우취위안吳翠遠의 얼굴 윤곽은 "그녀의 어머니조차도 긴 얼굴인지 둥근 얼굴인지 표현할 수 없는" 모호한 형상이며, "겨울날 입 안에서 뿜어져 나오는 입김처럼" 형체가 뚜렷하지 않다.[8] 「젊었을 때」에서 류량流良이 책의 여백에 그려 넣은 친시아沁西亞를 닮은 사람의 옆얼굴도 모두 눈과 입이 없는 그림이었다. "류량은 그녀에게 눈과 입은 그릴 줄 모른다고 변명할 방법이 없었다. 이 옆얼굴을 제외하고는 그는 아무것도 그릴 줄 모른다."[9] 「붉은 장미 흰 장미」에서 전바오振保가 옌리烟鸝를 처음 만났을 때, 옌리가 전바오에게 준 첫 인상도 "애매한 흰색이었다."[10]

---

7 「『傳奇』再版序」: 止庵 · 萬燕, 『張愛玲畵話』, 天津社會科學院出版社, 2003, 재판본 표지 그림 설명 참조.

8 「封鎖」, 『傾城之戀』(張愛玲全集), 151, 157.

9 「青年的時候」, 『紅玫瑰與白玫瑰』(張愛玲全集), 4.

10 「紅玫瑰與白玫瑰」, 위의 책, 81.

그런데 흥미로운 것은 이러한 '모호한' 인물 형상이 장아이링의 자화상과도 닮아 있다는 점이다. 1944년 6월 『잡지雜誌』 제13권 제2기에는 후란청胡蘭成의 「장아이링을 평함評張愛玲」이라는 글이 게재되어 있고 장아이링의 자화상 그림도 함께 실려 있다. 이 그림은 전체 검은색 형체에 흰 선을 사용해 윤곽만 그려놓은 장아이링의 서 있는 모습인데, 이목구비가 그려져 있지 않아 표정을 알 수 없는 모호한 형상이다. 그렇다면 작품 속 인물의 '모호한' 얼굴 형상과 이목구비를 그려 넣지 않은 장아이링의 자화상은 서로 겹친다.

이목구비가 없는 인물 형상은 장아이링의 작품집 표지 그림에도 등장한다. 1944년 12월에 출판된 장아이링의 첫 번째 산문집 『유언流言』의 표지그림은 이목구비가 없는 얼굴에 윤곽만 그려진 여인의 형상이다. 이 그림은 중국의 전통의상을 입고 찍은 장아이링의 사진을 모델로 해서 친구 옌잉이 디자인한 것인데, 장아이링의 산문집 표지 그림인 만큼 장아이링의 자화상으로 보아도 좋을 것이다. 또 1946년 11월에 출판된 『전기』의 증정본 표지 그림에도 유사한 형상이 등장한다. 주지하는 바와 같이, 그것은 창문틀에 팔꿈치를 괴고 방 안을 들여다보고 있는, 이목구비가 없는 유령 같은 여인의 형상이다. 이 그림 역시 친구 옌잉이 디자인한 것인데, 장아이링의 자화상과 동일한 계열의 그림으로 보아도 무방할 것이다. 산문집 『유언』의 표지 그림이든 증정본 『전기』의 표지 그림이든 모두 장아이링의 가장 가까운 친구인 옌잉이 그렸다는 점을 감안하면, 이목구비가 없는 여인의 형상은 모두 장아이링의 자화상을 밑그림으로 하고 있음이 분명하다.

그렇다면 장아이링은 왜 자신의 자화상을 이목구비가 없는 얼굴 형상으로 그렸으며, 그것을 작품집의 표지 그림에 등장시키고 작품 속 등장인물의 형상과도 겹치게 했을까? 산문 「타다 남은 이야기」의 결미에서

장아이링의 자화상

산문집 『유언』의 표지 그림

그 단서를 발견할 수 있다.

> 시대의 기차는 쿵쾅 쿵쾅 앞을 향해 나아가고 있다. 우리가 차 안에 앉아 지나가고 있는 것은 아마도 몇몇 익숙한 거리에 지나지 않지만, 하늘 가득한 불빛 속에서 스스로도 몹시 놀라워할 것이다. 그런데 애석하게도 우리는 언뜻 지나가버린 상점의 쇼윈도에서 자신의 그림자를 바삐 찾고 있을 뿐이다—우리는 창백하고 보잘것없는 자기 얼굴을, 우리의 이기심과 공허, 우리의 전혀 부끄러움 모르는 미련함을 발견할 뿐이다. 어느 누구도 우리와 마찬가지이며, 우리 각자는 다 고독한 사람이다.[11]

---

11 「燼餘錄」, 『流言』(張愛玲全集), 59.

증정본(增訂本)『전기』의 표지 그림

장아이링의 실제 모습

'그림자'는 지나간 순간의 흔적이다. 우리의 모습이란 이 흔적으로서의 그림자에 지나지 않는다. 언뜻 지나가버린 상점의 쇼윈도에 비친 우리의 모습은 '그림자'처럼 창백하고 보잘것없는 얼굴을 하고 있다. 이러한 창백하고 보잘것없는 '그림자' 같은 얼굴로부터 우리는 이목구비가 없는 '자화상' 얼굴 형상을 발견하게 된다. 그것은 장아이링의 자화상인 동시에 우리의 자화상이기도 하다. 그렇다면 작품 속 등장인물의 '모호한' 얼굴 형상은 작가의 자화상을 닮은 것이면서 동시에 우리의 자화상을 의미하는 것이다.

인물의 '모호한' 얼굴 형상이, 생명 도안의 임모에 지나지 않는 수동적이고 굴복적인 존재인 우리의 모습을 담아내는 것이라면, '그림자'라는 말이 풍기듯이 그것은 우리의 '불철저한' 정체성을 드러내는 것이기도 하다. 장아이링은 스스로 『전기』의 인물 형상에 대해 구체적으로 이렇게 비평한 바 있다.

> 극단적으로 병태적이거나 극단적으로 각성한 사람은 어쨌든 많지 않다. 시대는 이렇게 무거운데 그렇게 쉽게 완전히 깨달을 수는 없다. […] 그래서 나의 소설 중에서 「황금족쇄金鎖記」의 차오치차오曹七巧를 제외하면 전부 불철저한 인물들이다. 그들은 영웅이 아니며 이 시대의 짐을 짊어지고 있는 대중들이다. 왜냐하면 그들은 비록 불철저하지만 결국은 진실한 사람들이기 때문이다. 그들에게는 비장함悲壯은 없으며 단지 창량함蒼凉만 있다. 비장함은 일종의 완성이며 창량함은 일종의 계시啓示이다.[12]

무거운 시대로부터 벗어날 수 없는 대중들은 '쉽게 완전히 깨달을 수 없으니', "그저 그렇게 될 수밖에 없다."[13] 극단적으로 병태적인 것과 극단적으로 각성하는 것, 이른바 '철저함'은 대중들이 감당할 보편적인 몫이 아니다. 영웅의 '철저함'은 진정한 실재를 반영한 것이 아니며 오히려 구성적 현실로서 허구에 가깝다. '완성'을 이루기 위해 '철저'함을 가장하여 만들어진 구성적 현실은 들뜨게 하는 자극적인 비장함을 가져다 줄 수 있지만, 그것은 어디까지나 구성적인 한에서 '부자연스러움[做作]'을 조성할 수밖에 없다. 장아이링이 채플린 영화를 그다지 좋아하지 않은 것도 그것의 풍자적 특징에도 불구하고 '부자연스러움' 때문이었다. "채플린의 영화는 대단하다고 할 수 있지만 중국의 명사파名士派에 가까운 일종의 유랑인流浪人의 부자연스러움[做作]이 있어 나는 싫어요."[14] 장아이링은 대중이 "연약한 범인에 지나지 않아 힘을 가진 영웅에 미치

12 「自己的文章」, 앞의 책, 186.

13 「關于傾城之戀的老實話」, 앞의 책, 193.

14 王一心, 『張愛玲 蘇青 胡蘭成 他們仨』(東方出版中心, 2009), 110 재인용.

지 못하지만, 바로 이런 범인이 영웅보다 이 시대의 총량을 대표할 수 있다"[15]고 보았다. 이 시대의 총량을 대표하는 '범인' 대중은 연약하기에 '불철저한' 정체성을 드러내며, 그런 만큼이나 '창량함'을 지닌다. 하지만 이들이야말로 현실 도처에서 만날 수 있는 사람들의 실제 모습이다. 더욱이 작품 「젊었을 때」에서 눈과 입이 없는 '옆얼굴'의 주인공 친시아가 장티푸스를 앓아 병원 침상에 누워 있을 때 "세상의 모든 것에 대한 냉담함이 그녀의 옅은 남색 눈에서 색깔을 없애버렸다"[16]라고 묘사했듯이, '무거운 시대' 현실은 '눈 색깔이 없는' 인물의 '모호한' 얼굴 형상을 낳는 토양이 된다. 그렇다면 장아이링의 소설 속 등장인물의 '모호한' 얼굴 형상은 결국 이목구비가 없는 작가의 자화상을 밑그림으로 하여 대중들의 '불철저한' 정체성을 형상적으로 드러내는 것이자, '무거운 시대' 현실의 실제 모습을 재현한 것이다.

3. '엇섞인 대조'의 묘사법

인물의 '모호한' 얼굴 또는 '불철저한' 정체성을 형상적으로 담아내는 묘사방법은 무엇일까? 장아이링은 예의 「나의 문장」(1944년 11월)에서 자신의 묘사방법을 구체적으로 제시한 바 있다.

> 나의 글쓰기 제재는 바로 이러한 시대이며 나는 엇섞인 대조의 수법을 사용하는 것이 비교적 적절하다고 여긴다. 나는 이런 수법을 사용하여 인

15 「我的文章」, 『流言』(張愛玲全集), 187.

16 「青年的時候」, 『紅玫瑰與白玫瑰』(張愛玲全集), 15.

류가 모든 시대 가운데 생활해온 기억을 묘사한다. 그리고 이로써 주위의 현실에게 일종의 계시를 준다. […] 나는 소박함을 좋아한다. 그러나 나는 단지 현대인의 기지機智와 장식裝飾을 묘사하는 가운데 인생의 소박함의 밑바탕을 두드러지게 할 수 있을 뿐이다. […] 단지 나는 허위와 진실을 강렬한 대조로 묘사하지 않고, 엇섞인 대조의 수법을 사용하여 현대인의 허위 속에 진실이 있고 부화浮華 속에 소박함이 있다는 것을 묘사해낸다. […] 그리고 내가 사용하고 있는 것은 엇섞인 대조의 묘사법이므로 선과 악, 영과 육이 첨예하게 충돌하는 그런 고전적인 묘사법을 채택하길 좋아하지 않는다. 그래서 나의 작품은 때로는 주제가 분명하지 않다.[17]

장아이링은 「경성지련에 관한 솔직한 이야기」(1944년 12월)에서도 "나는 엇섞인 대조의 묘사법을 좋아한다. 왜냐하면 그것은 비교적 사실에 가깝기 때문이다."[18]라고 하여 '엇섞인 대조'의 묘사법을 반복적으로 강조했다. '엇섞인 대조'의 묘사법은 「붉은 장미 흰 장미」에서 형상적으로 잘 드러나 있는데, 정열적인 여인을 비유하는 '붉은 장미'와 순결한 아내를 비유하는 '흰 장미' 사이의 가치의 전도 또는 어긋남을 보여주는 바로 그것이다.[19] 유부녀인 '붉은 장미' 자오루이嬌蕊와 사랑을 나누었던 주인공 전바오가 '흰 장미' 엔리烟鸝를 아내로 맞이했으나 결국 아내는 무미건조한 부인으로 변해 다시 창녀촌을 드나들게 되며, 헤어진 '붉은 장미' 자오루이는 재혼하여 평범한 부인이 되고 믿었던 순종적인 아내 '흰 장미' 엔리는 재봉사와 바람이 난다. '붉은 장미'와 '흰 장미' 중 어느 것에도 집착하거나 만족할 수 없는 인간 욕망의 비애를 드러내고, 영원한

---

17 「我的文章」, 앞의 책, 187-188.

18 「關于傾城之戀的老實話」, 앞의 책, 193.

19 홍석표, 『중국현대문학사』, 이화여자대학교출판부, 2009, 438-439 참조.

붉은 장미도 영원한 흰 장미도 없다는 현실의 '소박한' 진실을 보여준다. 버스 안에서 재혼한 자오루이를 만난 전바오가 자신의 '원만하고 행복한 생활을 두 마디 말로 귀납하고자 막 글자를 찾고 있는데', 버스 기사 오른쪽에 돌출된 거울 속에 비친 그의 얼굴은 '엇섞인 대조'의 묘사법이 무엇인지 상징적으로 보여준다. "평온해 보였지만 차가 흔들리는 바람에 거울 속의 얼굴도 따라서 부들부들 떨고 있었다. 아주 기이한 일종의 평온하고 온화한 떨림이었다."[20] 전바오의 얼굴은 '평온하고 온화한' 듯하지만 결국은 '떨고' 있는 얼굴인 것이다. 또한 작품 「꽃이 지다花凋」에서 일 년 내내 침대에서만 지낸 촨창川嫦이 어머니가 사온 가죽 구두를 신어보고 희망을 품지만 이내 죽고 마는, 생에 대한 기대와 실질 사이의 어긋남도 '엇섞인 대조'의 묘사법의 한 형태이다. "그녀는 이불 속에서 발 한 짝을 꺼내 가죽 신발에 넣어보았다. '이런 가죽은 아주 질겨서 이삼 년은 신을 수 있겠군.' 그녀는 삼 주 후 죽었다."[21] 이는 장아이링이 말한 "반反 고조高潮, 즉 특이한[艶異] 분위기 조성과 갑작스런 하락"[22]을 보여주는 '엇섞인 대조'의 묘사법의 구체적인 실례라고 할 수 있다.

더욱이 장아이링은 '엇섞인 대조'의 묘사법이 현실의 소박한 진실을 드러낸다는 점을 「경성지련」의 작품을 예로 들어 부연하기도 했다. "「경성지련」에서 부패하고 낡은 가정으로부터 벗어난 류쑤流蘇는 홍콩의 전쟁 세례에도 불구하고 혁명여성이 되지는 않았다. 홍콩의 전쟁은 판류위안范柳原에게 영향을 미쳐 그로 하여금 평실平實 생활로 돌아와서 결국 결혼하게 만들었다. 하지만 결혼은 결코 그를 성인聖人으로 변화시켜 지

20 「紅玫瑰與白玫瑰」, 『紅玫瑰與白玫瑰』(張愛玲全集), 85.

21 「花凋」, 앞의 책, 35.

22 止庵 · 萬燕, 『張愛玲畫話』(天津社會科學院出版社, 2003), 112 참조. "我喜歡反高潮-艶異的空氣的制造與突然的跌落, 可以覺得傳奇裏的人性呱呱啼叫起來."

난 생활습관과 태도를 완전히 버리도록 만든 것은 아니다. 이 때문에 류위안과 류쑤의 결말은 다소 건강한 것이지만 여전히 저속하다庸俗. 사실대로 말하자면 그들은 그저 그렇게 될 수밖에 없다."[23] 장아이링에게는 '저속하고' '그저 그렇게 될 수밖에 없는' 현실의 진실을 소박하게 담아내는 것이 더욱 중요하다. 만약 봉건가정으로부터 도망치다시피 빠져나온 류쑤가 일본의 침략전쟁인 홍콩의 함락에 감화를 받아 혁명에 뛰어들었다면 이 작품은 일종의 계몽적인 소설이 된다. 마찬가지로 류위안이 홍콩 함락으로 외국으로 출장가지 못하고 평범한 생활로 돌아와 류쑤와 결혼하고 예전의 생활습관을 버리고 성실한 결혼생활을 했다면 이 역시 계몽적인 소설이 된다. 하지만 장아이링은 이상적이고 낙관적인 계몽주의적 태도를 버리고 오히려 저속하지만 현실의 진실에 더 가까운 인물 형상을 그려내었다. 장아이링이 "내가 엇섞인 대조의 묘사법을 좋아하는 것은 그것이 비교적 사실에 가깝기 때문이다"[24]라고 말한 것도 그런 의미이다.

장아이링은 시대의 무거움에서 벗어날 수 없어 완전히 깨달을 수 없는 '불철저한' 대중의 모습을 담아내는 데는 '엇섞인 대조'의 묘사법이 가장 적절하다고 판단했다. 그것은 '불철저한' 정체성을 가진 평범한 인물들의 진실을 소박하게 드러내는 방법이다. 시대의 무거움이, 부모의 이혼과 재혼을 경험한 장아이링의 불행한 성장기의 원체험 및 고금의 교체와 동서문명의 혼재라는 상하이의 시공간적 특수성 등과 관련이 있는 한 '엇섞인 대조'의 묘사법은 장아이링의 개인사와 시대현실의 미적美的 전유로도 볼 수 있다.

23 「關于傾城之戀的老實話」, 『流言』, 張愛玲全集, 193.

24 「關于傾城之戀的老實話」, 위의 책, 193.

4. 순간의 진실

「경성지련傾城之戀」이라는 제목은 '경국지색傾國之色'이라는 말이 있듯이 전통적인 의미에서는 '도시를 무너뜨린 사랑 이야기' 정도로 번역될 수 있으니 감동적인 사랑 이야기를 뜻한다. 하지만 장아이링은 그런 감동적인 사랑 이야기를 말하려는 것이 아니라 오히려 그것을 비웃고 조롱한다. 여기서 '경성지련'은 '도시 함락으로 맺어진 사랑 이야기' 정도로 번역될 수 있는데, 도시 함락이라는 우연적인 사건을 계기로 주인공 남녀가 결혼에 성공하게 된다는 뜻이다. 이 작품에서 주인공 바이류쑤白流蘇와 판류위안范柳原의 결합은 이렇게 묘사된다.

> 이 요동치는 세계 속에서 돈, 땅, 영원히 변치 않는 것, 전부 믿을 수 없다. 믿을 수 있는 것은 단지 그녀의 가슴 가득한 숨결과 그녀의 옆에서 자고 있는 이 사람뿐이다. 그녀는 갑자기 류위안의 옆으로 올라가 그가 덮고 있는 면 이불 위로 그를 껴안았다. 그가 이불 속에서 손을 내밀어 그녀의 손을 잡았다. 그들은 서로를 투명하고 환하게 보았다. 단지 순간적인 철저한 이해였지만 이 순간은 그들이 함께 8년이고 10년이고 화목하게 살아갈 수 있게 하기에 충분했다.[25]

8년 또는 10년의 화목은 한순간의 철저한 이해에 의해 유지될 수 있는데, '철저한 이해'는 어쨌든 순간의 진실로 실현될 뿐이다. 이때 '철저한 이해'의 순간 진실이 흔적으로 기억된다면 그것은 그림자의 모습과 다르지 않다. 그래서 순간 진실로 실현된 '철저한 이해'가 기억의 흔적으로

25 「傾城之戀」, 『傾城之戀』, 張愛玲集, 199.

남아 그림자의 모습으로 현현할 때 화목은 유지될 수 있다. 8년 또는 10년의 화목은 '철저한 이해'라는 순간 진실의 기억이 흔적으로 남아 그림자로 지속할 때 가능해지는 것이다. 류쑤가 재혼하여 명실상부한 류위안의 아내가 되지만 결국 실의에 빠지지 않을 수 없는 이유도 명백하다. "류위안은 이제 거의 그녀와 놀지 않았다. 그는 우스갯소리를 아껴 옆의 여인들에게 들려주었다. 그것은 축하할 만한 좋은 현상으로 그가 그녀를 완전히 자신의 사람, 명실상부한 아내로 대하고 있다는 것을 보여주었다. 그렇지만 류쑤는 여전히 쓸쓸했다."[26] 기억의 흔적으로 남아 그림자로 현현하는 순간 진실은 그것이 진실이라 하더라도 그림자에 지나지 않기 때문에 '불철저'할 수밖에 없다. 결혼에 성공하여 명실상부한 류위안의 아내가 되는 순간 류쑤는 오히려 실의에 빠진 자신의 처지를 발견하게 되는 것이다. 「황금 족쇄」에서 차오치차오曹七巧가 죽음을 기다리며 침상에 누워 18, 19세의 청춘 시절을 회상하면서 자신을 좋아했던 남자들을 떠올릴 때도 사랑의 지닌 순간의 진실을 어렴풋이 감지하고 있었다. "만일 그녀가 그들 중의 하나를 선택하고 이후 시간이 좀 지나 아이를 낳았다면 남자는 얼마간 그녀를 진심으로 대해주었을 것이다."[27] 이처럼 '진심眞心'이 지속되는 기간은 '얼마간'으로 한정되고 만다. 「첫 번째 향로」의 결미에서 묘사된 금방 꺼져버리는 불꽃의 비유도 진실의 순간성을 암시한다. 추운 겨울에 웨이롱薇龍과 조지喬琪가 차를 타고 귀가하는데, 조지가 담배에 불을 붙이자 그것이 마치 꽃이 핀 것 같았으나, "꽃은 금방 졌다. 다시 차가움과 어두움이… 이 홍콩 이야기는 여기서 끝이다… 웨이롱의 화로 향 역시 곧 다 타버릴 것이다"[28]라고 표현된다.

26 앞의 책, 201.

27 「金鎖記」, 위의 책, 260.

28 「第一爐香」, 위의 책, 53.

「봉쇄」는 진실의 순간성을 더욱 극명하게 보여주는 작품이다. '봉쇄'로 인해 전차는 멈추고 전차 안의 시공간은 현실의 그것과 단절된다. "봉쇄되었다. 종이 울렸다. '딩링링링링링', '링'자는 하나하나 차가운 작은 점이 되어 한 점 한 점 연결되어 점선을 이루면서 시간과 공간을 단절시켰다."[29] "끝이 없고 끝이 없는", "길고도 긴 지렁이"처럼 꿈틀거리는 궤도를 영원히 멈추지 않고 달릴 듯한 전차는 때마침 '봉쇄'를 만나 진행을 멈추고, '링' 자가 이루는 점선에 의해 전차 안의 시공은 현실의 시공과 전혀 다른 새로운 것으로 바뀐다. '봉쇄'로 말미암아 번잡하고 무료한 일상으로 가득한 현실로부터 일시적 단절이 이루어지는 순간, 결혼에 불만을 품은 뤼쫑전呂宗楨과 학교 내에서든 집안에서든 무시를 당하는 대학강사 우춰위안吳翠遠이 우연한 계기로 그들만의 애정을 추구하게 된다. 그렇지만 '봉쇄' 해제의 종소리가 울리면서 단절되었던 시공간은 원래의 현실로 회복되고 뤼쫑전 역시 제자리로 돌아가 앉음으로써 두 사람은 낯선 타인이 된다. 일시모면을 위해 벌인 희극적인 행동이 절묘하게 자연스럽고 진실한 사랑을 엮어내지만 그 사랑은 현실적인 이해관계가 개입되면서 진실성을 잃고 '봉쇄' 해제의 종소리와 더불어 끝나버린다. 모든 것이 제자리로 돌아가고 번잡하고 자질구레한 일상이 회복된다. "봉쇄 기간의 모든 일은 일어나지 않은 것이나 마찬가지이다. 상하이 전체가 졸면서 이치에 맞지 않은 꿈을 꾸었던 것이다."[30] "전차가 땅땅거리며 앞으로 내달리자 그들은 하나하나 죽으러 가는 것이다."[31] 그들의 사랑은 '연극 같은 순간'이었으며, '공교롭게 얻어진 것'이었다.

뤼쫑전과 우춰위안의 사랑은 희극적이고 우연적인 만남에 의해 이루

---

29 「封鎖」, 앞의 책, 148.

30 위의 책, 159.

31 위의 책, 159.

어진 것인 만큼 영원성과 절대성을 가지지 못한다. 그들의 사랑은 일시적이고 순간적인 진실로 구축되었으며, 그림자처럼 순간의 흔적으로만 기억될 뿐이다. 뤼쭝전이 전차 유리창에 붙어 있던 우유 광고 속 통통한 아이 그림의 찢어진 부분을 통해 차에 오르던 우춰위안의 모습을 언뜻 보았던 장면은 진실의 우연성과 편린성을 절묘하게 형상화해준다. "그 찢긴 틈으로 당신의 옆모습이 보였어요. 턱만 약간요. […] 후에 당신이 고개를 숙여 가죽 지갑에서 돈을 꺼낼 때 비로소 당신의 눈과 눈썹, 머리카락을 보았어요."[32] 광고의 찢어진 틈으로 우춰위안을 보았던 장면은 '광고'의 우연성과 '찢어진 틈'의 편린성을 동시에 드러낸다. 사랑의 진실은 우연성과 편린성에 의해 구축되며 순간의 진실로 반짝일 뿐임을 암시한다. 「봉쇄」에서 에피소드처럼 삽입된, 순간적으로 살짝 드러나는 생명의 진실에 대한 묘사도 같은 의미를 담고 있다. 부드럽고 딱딱한 어린아이의 발, 뤼쭝전이 내민 팔, 금발 여인이 이탈리아 해군을 호객하는 행위 등은 "단지 한순간에만 살아 있는 것에 지나지 않는다."[33]

이처럼 순간의 진실과 그 흔적으로서의 그림자만이 유의미할 때, 장아이링에게 사람의 이야기는 궁극적으로 공허하고 처량하다. 장아이링의 '전기傳奇' 서사가 대부분 '슬픈 이야기'로 채워져 있는 것은 이 때문이다. 클레멘타인이 '나'에게 들려준, 「두 번째 향로」도 "인생은 종종 이와 같이 철저하지 않으니까", '슬픈 이야기'이다.[34] 「재스민 차」의 도입부도 슬픈 이야기임을 암시한다. "내가 당신에게 타 주는 재스민 차는 너무 쓸지 모릅니다. 아마 내가 당신에게 들려주려고 하는 홍콩 이야기도

---

32 「封鎖」, 앞의 책, 154.

33 「封鎖」, 위의 책, 159.

34 「第二爐香」, 위의 책, 55.

마찬가지로 쓸 겁니다. 홍콩은 화려하고 아름답지만 슬픈 도시지요."[35] 슬픈 이야기를 연주하는 호금胡琴의 음악소리로부터 시작하는 「경성지련」은 수미가 호응을 이루며 끝나지 않을 슬픈 호금의 음악소리로 마감한다. "호금이 잉잉 울고 있다. 모든 등불에 불이 켜지는 밤에 다 마치지 못할 처량한 이야기를 켜고 또 켠다. 묻지 않아도 그만인 것을!"[36] 「황금 족쇄」에서는 "노인들이 기억하는 30년 전의 달은 유쾌하고 눈앞의 달보다 크고, 둥글고 하얗다. 그러나 30년의 고생길을 지나 돌이켜보면 아무리 예쁜 달빛도 역시 처량함을 지니고 있다" [37]라고 시작함으로써 이 역시 슬픈 이야기가 전개될 것임을 암시한다. 더욱이 작품의 결미에서 "30년 전의 달빛은 이미 사그라졌고 30년 전의 사람도 죽었다. 그러나 30년 전의 이야기는 아직 끝나지 않았다. 끝날 수 없다"[38]라는 말로 맺음으로써 영원히 반복될 슬픈 이야기를 암시하고 그로부터 헤어날 수 없는 삶의 진실을 드러낸다.

5. 기억의 슬픈 서사

진실은 순간적이고 편린적으로 구축되므로 영속성이 없지만, 그래도 기억의 흔적으로 남아 그림자로 현현한다. 장아이링이 과거, 이른바 '오래된 기억'에 기대어 잠시나마 위로를 받고자 했던 것도 바로 이 때문이다. 더욱이 그녀가 "인류가 모든 시대 가운데 생활해온 기억을 묘사한

35 「茉莉香片」, 앞의 책, 91.

36 「傾城之戀」, 위의 책, 201.

37 「金鎖記」, 위의 책, 216.

38 위의 책, 261.

다"[39]고 했던 것도 과거의 기억, 즉 축적된 인류의 기억 속에서 믿을 만한 근거를 발견할 수 있다고 보았기 때문이다. 장아이링이 과거의 기억에 의지하고자 한 것은 그녀의 개인사, 즉 잠시나마 '상당히 유쾌하게 보냈던' '어린 시절'[40]과 관계가 깊다. 그렇기에 '더럽고 복잡하고 납득할 수 없는' 현실세계에서 과거는 일시적이나마 온화하고 한가롭고 아름다운 추억을 떠올리게 하는 공간이다. 「첫 번째 향로」에서 묘사된 옷장 안은 그런 과거와 연결되는 공간이요 통로로 기능한다. "그 안에는 여전히 온화하고, 한가로우면서 시간을 아랑곳하지 않는 오래된 과거의 공기가 있었다. 옷장 안에는 창밖같이 상쾌한 아침, 획일적인 녹색의 풀밭, 무섭고 고요한 얼굴, 입가의 땅콩 껍질… 저 더럽고 복잡하고 납득할 수 없는 현실은 없었다."[41] 그렇지만 장아이링은 인류가 모든 시대 가운데 생활해온 기억을 묘사해내고 이를 통해 사람들에게 어떤 계시를 주고자 했기 때문에, 믿을 만한 과거라고 하더라도 그것은 오랫동안 축적된 기억인 만큼 벗어날 수 없는 인간의 곤경을 의미한다. 그렇기에 장아이링이 들려주는 이야기는 현대 사회의 어디서나 발견되는 구중국의 편린으로서 현재까지 남아 있는 과거의 축적된 곤경의 기억이다.

류쑤流蘇와 류쑤의 집, 그런 구중국의 편린들은 현대 사회 어디에나 있다. 요즘 수돗물이 종종 끊기는 바람에 항아리에 물을 길어다 쓰곤 하는데, 그때 작은 황룡이 조각된 황토색 물항아리에 조용히 자기 얼굴을 비추어 보면 그 오랜 세월 우물가에 와서 물도 긷고 거울삼아 얼굴을 비춰

39 「我的文章」, 『流言』, 張愛玲全集, 187.

40 『對照記』, 『重訪邊城』, 張愛玲全集, 242. "悠長得像永生的同年, 相當愉快地度日如年, 我想許多人都有同感."

41 「第一爐香」, 『傾城之戀』, 張愛玲集, 20.

> 보기도 하던 여인들이 자연스레 떠올려지듯이 말이다. 나는 「경성지련」의 관중이 그것을 아득히 먼 전기傳奇로 보지 말기를 바란다. 그것은 그대 몸 가까이에 있는 인물이요 사건이다.[42]

진실의 순간성으로 말미암아 기댈 수 있는 것은 과거의 기억밖에 없지만 그 기억은 인류의 축적된 곤경의 기억이므로 장아이링이 들려주는 이야기는 슬픈 서사가 된다. 「경성지련」에서 "여자가 아무리 훌륭해도 이성의 사랑을 얻지 못하면 동성의 존경도 얻을 수 없다. 여자들은 그렇게 비열하다"[43]라고 서술한 대목은 장아이링의 '전기' 서사가 '완성'을 향한 새로운 세계의 구축이 아니라 축적된 기억의 형상화이며 실상의 '계시'에 속한다는 점을 시사한다. "겉으로 보기에 세계 각국의 부녀의 지위는 그 고하高下가 동일하지는 않지만, 실제적으로 여인은 언제나 낮다. 화를 내도 소용이 없으니, 인생은 울컥해서 될 일이 아니다."[44] 이처럼 인류의 축적된 기억의 서사인 장아이링의 이야기가 곤경의 슬픈 서사가 되는 것은 당연하다.

그렇다면 장아이링의 이야기는 '아득히 먼 전기傳奇'가 아니라 우리 몸 가까이에 있는 인물과 사건에 관한 친숙한 이야기가 된다. 장아이링은 1954년에 증정본 『전기』를 저본底本으로 하여 다시 제목과 표지를 바꾼 『장아이링 단편소설집』을 펴내면서 그 서문에서 "여기 있는 이야기는 어느 시각에서 보면 전기傳奇라고 할 수 있지만 사실 이런 종류의 사건은 흔하다. 나는 독자들이 이 책을 볼 때 아마 자기가 알고 있는 인물

42 「羅蘭觀感」, 『流言』(張愛玲全集), 195.

43 「傾城之戀」, 『傾城之戀』(張愛玲集), 171.

44 「羅蘭觀感」, 위의 책, 194-195.

또는 보거나 들어본 적이 있는 사건을 연상하길 바란다"[45]라고 했던 것도 그런 의미이다. '전기傳奇'란 원래 기이한 이야기 또는 남녀 애정 이야기를 가리키는데, 장아이링의 '전기'는 이 둘을 합쳐 '기이한 사랑 이야기'로 풀이할 수 있지만 그런 제목에도 불구하고 장아이링은 그 '기이함'을 조롱이라도 하듯이 오히려 평범하고 친숙한 이야기를 들려주고 있는 것이다. 장아이링이 어떤 이야기가 "한 사건의 실상과 한 인물의 내면의 곡절"을 드러내주는 것이라면 "우리는 '슬퍼하고 불쌍히 여길 것이며 기뻐하지 말아야' 한다"[46]라고 주문한 것도 그 이야기가 바로 우리 자신의 이야기이기 때문이다. 장아이링의 이야기가 동정 어린 슬픈 이야기로 들리는 것도 바로 이 대목에서 가능해진다.

더욱이 장아이링의 이야기는 그 슬픈 서사에도 불구하고 아무렇지도 않은 듯이 담담하게 서술되고 있다는 점도 특기할 만하다. 당시의 비평가 우장펑吳江楓의 말처럼, "사실 장아이링의 이야기는 대부분 '창량蒼凉'과 '비량悲凉'의 맛을 담고 있어 읽으면 일종의 우울감이 생긴다. 그렇지만 결코 무겁지 않으며, 이른바 일종의 담담한 한淡淡的哀怨이라 할 수 있다."[47] 장아이링은 엄숙함과 숭고함, 숙명 등을 거부하며, 그렇다고 정욕의 표현이 심금을 울리거나 흥분을 유발시키지도 않는다. 오히려 '담담한 한'으로 표현된다. 예컨대, 「두 번째 향로」의 결미에서 로저 알버트羅杰安白登의 죽음에 관한 묘사는 그 비극성에도 불구하고 너무나 담담하게 서술된다. "그는 가스를 잠그고 또 문을 닫고 잠갔다. 그런 다음 다시 가스를 틀었다. 그러나 이번에는 성냥을 그어 불을 붙이지 않았다. 가스가 지니고 있는 은은한 단내가 점점 짙어졌다. 동시에 로저 알버트

45 「張愛玲短篇小說集自序」, 『重訪邊城』(張愛玲全集), 3.

46 「張愛玲短篇小說集自序」, 위의 책, 3.

47 記者, 「『傳奇』集評茶會記」: 陳子善 編, 『張愛玲的風氣—1949年前張愛玲評說』, 75.

의 이 향로의 향도 점점 약해져갔다. 침향 조각이 다 타버렸다. 불이 꺼졌다. 재가 식었다."[48] 만일 누구도 슬픈 이야기로부터 벗어날 수 없다면 그것은 삶의 진실에 대한 통찰에 해당한다. 장아이링은 『시경詩經』의 시 중에서 '죽거나 살거나 함께 고생하자던 당신과 굳고 굳은 언약 있었네. 당신의 손을 잡고 당신과 백년해로 하자고'라는 구절을 인용하면서 슬픈悲哀 시라고 말했는데,[49] 이 시가 함축하고 있는 담담한 슬픔을 간파하고 있었던 것이다. 백년해로를 위한 '굳은 언약'은, 백년을 넘길 수 없는 인간의 짧은 운명과 그토록 짧은 운명에도 불구하고 손을 맞잡고 함께하기가 쉽지 않다는 것을 함축하고 있기 때문이다. 『시경』의 시가 담담한 슬픔을 함축하고 있듯이 장아이링이 들려주는 이야기 역시 그러하다. 장아이링은 "나는 많은 작품 속에서 힘力의 성분이 미美의 성분보다 크다는 것을 발견했다. 힘은 즐거운 것이고 미는 슬픈 것이라 양자는 독립 병존할 수 없다"[50]라고 전제하고 '즐거운 힘'보다 '슬픈 미'를 추구하고자 했다. 그것은 담담한 서술에서 배어나는 '슬픈 미'가 흥분이나 자극보다 계시를 주어 독자들에게 깊은 여운을 남기기 때문이다.

6. 곤경의 기억과 실상의 계시

장아이링은 스스로 "나는 다만 남녀 사이의 작은 이야기를 묘사할 뿐이며, 나의 작품에는 전쟁도 없고 혁명도 없다. 나는 사람은 연애를 할

48 「第二爐香」, 『傾城之戀』(張愛玲全集), 90.
49 「我的文章」, 『流言』(張愛玲全集), 186 참조. "死生契闊, 與子成說. 執子之手, 與子偕老."
50 「我的文章」, 위의 책, 186.

때가 전쟁이나 혁명 때보다 훨씬 소박하고 더욱 자유롭다고 여긴다"[51]라고 했듯이 그녀는 전쟁이나 혁명보다 개인의 삶이나 남녀 간의 애정문제를 소설에 담아냈다. 그래서 장아이링의 '전기' 서사에는 시대와 민족의 대서사大敍事가 전면에 나서지 못하고 평범한 인물들의 자질구레한 이야기의 배경으로만 처리된다. 「봉쇄」에서 일본군의 점령지 상하이에서 발생한 '봉쇄'도 뤼쭝전呂宗楨과 우춰위안吳翠遠이 우연한 만남으로 사랑을 나누는 소서사小敍事 구성의 매개 역할을 할 뿐이다. 「경성지련」에서 류위안柳原과 류쑤流蘇의 결혼을 이끌어내는 홍콩 함락도 사실 일본군의 홍콩 침략이라는 대서사가 배경이 되고 있으나 그것은 그저 두 사람의 결혼을 성사시켜주는 우연적인 사건으로 처리될 뿐이다. 이처럼 장아이링의 '전기' 서사에는 시대와 민족의 대서사가 전면에 나서지 못하고 평범한 인물들의 자질구레한 이야기가 중심을 이룬다. 대서사는 오히려 소서사를 이끌어내는 우연적인 요인으로만 작용할 뿐이다. '광인'의 입을 빌려 "나는 전혀 두려워하지 않고, 여전히 나의 길을 간다"[52]라고 했던 루쉰魯迅의 계몽주의적 태도와는 뚜렷한 차이를 보여준다. 시대와 민족의 무게를 중심으로 다루었던 루쉰과 달리 장아이링은 남녀애정과 혼인 문제를 둘러싼 개인 삶의 무게를 다루었다. 그녀는 이상과 의지가 충만하던 시대에 그것을 비웃기라도 하듯이 평범한 사람들의 세속적인 욕망과 그 욕망의 허망함을 세련되고 절실한 언어로 표현해냈다.

그런데 루쉰과 장아이링은 서로 상반된 태도에도 불구하고 궁극적으로는 동일한 지점에 이르렀던 것 같다. 장아이링은 도시의 평범하고 세속적인 인물 형상을 통해 피할 수 없는 인간의 삶의 비극성을 드러내었

---

51 앞의 책, 188.

52 魯迅, 「狂人日記」, 『吶喊』, 『魯迅全集(1)』(人民文學出版社, 1981), 423.

는데, '아Q'의 인물 형상에서 보듯이 루쉰 역시 인간의 피할 수 없는 나약한 존재조건에 대한 탐색을 자신의 문학적 과업으로 삼았다. 루쉰과 장아이링의 문학에는 동일하게 인간의 고독하고 슬픈 기억이 스며 있으며, 역사의 반복과 순환에 대한 비극적인 인식이 깔려 있다. 장아이링이 루쉰에 비견되는 비중 있는 작가로 평가된다면,[53] 그 이유는 그녀의 세련되고 원숙한 표현에서뿐만 아니라 인간의 근원적인 존재조건에 대한 탐문에서 찾아야 할 것이다.

장아이링은 삶을 황량하고 슬픈 것으로 바라보았는데, 이는 그녀의 성장기의 불행한 원체험과 무관하지 않으며, 더구나 당시 대도시 상하이의 시공간적 특수성과 밀접하게 관련되어 있었다. '동서고금'이 교차하는 대도시 상하이의 특수성으로 말미암아 장아이링은 '경계지대'에 놓여 있었으니, 그녀에게 진실은 절대적이거나 영원한 가치로 다가오지 않으며 항상 순간적으로 실현되어 그림자의 모습으로 현현한다. '시대의 무거움'과 '경계'에 놓여 겪게 되는 정체성의 혼란은 작품에서 인물의 모호한 얼굴 형상 또는 이목구비가 없는 얼굴 형상—그것은 작가의 자화상이면서 우리의 자화상이기도 하다— 등으로 그려져 상징적으로 묘사된다. 진실은 순간적으로 유효하여 살짝 드러나므로 기대와 이상은 항상 현실과 어긋나며 기억의 흔적으로만 현현할 뿐이다. 장아이링의 '전기'가 '엇섞인 대조'의 묘사법에 의해 '창량蒼凉'의 미의식을 구현하고 '담담한 한'을 드러내는 슬픈 기억의 서사가 되는 것은 바로 이 때문이다. 따라서 인류의 축적된 곤경의 기억을 담고 있는 장아이링의 '전기' 서사는 '완성'을 향한 새로운 세계의 구축이 아니라 실상의 '계시'에 속한다고 할 수 있다.

---

53 傅雷(迅雨), 「論張愛玲的小說」, 『萬象』, 1944年: 子通 · 亦清 主編, 『張愛玲評說六十年』, 62 참조; 夏志淸, 『中國現代小說史』(復旦大學出版社, 2005), 254 참조.

참고문헌

김순진, 「여성의 몸과 몸의 공간—張愛玲 소설을 중심으로」, 『中國研究』 第25卷.

박자영, 「소문과 서사: 장아이링 『전기』 다시 읽기」, 『여성문학연구 20』.

임우경, 「「경성지련」의 쓸쓸한 계시: 계몽담론 속의 '노라' 허상」, 『중국문화연구』 제1호.

장아이링, 『첫 번째 향로』, 김순진 옮김, 문학과지성사, 2005.

장아이링, 『경성지련』, 김순진 옮김, 문학과지성사, 2005.

張愛玲, 『傾城之戀』(張愛玲全集), 北京出版社出版集團 · 北京十月文藝出版社, 2009.

______, 『紅玫瑰與白玫瑰』(張愛玲全集), ______.

______, 『流言』(張愛玲全集), ______.

______, 『重訪邊城』(張愛玲全集), ______.

______, 『紅樓夢魘』(張愛玲全集), ______.

홍석표, 『중국현대문학사』, 이화여자대학교출판부, 2009.

魯迅, 『吶喊』, 『魯迅全集(1)』, 人民文學出版社, 1981.

陶方宣, 『尋踪張愛玲』, 東方出版中心, 2009.

劉川鄂, 『傳奇未完 張愛玲1920-1995』, 北京出版社出版集團 · 北京十月文藝出版社, 2008.

淳子, 『在這裏 張愛玲城市地圖』, 人民文學出版社, 2006.

艾青, 『艾青詩全編』, 人民文學出版社, 2003.

余斌, 『張愛玲傳』, 南京大學出版社, 2007.

王一心, 『張愛玲 蘇青 胡蘭成 他們仨』, 東方出版中心, 2009.

于青, 『張愛玲傳』, 中國華僑出版社, 2003.

子通・亦淸 主編,『張愛玲評說六十年』, 中國華僑出版社, 2001.

子通・亦淸 編,『張愛玲文集補遺』, 中國華僑出版社, 2002.

止庵・萬燕,『張愛玲畵話』, 天津社會科學院出版社, 2003.

陳子善 編,『張愛玲的風氣—1949年前張愛玲評說』, 山東畵報出版社, 2004.

夏志淸,『中國現代小說史』, 復旦大學出版社, 2005.

胡蘭成,『今生今世』, 團結出版社, 2006.

胡適,『胡適文存』第三集(影印本).

2부

19세기 프랑스 사실주의와 '역사'

발자크의 『나귀 가죽』과 7월 혁명*

송기정

1. 들어가며

일찍이 발자크만큼 19세기 전반기의 프랑스 사회를 적나라하게 표현하고 통렬하게 비판한 작가도 없을 것이다. 그런 연유에서 사람들은 그를 '사실주의자', '관찰자', '역사가'라 부른다. 그러나 발자크를 사회·역사적인 관점에서만 조명한다면 그것은 큰 오류를 범하는 것이다. 사실상 주로 초반기 작품들로 구성된 〈철학 연구Etudes philosophiques〉에는 비현실적이고 초월적인 요소가 많기 때문이다. 그렇다면 발자크에 대한 이러한 상이한 두 관점은 서로 아무런 연관이 없는 것일까? 다시 말해서 발자크 작품들의 환상성은 초역사적이고 보편적인 의미만을 지닐 뿐 역

---

* 이 글은 2012년 6월 1회 이화-파리 동 대학 공동학술대회 '역사의 글쓰기'에서 발표된 것으로, 2012년 『불어불문학 연구』 제91호에 게재된 논문 "Au delà de la frontière entre le fantastique et la réalité historique"의 일부로 편입되었다.

사와는 무관한 것일까? 만일 그렇지 않다면 대립되는 두 요소는 서로 어떤 연관성을 지니고 있으며, 또한 그 의미는 무엇일까?

1831년에 발표된 『나귀 가죽La Peau de chagrin』은 이러한 질문에 답을 줄 수 있을 것이다. 신비로운 가죽을 소유한 자는 모든 소원을 이루게 되지만 하나의 소원이 이루어질 때마다 가죽의 크기가 줄고 그와 더불어 그 가죽을 소지한 자의 생명도 줄어든다는 내용을 가진 이 소설은 환상소설의 범주에 속한다. 그러나 제2부에서 펼쳐지는 라파엘Raphaël의 고백이 당시 사회를 잘 표현하고 있다는 점에서 이 소설은 대단히 사실적이기도 하다. 이런 연유에서 혹자들은 이 소설의 환상성을, 다른 이들은 사실주의적인 면을 강조했다. 그러나 소설의 환상성만을 중시할 경우 왕정복고 말기의 절망에 빠진 한 청년의 고뇌를 이해할 수 없을 것이며, 사회적 요인에 대한 라파엘의 불행에만 주의를 기울일 경우 부적의 존재 이유를 밝히지 못한다. 따라서 이 소설은 이중적 독서를 필요로 한다. 부적에 종속된 라파엘의 운명은 1830년 7월 혁명 당시의 사회구조와 밀접한 연관을 맺고 있기 때문이다. 왕정복고에 대한 환멸과 7월 혁명 대한 배반감이 팽배했던 당시 파리 사회의 현실을 알지 못하고는 『나귀 가죽』의 진정한 의미를 이해할 수 없다. 그러나 소설과 구체적 역사와의 이러한 연관이 『나귀 가죽』의 철학적 주제의 중요성을 약화시키지 않는다. 발자크 자신이 이미 『인간 희극』 서문에서 "사유의 파괴성"[1]이라 부르며 이 소설이 내포한 철학적 의미를 강조했기 때문일 뿐 아니라, "육체적 생명력과 정신적 활동의 공통적 자산인 에너지의 불가피한 소모"[2]라는 철학적 주제는 발자크에게 있어 역사성만큼이나 중요한 주

1 『인간 희극』 서문, in *La Comédie humaine*, "Bibliothèque de la Pléiade", Gallimard, t. I. 19.

2 Albert Béguin, "Préface à *La Peau de chagrin*", *Balzac lu et relu*, Seuil, 1965, 203.

제이기 때문이다.

소설은 전체 3부로 구성되어 있다. 「부적」이라는 제목이 붙은 제1부에서 라파엘은 마지막 남은 금화를 도박장에서 탕진한 후 자살을 결심하고 센 강변을 배회한다. 그러나 센 강에 몸을 던지기 직전 우연히 들른 골동품 가게에서 만난 노인은 그에게 모든 소원을 들어주는, 그러나 욕망할 때마다 크기가 줄고 그에 따라 소유자의 목숨도 줄어드는 마법의 가죽과의 계약을 제안한다. 그는 가죽의 위력을 비웃으며 무심코 가죽을 주머니에 넣고 골동품 가게를 나오다가 친구들을 만나, 은퇴한 은행가 타유페르Taillefer가 주최하는 만찬에 참석하게 된다. 제2부 「무정한 여인」은 라파엘이 전하는 자신의 과거에 대한 고백이 주를 이룬다. 억압적인 아버지, 아버지의 파산에 따른 가난, 3년 동안의 금욕과 학문에의 연마, 페도라Foëdora라는 여인에 대한 절망적인 사랑, 그리고 방탕과 탕진이 라파엘의 과거사이다. 「죽음의 고뇌」라는 제목의 제3부는 부적을 얻고 난 후 "살기 위해 삶을 포기한" 라파엘을 그리고 있다.

2. 라파엘의 고백

라파엘은 자신의 절망을 이해시키기 위해 친구 에밀Emile에게 과거의 삶을 고백한다. 그의 고백은 사회적으로 소외된 한 인간을 그리고 있다. 그런데 그 갈등의 뿌리는 권위적이고 억압적인 아버지에 있다. 오베르뉴 지방의 유서 깊지만 퇴락한 가문의 가장이었던 아버지는 구 체제가 끝나갈 즈음 파리로 이주해 권력을 얻게 된 인물이다. 그는 대혁명으로 인해 다시 몰락하게 되지만 명문가의 상속녀와 결혼함으로써 가문의 영광을 되찾기도 한다. 나폴레옹 제정 시기에는 황제가 장군들에게 하사한 땅을 사들여 재산가가 되었으나 왕정복고는 다시 그를 파산시키고 만다. 망명자 재산 배상법에 의해 그의 재산은 몰수될 위기에 처해졌고 아버지는 소유권 인정을 위해 10년도 넘게 소송에 매달리게 된다. 아버지는 아들이 "집안의 영광이 될 수 있는 정치인"이 되기를 바랐고, 그것을 위해 엄한 훈육으로 아들을 꼼짝 못하게 만든다. 그리하여 라파엘은 어린 시절과 20대 초반을 냉혹한 아버지의 독재 아래 짓눌려 보내게 된다.

아버지의 죽음은 억눌린 욕망의 해방을 의미한다. 그러나 고아가 된 그의 수중에는 아무것도 남은 것이 없다. 게다가 물질적 궁핍에 못지않게 그를 절망케 한 것은 헐값에 팔려가는 집 안의 가구가 상징하듯 아버지 이미지의 추락이다.

> 어려서부터 내 주위의 호사품들에 큰 가치를 부여하는 데 익숙해 있던 나는 매각 잔금이 이처럼 변변치 않은 것을 보고 경악에 가까운 기분을 드러내지 않을 수 없었다네. '오우' 공매인이 내게 말했지. '여기 있던 것들은 모두 구닥다리였다고요.' 그건 내 어린 시절 모든 종교를 일거에 휴지 조각으로 만들어버린 내 모든 환상 중에서 가장 소중한 환상을 앗아가버린 아주 무서운 말이었다네. (150)[3]

'구닥다리'가 되어버린 가구가 상징하듯 아버지가 표상하던 가치는 이제 시대착오적인 것이 되고 말았다. 이처럼 사회적으로 부조리한 상황 속에서 라파엘은 과도한 욕망과 무기력 사이의 갈등으로 인해 고통받는다. 결국 그는 아버지의 독재가 자신에 대한 신뢰마저 앗아가버린 것임

---

3 오노레 드 발자크, 『나귀 가죽』, 이철의 옮김, 문학동네, 2009, 150.

을 깨닫는다.

> 내 영혼은 나래를 펼치려다가도 어김없이 가로막히기만 해 항상 자기 자신에게로 침잠하고 말았다네. […] 내면의 목소리가 나에게 '용기를 내, 나아가'라고 외쳐주었지만, 그래서 고독 속에서 불현듯 내 힘을 깨닫긴 했지만, 그리고 대중의 찬사를 받는 신작들과 내 생각 속에서 맴도는 작품들을 비교할 때마다 희망으로 고무되긴 했지만, 나는 여전히 어린아이처럼 나 자신을 불신했다네. 나는 과도한 야망의 희생물이었어. 나는 내가 위대한 일을 하라는 운명을 타고났다고 생각했지. 그런데 나는 공허 속에 있는 듯한 느낌이었어. (151)

내면에는 열정이 가득하지만 아무것도 할 수 없는 무기력 상태에 빠진 시대의 젊은이 라파엘에게 허락된 유일한 길은 금욕과 연구였다.

금욕

고난으로부터 벗어나기 위해 라파엘이 선택한 것은 금욕적 고행 속에서의 연구이다. 그는 3년 동안 빵과 우유로만 연명하는 금욕생활 속에서 학문 연구에 몰두하기로 결심한다. 그럼으로써 그는 심오한 지식을 통한 개인과 현실 간의 조화를 꿈꾼다. 그는 마치 테바이드의 은자처럼 다락방에 칩거하면서 "동양의 언어와 해부학과 생리학" 연구의 결실인 『의지론Théorie de la volonté』을 집필한다. "표현해야 할 사상, 정립해야 할 철학체계, 설명해야 할 과학적 사실"이 담긴 작품에 대한 계획은 그를 구원할 수 있을 것이다.

그러나 인문학의 새로운 길을 열겠다는 그의 숭고한 열망은 그 자체로 모순적이다. 왜냐하면 내면에서 들끓던 "숭고한 믿음"의 발현인 『의지론』의 시도는 사교계에서의 성공을 위한 것이기 때문이다. 세속적이고 물질적인 욕망을 배제한 그의 연구와 금욕의 궁극적 목표가 사교계에서의 영광과 여인에 대한 욕망이라는 것은 아이러니가 아닐 수 없다.

> 나는 이 사회에 복수하기로 마음먹었지. 나는 지식세계의 지존으로 군림함으로써 세상 모든 여자들의 마음을 사로잡고자 했지. 살롱의 문 앞에서 시종이 내 이름을 호명하면 모든 시선이 내게 쏠리도록 하고 싶었다네. [···] 나는 영광에 휩싸이고 싶었네. 그리고 언젠가는 만나게 될 여인을 고대하며 고독 속에서 공부에 전념하기로 마음먹었네. (156-157)

인용문에서 보듯 라파엘이 『의지론』 연구를 통해 진정으로 추구한 것은 형이상학적 문제에 대한 고민도 개인과 사회 간의 갈등에 대한 고뇌도 아니다. 그것은 '여인'을 통해 구현되는 사회에서의 권력이다. 즉 그가 자신을 사회로부터 격리시킨 것은 그 사회에서의 명성과 영광을 통해 그 사회에 더욱 잘 편입되기 위해서이며, 물질적 욕망을 억압한 것은 세속적 욕망의 실현을 위해서인 것이다. 얼마나 모순적인가! 라파엘 자신이 자신의 삶에 대해 "잔인한 이율배반이었고 끝없는 거짓이었다"고 고백하는 것은 바로 그런 연유에서이다. 금욕적인 생활 속에서의 학문 연마를 통해 명성을 얻겠다는 그의 시도는 이렇게 실패한다. 라파엘은 이제 여인과의 사랑에서 희망을 찾고자 한다. 이상적인 여인, 그녀는 페도라이다.

페도라

'8만 리브르의 연금'을 가진 파리에서 가장 아름다운 여인 페도라의 살롱으로 라파엘을 이끈 사람은 『고리오 영감Père Goriot』의 주인공으로 다시 등장하는 라스티냐크Rastignac이다. 그러나 페도라는 현실에 존재하는 구체적인 존재가 아니라 곤궁에서 벗어나고자 그가 스스로 창조해낸, 관념 속에서 이상화된 여인일 뿐이다. 그는 라스티냐크로부터 페도라의 이름을 듣는 순간, 그녀를 보기도 전에 그 이름의 매혹에 빠져든다.

> 하나의 이름이 주는 매혹을 어떻게 설명해야 할까? […] 그 이름, 그 여자는 내 모든 욕망의 상징이고 내 인생의 주제이지 않았던가? […] 나는 한 여자를 만들어서 내 생각 속에 구체화하면서 간절히 그녀를 원했지. 그날 밤 나는 잠을 이루지 못했네. 나는 벌써 그녀의 애인이 되어 순식간에 한 인생 전체, 사랑의 인생을 그녀에게 바치고, 그 사랑의 교감이 주는 풍성하고 불같은 기쁨을 만끽했다네. (182-183)

이처럼 라파엘은 현실의 페도라(물질적 욕망)를 관념적 페도라(숭고함)로 변형시키며 사랑하는 여인과 자신의 학문적 체계를 일치시키고자 한다. 극장에서의 한 일화는 라파엘로 하여금 자신의 이론에 대한 확신을 가지게 한다. 극장의 어둠 속에 혼자 있던 라파엘은 심장에 전기충격 같은 것을 받음으로써 페도라의 존재를 확인하게 된다. 내밀한 경련을 통해 감각적으로 사랑하는 사람의 존재를 느꼈다는 사실은 정신력에 대해 라파엘이 수행했던 학문적 이론을 증명하는 계기가 되었던 것이다. 그러나 그가 꿈꾼 "학자와 연인의 결합, 진짜 열렬한 사랑과 과학적 사랑의 결합"은 이루어지지 않는다. 왜냐하면 "남자들과 사물들을 금빛으로 물들이는 프리즘을 통해서만 세상을 보는" 페도라와 "얼음장 같은 그녀의 마음을 시인의 사랑스런 날개로 품어 녹여주고 싶은" 라파엘 사이에는 넘을 수 없는 "심연"만이 존재할 뿐이기 때문이다. 그는 숭고한 사랑이라는 관념과 물질주의를 결합시킬 수 있을 것으로 믿었다. 그가 마음이 부자이지만 돈이 없는 폴린을 사랑할 수 없었다면 그것은 그가 가난한 상태에서는 사랑이 가능하지 않다고 생각했기 때문이다. 결국 그는 이상적 사랑과 페도라로 표상되는 세속적 욕망이 서로 일치할 수 없음을 깨닫게 된다.

페도라는 황금이 지배하는 당시 파리 사회를 표상한다. 다음의 일화는 페도라에게 오로지 황금만이 유일한 가치임을 보여준다. 페도라의 냉담한 태도에 절망한 라파엘은 비밀리에 그녀를 관찰하기 위해 아무도 몰래 페도라의 침실에 침입하게 되고 거기서 우연히 그녀가 "오, 하느님!" 하고 외치는 소리를 듣게 된다. 그는 이 말을 행복이나 고통과 같은 인간적인 감정으로 해석하고는 그녀에게서 마지막 사랑의 가능성을 보지만, 이 외침은 사실 5퍼센트짜리 국채를 그날 하락한 3퍼센트짜리 국채로 전환하라고 주문하는 것을 깜박 잊은 것에 대한 후회의 탄식일 뿐이었다.

그러나 페도라의 실체를 파악했음에도 불구하고 라파엘의 판단력은 자신이 그녀의 노예, 그녀의 장난감이 되는 것을 막지 못한다. 그는 그녀의 '환심을 사는 영광'을 얻기 위해 자신의 학문을 우스갯소리로 바꾸어 설명하는 등 정신의 매춘화도 서슴지 않는다. 뿐만 아니라 존경하는 집안의 고모 몽보롱 후작부인Marquise de Montbauron의 이름으로 가짜 회고록을 쓰라는 제안을 받아들임으로써 집안의 이름을 더럽히기도 한다.

한편 페도라가 열망하는 것은 남자의 사랑이 아니라 아무에게도 구속

받지 않는 것, 즉 자유이다. 그녀가 결혼을 거부하는 이유는 아무에게도 종속되고 싶지 않기 때문이다. 피에르 당제Pierre Danger는 7월 혁명과 그 이후의 체제는 자유라는 사고와 깊은 연관성이 있음을 지적한다.[4] 페도라는 바로 이 자유의 이미지를 표상한다. 그런데 그녀가 열망하는 자유는 돈에 의해서 획득될 수 있다. 페도라의 말을 들어보자.

> 나는 항상 거금을 지니고 있을 거예요. 아, 우린 황금만 있으면 우리의 안락을 위해 필요한 감정까지도 언제나 만들어낼 수 있거든요. (233)

자유라는 형이상학적이고 초월적인 관념마저도 돈이 전제되어야 하는 1830년대 당시의 상황을 페도라는 잘 표상하고 있다. 그러기에 소설의 에필로그에서 페도라는 도처에 존재하는 "사회"[5]임을 작가는 지적하지 않았던가. 이처럼 우리는 또다시 황금만능주의에 직면하게 된다.

방탕과 탕진

라파엘은 페도라를 통해 학문과 사랑을 결합시키려 했으나 둘 모두를 잃어버린다. 결국 정신적 공황상태에 빠진 라파엘에게 방탕과 탕진의 삶을 열어 보이는 사람은 라스티냐크이다. 그의 말은 라파엘을 유혹한다.

---

4 Pierre Danger, "La Castration dans *La Peau de chagrin*", *L'Année balzacienne*, 1982, 235.

5 『나귀 가죽』 에필로그의 마지막 문장을 읽어보자. "오! 페도라요. 당신은 그녀와 마주치게 될 것입니다. […] 그녀는 도처에 있지요. 그녀는, 이렇게 말하면 쉽게 아실 텐데, 바로 사회입니다." (442)

> 난 쾌락으로 존재를 소모하는 것보다 더 좋은 방법을 전혀 찾지 못했네. 방탕 속에 깊이 빠져봐. 그러면 자네의 열정이든 자네든 그 안에서 소멸돼버릴 거야. 이보게, 무절제는 모든 죽음의 여왕이야. (261)

라스티냐크의 제안은 "너무도 강렬한 유혹을 발하고 너무도 많은 희망의 불씨를 되살렸으며", "시적인 빛깔을 가지고 있어서" 라파엘은 쾌락의 소용돌이 속으로 빨려 들어간다. 그리하여 그는 언제나 생기 넘치고 우아하고 똑똑한 '한량'이 된다. 그러나 그의 삶은 빚과 도박과 거짓과 협잡으로 연명되는 삶이요, 그가 사는 세상은 천재가 악에게 지불하는 세금으로 구성된 일종의 '인공낙원'[6]이다. 그리고 그 세상을 지배하는 것은 오로지 돈이다. 라파엘은 결국 단기 약속어음에 서명함으로써 자신의 영혼을 팔기에 이른다.

> 죽을 작정에는 변함이 없었기 때문에 나는 단기 약속어음에 서명을 했고, 곧이어 지불날짜가 도래했어. 잔혹한 감동이여! […] 어느 날 아침 그자들 중 하나가 내게 와서 내 서명이 휘갈겨 있는 열한 장의 약속어음에 대해 소명해줄 것을 요청했어. […] 어떠한 절망에도, 심지어 죽음에도 무관심한 표정으로 대하는 집달리들이, 마치 사형수에게 "자, 세 시 반이 울리는군"이라고 말하는 사형집행인처럼 내 앞에서 일어서더군. 그들이 데리고 온 서기들은 나를 구금할 권리와 내 이름을 휘갈겨 쓰고 더럽히고 조롱할 권리를 가지고 있었어. 빚을 졌다는 것! 그것은 그러므로 남에게 종속된다는 것인가? […] 나는 돈이 두려웠네. (273-276)

---

6 이철의, 「『마법의 가죽』에 대한 한 해석」, 『불어불문학연구』 제44집, 2000, 506.

마침내 그는 빚이 자신을 지옥으로 이끌 것임을 이해하게 된다. 그의 약속어음은 부도가 난다. 그러나 그는 사흘 후 어머니 무덤이 있는 루아르 강의 섬을 팔라는 투기꾼의 제안을 받아들임으로써 빚을 모두 갚는다. 마지막 자존심이던 어머니의 무덤까지도 팔아버리는 극단의 선택을 함으로써 그는 더 깊은 지옥으로 떨어져버린 것이다. 황금만능주의에 의해 자신의 실존적 가치를 잃게 된 라파엘은 모든 것을 잊기 위해 쾌락의 극치를 맛본 후 자살하기로 결심한다.

> 내 영혼을 검사해보니 썩어 문드러져 있었어. [⋯] 부유함이 주는 혐오스런 세련미가 없이는 산다는 것이 내겐 불가능했어. [⋯] 나는 더 이상 혼자 있고 싶지 않았어, 정신을 딴 데 돌리기 위해 내게는 창녀와 허튼 친구들과 술과 맛난 음식이 필요했지. [⋯] 쾌락의 노예가 된 나는 내게 주어진 자살의 운명을 밟아가는 수밖에 없었어. (279)

이제 우리는 팔레 루아얄의 도박장에 마지막 금화를 던지고 마치 사막 한가운데를 걷듯이 센 강가를 배회하는 소설 첫 장의 라파엘을 만나게 된다. 자살 직전의 라파엘에게 부적은 새로운 운명을 부여한다.

3. 부적

욕망, 연구, 금욕, 가난, 실패, 방탕, 탕진, 그리고 절망으로 점철되는 라파엘의 이야기는, 거듭 강조하거니와, 이상과 현실의 불일치로 인해 고뇌하는 한 개인의 역사이다. 그러나 그의 이야기는 개인적인 차원에 머물지 않는다. 린다 루디트의 지적처럼 도박장으로 달려가 마지막 금화를 던지는 라파엘은 "희망을 잃은 그 시대 모든 젊은이들에 대한 생생한 상징"[7]이다. 라파엘이 품었던 희망과 그가 겪은 모든 실패는 라파엘 개인의 것이 아니라 당시 모든 젊은이들의 희망과 절망인 것이다. 그런 점에서 첫 장의 중간까지 라파엘이 "한 젊은이"라는 익명으로 등장한다는 것은 의미심장하다. 그 익명성을 통해 라파엘의 이야기는 왕정복고 말기 모든 젊은이들의 이야기가 된다. 도박장에서 라파엘의(익명의) 모습은 다음과 같이 묘사된다.

> 첫눈에 노름꾼들은 이 신참내기의 표정에서 어떤 끔찍한 수수께끼를 읽어냈다. 그의 젊은 용모에는 어떤 난해한 기품이 서려 있었으며, 눈빛은 배반당한 노력과 수없이 기만당한 희망을 내비치고 있었다. (34)

숱한 희망을 가졌지만 절망에 짓눌린 젊은이, "국가에 아무 쓸모도 없고 국가 역시 어떤 보살핌도 준 바 없는 완전한 사회적 제로"인 젊은이, 자신의 삶의 위대성을 몰라주는 사회를 뒤로하고 센 강에 몸을 던지려는 이 젊은이는 미래에 대한 희망에 부풀었으나 결국 아무것도 얻지 못하고 절망하는 그 시대 모든 젊은이들과 다르지 않다.

그 세대가 겪는 그 절망감은 도대체 무엇일까? 그것은 시대를 초월하고 세대를 뛰어넘는 모든 이들의 보편적인 절망감이 결코 아니다. 그것은 왕정복고 말기라고 하는 구체적인 역사 · 사회적 배경을 가진 젊은이들의 절망이다. 그들은 대혁명과 나폴레옹의 위대함으로 고취되어 새로운 희망을 품고 사회에 나왔던 젊은이들이다. 그들에게 역사는 희망이

---

7 Linda Rudith, "Une interprétation de *La Peau de chagrin*", *L'Année balzacienne*, 1971, 214.

었고 그들의 미래는 약속된 것이어야 했다. 그러나 돌아온 늙은 망명귀족들로 구성된 왕정복고하에서 그들은 자신들의 희망이 물거품이 되는 것을 경험해야 했다. 왕정복고를 무너뜨린 7월 혁명은 잠시 그들에게 새로운 희망을 부여하는 것처럼 보였다. 그러나 7월 혁명은 그들에게 아무것도 제공해주지 않았다. 그들은 아무것도 할 수 없는 완전한 무기력 상태에 빠지게 된다. 7월 왕정은 왕정복고만큼도 못했다. 1830년 전에는 그래도 돈 이상의 그 무엇인가가 존재했다. 그러나 부르주아의 정부인 7월 왕정하에서는 모든 것이 돈이다. 이처럼 라파엘의 모험은 개인의 사례에 머무는 것이 아니라 당시 젊은 세대의 전형적인 삶을 대표한다. 바르베리스의 지적대로 『나귀 가죽』은 '배반의 혁명을 바탕으로 펼쳐지는 고뇌하는 한 젊은이의 이야기'[8]이다.

그런데 왜 발자크는 당시 사회의 절망적 상황을 말하기 위해 굳이 나귀 가죽이라는 부적을 등장시켰던 것일까? 〈철학 연구〉에 포함된 『나귀 가죽』은 신비한 힘을 가진 부적의 존재로 인해 환상적 분위기를 연출한다. 각 시대의 유물들과 예술품들이 뒤죽박죽 방치되어 있는 골동품 상점의 그로테스크한 분위기, 마치 석관에서 튀어나온 듯한 환영 같은 노인의 마법적인 출현, 그리고 "짙게 드리워진 어둠 한가운데서 눈부신 빛줄기를 쏘아내고 있어서 마치 하나의 조그만 혜성" 같은 가죽의 존재는 독자들을 환상적이고 초월적인 세계로 인도한다. 그런데 소망함에 따라 그 크기가 줄어든다는 나귀 가죽의 속성은 7월 혁명의 그것과 다르지 않다. 7월 혁명 역시 젊은이들에게 희망과 동시에 절망을 부여했던 것이다. 이처럼 비현실적이고 환상적인 부적의 존재는 현실의 보이지 않는 역학관계, 즉 7월 혁명의 기대 뒤에 숨은 환멸을 드러내기 위한 하나의

8 Pierre Barbéris, *Balzac et le mal du siècle*, Gallimard, 1970, t. II, 1448.

문학적 장치로서의 알레고리이다.[9] 그렇다면 라파엘 고백의 근간을 이루는 세 요소, 즉 금욕, 냉혹한 여인 페도라, 그리고 방탕과 탕진은 모두 부적과 다르지 않다. 그것들은 마치 7월 혁명처럼, 젊은 라파엘에게 희망을 주었지만 그를 절망의 늪으로 빠지게 만들었던 것이다.

사실 7월 혁명은 라파엘과 가죽의 저주스런 인연이 시작되는 그 출발점에 있다. 라파엘이 부적의 힘을 부정하면서 "부들부들 떨리는 손으로 부적을 움켜쥐고 노인을 쏘아보며" 무심코 내뱉은 첫 번째 소원이 "호화찬란한 야회"이고, 골동품 상점을 나가자마자 친구들에 이끌려 야회에 참석하게 되었다는 사실은 부적과 7월 혁명의 상관관계를 드러내준다. 왜냐하면 그 야회는 부르주아들이 승리한 7월 혁명의 결과이기 때문이다. 그것은 가진 돈을 어떻게 써야 할지 몰라 그 돈을 정신과 바꾸고 싶어 신문을 창간하는 타유페르가 주최하는 만찬이다. 신문의 창간은 "시민왕의 국민정부에는 방해가 되지 않으면서 불만 가득한 자들을 만족시키는 야당 역할을 할" 분명한 정치적 목적을 가진다. 이러한 상황에서 여론은 "창녀 중에 가장 더러운 창녀"가 된다. 더 이상 희망도 신뢰도 없다. 발자크 자신이 말하듯 바뀐 것은 아무것도 없다. 단지 권력의 이동이 있을 뿐이다.

> 그런데 알다시피, 권력은 튈르리 궁에서 신문기자들에게로 이동했단 말이야. 돈줄이 포부르 생제르맹에서 쇼세당탱으로 자리를 옮겼듯이 말이야. […] 정부는, 다시 말해 은행가들과 변호사들의 귀족체제는 옛날 성직자들이 왕정을 입에 달고 다녔듯이 조국이라는 말을 입에 달고 다니는 존

---

9 이철의, 「발자크 초기소설에 나타난 시대인식 - 『마법의 가죽』을 중심으로」, 『상명대학교 어문학연구』, 1996, 486.

재인데, […] 낡은 관념을 새로운 말로 포장하여 프랑스 양민을 기만할 필요가 있음을 느꼈네. (80-81)

7월 혁명은 라파엘과 같은 젊은이들이 느끼는 꿈과 현실의 모순을 해결해줄 어떤 약속처럼 여겨졌지만, 그 요란한 구호들에도 불구하고 변한 것은 없다. 7월 혁명이 아무런 변화를 가져오지 않았듯이 모든 것을 가능하게 해줄 것 같았던 부적은 라파엘의 운명을 바꾸지 못했다. 골동품 가게의 노인이 말하듯 그의 자살은 "연기되었을 뿐"이다. 특히 7월 왕정이 드러내는 것은 정치권력과 공모관계에 있는 자본의 힘이다. 라파엘이 자신의 과거를 고백한 후 부적을 흔들며 외치는 다음 예문은 부적과 7월의 황금만능주의 사이의 상관관계를 적나라하게 드러낸다.

"죽음은 악마에게나 가라! […] 나는 부자야. 나는 모든 미덕을 가졌단 말이야. 그 어떤 것도 내게 반항하지 못할 거야. 무엇이든지 다 할 수 있는데 훌륭하지 않을 사람이 어디 있겠어? 헤, 헤! 우에! 난 210만 리브르의 연금을 원했지. 그걸 갖게 될 거야. 양탄자가 거름 더미인 줄 알고 뒹구는 돼지새끼들아, 나에게 경배하라! 너희는 모두 내 거야, 내 잘난 재산이지! 나는 부자야. 나는 너희를 모두 다 살 수 있어. 저기 코골며 자는 국회의원까지도. 자 상류사회의 놈팡이들이여, 나를 찬미하라! 나는 교황이다." (280)

부적은 모든 것을 가능하게 한다. 부적을 손에 넣은 라파엘은 모든 것을 소유할 수 있으며, 모든 것 위에 군림한다. 정치권력도, 종교권력까지도 모두 돈으로 살 수 있기 때문이다. 타유페르의 말처럼 법마저도 그의 발밑에 있다. 그러나 가죽의 비밀을 아는 라파엘은 황금의 위험성을, "백만장자는 바로 자기 자신의 사형집행인"임을 안다.

소설의 제3부은 가죽의 힘으로 인해 삶이 황폐해진 라파엘의 이야기이다. 가죽을 소유한 그는 모든 권력을 손에 넣은 것처럼 보인다. 그러나 그가 가죽을 소유하는 것이 아니라 가죽이 그를 소유한다. 그는 가죽의 노예이다. 살기 위해 삶을 포기해야 하는 그의 삶은 그 자체로 모순이다. 그는 "젊은 시체"와 같다. 폴린은 그의 모습에서 "죽음의 끔찍한 해골을 본다. 라파엘은 부적의 정체와 자신의 병을 규명하기 위해 당시의 모든 과학의 힘을 빌린다. 그러나 동물학도 기계역학도 화학도 수학도 해결책을 제시하지 못한다. 부적은 하나의 현상이고 실체이지만 과학으로 설명되지도 이해되지도 않는 신비이다. 사람들은 그 가죽 안에 악마적인 무엇, 혹은 신적인 무엇이 존재한다고 믿기에 이른다.

당시 유명한 의사들의 진단을 받은 후 라파엘은 사회를 벗어나 자연에 몸을 맡기기로 결심하고 엑스와 몽도르의 온천을 찾는다. 그러나 파리의 사교계를 피해 떠난 곳에서 그를 기다리고 있는 것은 파리에서와 다를 바 없는 또 하나의 "축소된 사교계"이다. 그곳에서 그는 소외되고 배척된다. 마침내 사람들은 그의 병을 전염병이라 진단하고 그를 사회로부터 추방한다. 그 후 그가 마지막으로 찾은 곳은 오베르뉴 지방의 조그만 산간마을이다. 문명의 때가 묻지 않은 채 원초적 자연과 완전히 동화된 한 가족과 함께 살면서 라파엘은 그들처럼 자연과 하나가 되고자 한다. 그곳에는 세계와 자아의 분열이 존재하지 않는 것처럼 보인다. 라파엘은 그들을 모방하여 "바위에 붙은 굴들 중 하나"가 되기로 결심한다. 그러나 그의 건강이 회복되었다고 생각하는 순간 그는 그 가족들이 자기에게서 죽음의 그림자를 보고 있음을, 그들의 우정이 동정심이었음을 알게 되고 서둘러 그곳을 떠난다. 결국 원초적 자연은 그에게 "거짓 회복상태"를 제공했을 뿐이다. 라파엘의 시도는 그 어느 것도 실현되지 않는다. 그의 모든 노력은 무화된다.

파리로 돌아온 라파엘은 아편의 힘을 빌려 죽음과도 같은 깊은 잠에 빠져 지낸다.[10] 그는 "일체의 움직임과 두뇌 작용을 거부한 채 깊은 침묵 속에 매몰"되어버린 것이다. 이처럼 그는 죽지 않기 위해 삶을 포기한다. 그러나 공포에 질려 더욱 사랑스러워 보이는 폴린의 아름다움 앞에서 라파엘은 더 이상 욕망을 제어하지 못한 채 그녀의 젖가슴을 물어뜯으며 죽는다.

4. 나가며

라파엘이 나귀 가죽이라는 신비적 힘에 굴복함으로써 종말을 맞이하듯이, 부르주아의 승리로 끝난 7월 혁명은 프랑스를 무기력 상태에 빠트린다. 더 이상의 발전도 희망도 없다. 대혁명의 위대함과 나폴레옹의 영광에 고취되었던 수많은 젊은이들은 역사의 발전을 통한 희망찬 미래를 믿었다. 그러나 나폴레옹의 몰락과 더불어 망명 구 귀족들이 다시 득세하는 왕정복고는 젊은이들에게 절망과 환멸을 느끼게 하기에 충분했다. 7월 혁명에서 그들은 잠시나마 희망을 보았지만 그들은 그 희망이 덧없는 것임을 곧 깨닫게 된다. 도대체 무엇이 문제인가? 황금이 지배하는 부르주아의 지배를 가져온 7월 혁명이 문제라면 그 이전의 역사는? 발자크는 7월 혁명과 그에 따른 환멸의 뿌리를 과거의 역사, 즉 7월 혁명의 직접적 원인을 제공한 왕정복고에서 찾고자 한다.

---

10 라파엘의 무기력한 삶은 결혼식 며칠 전 "쉰아홉 시간 동안 시선을 한 곳에 붙박은 채 꼼짝 않고 먹지도 자지도 않았"던 루이 랑베르의 식물적인 삶을 연상시킨다. 루이를 광기와 죽음으로 몰아간 여인의 이름 역시 폴린이라는 점은 흥미롭다. 『루이 랑베르』, 송기정 옮김, 문학동네, 2010, 145.

부적이라는 환상적 요소를 매개로 했던 『나귀 가죽』 이후 발자크는 왕정복고 시대를 쓴다. 그리고 이제 그는 역사를 말하기 위해 환상성에 기대지 않는다. 발자크 자신, 『인간 희극』 서문에서 『나귀 가죽』이 〈철학 연구〉와 〈풍속 연구Etudes de moeurs〉를 '잇는'[11] 고리임을 언급한 바 있거니와 이제 발자크는 온전히 사실주의적인 소설 『고리오 영감』, 『잃어버린 환상Les Illusions perdues』 등의 〈풍속 연구〉를 통해 7월 혁명 이전의 역사, 왕정복고와 대면한다.

▌참고문헌

발자크, 오노레 드, 『나귀 가죽』, 이철의 옮김, 문학동네, 2009.

_____, 『루이 랑베르』, 송기정 옮김, 문학동네, 2010.

이철의, 「발자크의 초기소설에 나타난 시대인식: 『마법의 가죽』을 중심으로」, 『상명대학교 어문학연구』, 1996.

_____, 「『마법의 가죽』에 대한 한 해석」, 『불어불문학연구』, 제44집, 2000.

Barbéris, Pierre, *Balzac et le mal du siècle*, t. 2, Gallimard, 1968.

Béguin, Albert, *Balzac lu et relu*, Seuil, 1965.

Danger, Pierre, "La Castration dans *La Peau de chagrin*", *L'Année balzacienne*, 1982.

Rudith, Linda, "Une Interprétation de *La Peau de chagrin*", *L'Année balzacienne*, 1971.

11 『인간 희극 서문』, 앞의 책, 19.

『마담 보바리』, 역사에 대한 간접적 글쓰기

지젤 세쟁제르

『마담 보바리』는 역사적 사건에 관한 이야기가 아니다. 또한 이 작품이 어떤 특정 시대에 뿌리를 두고 있는지도 그다지 분명하지 않다. 즉 시간적 표지가 거의 없는 소설이다. 그렇지만 이 소설은 사회경제적 차원에서 역사적 변화를 보여주고 있다. 다만 역사적 사실이 간접적으로만 표현되어 있기 때문에, 중요한 역사적 단계를 재구성하기 위해서는 작품을 주의 깊게 살펴보아야 한다. 이 작품 속에 있는 몇몇 표지를 통해, 프랑스 제1제정부터 제2제정까지의 중요한 역사적 단계들을 재구성해볼 수 있다. 작품 속에 정치적 사건들을 직접 언급하지 않고 있음에도 불구하고 역사는 또 다른 층위에 스며들어 있다. 사회에서 벌어지는 대사건들이 등장인물들의 개인적 삶 속에 투영되어 있는 것이다.

이 개인적 삶은 사회경제적 영역에서뿐만 아니라 정신적 차원에서 이루어진 변화, 다시 말해 평등화 움직임과 여론의 승리도 보여주고 있다. 이 변화가 낳은 결과에 개탄하던 플로베르는 『서간집Correspondance』에서 이에 대한 역사적 · 정치적 해석을 하고 있으며, 그 원인을 찾기 위해 당시의 여러 주요 혁명까지 살펴본다. 그는 사건 중심으로 역사를 기록하는 실록實錄의 형태를 비판하는 발자크의 작품들을 읽으면서 『마담 보바리』를 집필한다. 또한 그 당시 사료 편찬에 새로운 소재와 방법을 제공한 19세기 역사가들의 저서도 함께 읽는다. 어린 시절부터 역사에 열정을 품고 있었을 뿐 아니라, 발자크의 작품과 당시 사료 편찬 방식을 보고 용기를 얻은 플로베르는 『마담 보바리』에서 역사에 대한 새로운 글쓰기 방식을 만들어낸다. 그런데 이 첫 시도부터, 플로베르는 존경해 마지않던 발자크의 작품과는 많이 다른 새로운 소설 형태를 만들어낸다. 발자크의 작품이 전장戰場의 나폴레옹처럼 자신들의 지배력으로 사회를 휘둘렀던 몇몇 정복자의 신화적 능력을 보여주고 있다면, 『마담 보바리』와 더불어 그 영웅의 시대는 끝이 난다. 평등의 소설인 이 작품은 정치적 원인과 연관 있는 사회 상황을 그 주제에 걸맞은 소설 형태를 통해 보여준다.

1. 가려진 시간 표지 뒤의 시간

『마담 보바리』를 19세기의 역사 속에 위치시켜보려면, 이 작품에 명시적으로 나타나 있는 유일한 시간 표지에 근거하여 가설을 세워야만 한다. 군의관 보조병이었던 샤를르 보바리의 아버지는 1812년경 징병 사건에 연루되어 나폴레옹 군대를 떠나야 했고, 그 후 결혼을 한다. 이 유일한 시간 표지에 근거하여, 샤를르가 중학교에 들어간 때를 왕정복고 말기로 추정할 수 있다. 보바리 부부가 용빌에 도착한 시기는, 소설에는 전혀 언급되어 있지 않지만 1830년의 7월 혁명이 일어난 후이다. 텍스트에서, 1832년에 발생한 콜레라와 1840년 리옹에서 있었던 홍수 재해를 암시하고 있기 때문이다. 이 소설의 제2부와 제3부는 7월 왕정을 배경으로 한다. 제3부의 마지막 몇 페이지를 보면, 오메가 훈장에 눈독을 들이는 장면이 나온다. 거기서 그는 "어지신 국왕"에게 편지를 쓰면서 왕을 앙리 4세에 비유한다. 7월 왕정 시기에는 앙리 4세의 얼굴이 훈장 표면에 새겨져 있었다(반면, 제2제정 시기에는 앙리 4세가 아니라 나폴레옹 1세의 얼굴이 훈장에 새겨져 있다). 따라서 7월 왕정 말기라고 가정할 수 있다. 이 시기에 오메는 선거 중인 도지사에게 도움을 주고서 훈장을 받고자 하지만, 꿈을 이루지 못한다. 마지막 세 페이지에서는 시간의 흐름이 빨라진다. 뢰르는 큰 가게를 열고, 샤를르는 죽음을 맞으며, 뒤이어 그의 어머니도 유명을 달리한다. 소설의 끝을 장식하는 마지막 세 문단에서, 플로베르는 베르트에 대해 다음처럼 쓴다. "어떤 친척 아주머니가 아이를 맡았다. 그녀는 가난해서 생활비를 벌도록 베르트를 방직공장에 보내서 일을 시키고 있다."[1] 시제를 보면, 플로베르는 단순과거에서 현재로 넘어간다. 이를 통해 이야기récit의 시간이 글쓰기écriture의 시간, 다시 말해 제2제정과 일치하게 된다(플로베르는 1856년에 이 작품을 완성한다). 마지막 두 문단도 현재 시제로 쓰여 있다. 게다가, 끝에서 두 번째 문단의 첫 문장의 현재완료(복합과거) 시제—"세 사람의 의사가 차례로 용빌에 와서 개업을 했지만 아무도 성공하지 못했다."—를 통해서 몇 년이 흘렀음을 알려준다. 마지막 문장에서는 오메의 소원 성취가 다음처럼 표현되어 있다. "그는 이제 막 레지옹 도뇌르 훈장을 받았다." 오메는 7월 왕정에서 받지 못했던 훈장을 제2제정 때 받은 것이다.

---

1 Gustave Flaubert, *Madame Bovary*, sous la direction de Pierre-Louis Rey, Pocket, "Classiques", 1990(번역은 귀스타브 플로베르, 『마담 보바리』, 김화영 옮김, 민음사, 2000 참조).

이처럼 숨겨져 있는 역사적 시간을 재구성해보면, 이 소설이 두 번의 혁명(1830년 7월과 1848년 2월), 한 번의 쿠데타(1851년 12월 2일), 제정으로의 회귀를 위한 국민투표(1852년)를 관통하고 있음을 알 수 있다. 이 같은 시대적 표지는 정치권에 있는 두 명의 등장인물이 나오는 부분을 통해서도 알 수 있다. 튀바슈 시장과 도청 참사관인 리외벵이 그들이다. 튀바슈 시장은 말수가 적은 편이지만, 리외벵은 정부, 경제 발전, 지역 강화, 진보, 도덕성에 관해 일장 연설을 한다. 그는 "개화된" 체제의 역할을 떠벌리며, "공공 대의"에 헌신하며 "깊이 있고 절도 있는" 지성을 갖춘 시골 사람들을 찬양한다. 이 시골 사람들은 "무엇보다도 우선 유용한 목적을 추구"한다.

> 더 강한 애국심, 공공 대의에 대한 헌신, 간단히 말해 더 많은 지성을 시골이 아닌 그 어디에서 찾아볼 수 있겠습니까? 여기서 말하는 지성은 나태한 정신을 포장하고 있는 헛된 장식인 피상적인 지성이 아니라, 깊고도 절도 있는 지성을 말하는 것입니다. 유익한 목표를 추구하면서 개인의 이익과 공공 발전에 기여하고, 법과 의무를 지킴으로써 국가를 지지하는 그런 지성을 말하는 겁니다….[2]

리외벵의 연설은 진부한 표현과 반동적인 상투적 표현을 집약해놓은 것에 불과하다. 통치자는 "강한" 손으로 "국가라는 전차"를 이끌어간다고 그는 말한다. "가장 반체제적인 격언이 대담하게 기반을 파괴해버린"

---

2 Flaubert, *Correspondance*, Gallimard, "Bibliothèque de la Pléiade", tome II, 1980, 519(이하 플로베르의 편지는 모두 Pléiade 판본에 의거하며 플레이아드 권수와 쪽수, 수취인, 연도와 날짜만 표시한다. 예를 들면, 이 편지는 'II권 519, 루이즈 콜레에게 보낸 1854년 1월 29일의 편지'로 표시한다).

(혁명에 대한 암시) 곳에 시간은 더 이상 존재하지 않는다. 이런 상투적 표현들 중 몇 가지는 『통상 관념 사전Dictionnaire des idées reçues』에 들어가게 된다. 가령, 이 사전의 '기반' 항목을 보면 다음과 같다. "사회의 기반: 소유권, 가족, 종교, 권위에 대한 존경심. 누군가 그것을 공격하면 화를 내며 말해야 한다."[3] 그런데 이런 표현들로 가득한 사전을 내놓기 전인 1850년, 중동에 머물던 플로베르는 친구에게 빈정거리며 다음처럼 물어본다. "프랑스에서는 무슨 말을 하고 있는가? 사람들은 뭘 하고 있지? 지평선, 조종키, 히드라, 화산, [사회의] 기초 등의 용어는 어떻게 되었느냐는 말일세."[4]

『마담 보바리』에서 플로베르는 역사에 대한 간접적 글쓰기를 만들어낸다. 현대 출판본에서는 생략되기 일쑤지만, 『마담 보바리』에는 '지방의 풍속mœurs de province'이라는 부제가 붙어 있다. 물론 이 부제는 발자크와 그 풍속 연구에 대해 경의를 표하기 위해 붙여진 것이다. 다시 말해, 정치적 사건을 통해 직접적으로가 아니라, 사회적 삶을 통해 '역사적인 것'을 찾으려고 했던 색다른 형태의 역사 글쓰기에 경의를 표한 것이다. 『마담 보바리』는 생각보다 더 역사적이다. 보비에사르 무도회 에피소드가 엠마의 연애담에서 차지하는 중요성 때문에, 보바리 부부가 이 무도회에 초대된 이유가 선거 때문이었다는 사실은 간과되기 십상이다. 당데르빌리에 후작은 왕정복고기期에 대신을 지낸 인물로, "하원에 입후보하기 위한 원대한 계획을" 준비하고 있었다. 후작은 더 많은 표를 얻기 위해 여론을 자기 편으로 만들려고 애쓴다. 가령, 장작을 나누어주고 도로를 내어 달라고 요청한다. 그는 중요한 지역 인사 같은 태도를

3 *Le Dictionnaire des idées reçues*, édition établie par Anne Herschberg-Pierrot, Librairie Générale Française, coll. "Le Livre de poche classique", 1997, 53.

4 I권 653, 알프레드 보드리에게 보낸 1850년 7월 21일의 편지.

취하는 것이다. 선거가 끝나고, 그다음 해가 되자 보바리 부부는 무도회에 초대받지 못한다. 『서간집』에서 플로베르는 정치를 근대의 악이라고 비난하지만, 『마담 보바리』에서 정치는 그래도 여전히 중요한 관심사로 자리 잡고 있다. 오메는 7월 왕정의 초기에는 권력층에 아부하지만, 자신의 소원을 이루지 못하자 후에는 정부에 반대하는 입장에 선다. 그리고 제2제정 아래서는 여론을 등에 업고 마침내 자신의 야망을 이룬다. 실제로 프랑스 역사에서 루이 나폴레옹 보나파르트가 쿠데타를 정당화하기 위해 국민의회에 반대하면서, 자신을 민중의 수호자로, 진보적 인물로 내세우는 것을 통해 정치적 입지를 굳힌 것처럼 말이다. 오메도 용빌에서 인기와 권력을 확고히 하기 위해 공공의 이익에 대해 거론하기를 주저하지 않는다. 게다가 오메의 아들의 이름조차 나폴레옹이다.

『마담 보바리』에 역사적 사건이 등장하지는 않지만, 수십 년 동안 보이지 않게 꾸준히 역사를 이끌어간 변화의 움직임이 부재하는 것은 아니다. 두 번의 혁명(1830년, 1848년)이 이 작품을 관통하고 있다. 아날학파의 용어를 약간 변형시켜 표현하자면, 『마담 보바리』는 '중기 지속'의 소설이다. 이 작품에 표현된 것은 개별적 사건들 아래에 연속선, 발자크의 표현을 빌리자면, "원인"[5]이 표현되어 있는 것이다. 미슐레, 티에리, 기조, 토크빌처럼 이데올로기적으로 상이한 역사가들도 '역사적인 것'이 사건이나 혁명만을 뜻하는 것은 아니라고 생각하기 시작한다. 이들에 따르면, 역사적 변화는 정치 무대에서 폭발적으로 이루어지기 전에, 이미 사회 조직, 풍속, 관점, 사고방식 등의 층위에서 점진적으로 일어나는 것이기 때문이다.

---

5 Balzac, *La Comédie humaine*, Gallimard, "Bibliothèque de la Pléiade", I, 11.

2. 풍속과 정신의 역사

플로베르 이전에, 이런 새로운 역사 인식에 영향을 받은 작가가 바로 발자크이다. 그의 풍속 연구는 그 영향을 보여준다. 『인간 희극』의 서문에서, 발자크는 일화적 이야기만을 제공하는 "무미건조하고 따분한 사실들의 목록"[6]을 비난하면서 풍속 역사가로서의 자신의 입장을 변호한다. 그런데 자신이 새로운 유형의 역사 글쓰기를 만들어냈다고 주장하기 위해, 당시의 사료 편찬이 자신이 조롱하는 유형과 더 이상 비슷하지 않다는 점, 다시 말해 구체제나 나폴레옹 제정시대의 역사 글쓰기 방식과 더 이상 유사하지 않다는 점을 간과해버린다. 자유주의 역사와 낭만주의 역사는 개인의 행위와 주요 사건의 파장을 능가하는 세력에 이미 자리를 내주었던 것이다. 역사를 만드는 것은 더 이상 개별적 존재가 아니라 군중masses[7], 계층classes, 인종races[8]이다. 그리고 '시대'나 '문명'[9]이라는 개념은 또 다른 차원의 역사를 생각할 수 있도록 길을 터주었다.

일반적인 것, 법칙, 반복적인 것에 관심을 둔 발자크는 한 시대를 관통하는 불변적 요소들에 관해서 이야기한다. 게다가 발자크가 '시대'라고 말할 때, 이 단어는 사건과는 전혀 다른 역사의 단위를 가리킨다. 시대라는 이 시간적 지속성 안에서, 발자크는 여러 층위의 사실과 다양한 영역(정치, 경제, 사적 영역) 사이에 존재하는 여러 가지 연결고리를 주목

6 위의 책, 9.

7 미슐레의 『프랑스 혁명사』 참조.

8 오귀스탱 티에리는 야만족의 침입부터 프랑스 혁명까지의 프랑스 역사를 프랑크족과 갈로로망 사이의 투쟁으로 간략하게 설명한다. 갈로로망은 노예상태에서 벗어나 점차 부락을 이루고, 제3신분을 형성하고 1789년에 마침내 복수를 한다.

9 이 개념을 만든 이론가는 기조Guizot이다(*Histoire générale de la civilisation en Europe*, 1828).

한다. 그래서 그는 "너무 잊혀져버린" 풍속의 역사를 선택한다. 그 이유는 풍속의 역사를 통해 관찰 작업을 할 수 있으며, 일반화에 필요한 반복적인 요소들을 수집할 수 있기 때문이다.[10] 『인간 희극』은 1830년 혁명에 대해 일절 언급하지 않지만, 개인들, 개인적 역사, 사회 투쟁, 재정적 싸움 사이의 관계를 통해서 1789년 혁명(1830년 혁명은 그 반복일 뿐이다) 이후 끊임없이 계속되어온 혁명의 움직임을 보여주고 있다. 이에 대해 발자크는 『베아트릭스Béatrix』에서 다음과 같이 분석한다.

> 한 국가가 아주 어리석게도 기존의 사회적 우월성 혹은 우월한 존재들을 무너뜨린다면, 그 아래 결달려 있던 야망이 격류처럼 터져 나올 수 있도록 수문을 열어주는 꼴이다. 그러면 그중 가장 하찮은 것조차 우월하게 되려고 할 것이다. [⋯] 모든 인간이 평등하다고 선포하는 것은 '욕망'의 권리를 선포하는 것과 같다. 오늘날, 겉으로는 평화로워 보이는 정신적, 산업적, 정치적 영역에서 우리는 고삐 풀린 격정적인 혁명의 축제를 즐기고 있다.[11]

혁명은 풍속 안에서 보이지 않게 계속되고 있다. 이것은 발자크가 보여주려는 사회적 움직임의 숨겨진 원인이다. 왕정복고는 1789년의 혁명을 멈추지 못했다. 나폴레옹만이 혁명의 흐름을 잠시 멈출 수 있었다. 하지만 나폴레옹 이후에는 혁명의 축제가 다시 시작되었다. 단지 차이점이 있다면, 이 혁명의 축제가 더 이상 그레브 광장과 같은 공공 무대

10 발자크가 서문을 집필하던 1842년 당시, 프랑스의 새로운 사료 편찬 방식은 이미 사건 중심의 역사서 편찬에 문제를 제기하고 있었다. 새로운 역사 글쓰기의 창조자로서의 위치를 열망하던 발자크는 이 변화를 간과한 것처럼 보인다.

11 Balzac, 앞의 책, II, 906.

에서 벌어지지 않았다는 것이다. 혁명은 공공장소에서 모습을 감추는 듯했지만, 풍속 안에서 계속 일어나고 있었다. 야망과 갈구의 권리가 가정이라는 공간의 한복판에서도 투쟁을 만들어내는 것이다. 그리고 '개인'이 아닌 '모두'의 야망을 허용하는 평등정신에 의해 위태로워진 사회조직이 뒤흔들리게 된다. 풍속을 연구하면, 역사의 이 같은 특수성을 들여다볼 수 있다. 혁명의 발생 공간이 더 이상 역사적 무대로만 한정되지 않기 때문에, 역사 소설이 아닌 다른 형태의 소설을 만들어내야만 했다. 즉 풍속 연구는 다양한 역사적 이유로 인해 발자크 시대의 역사를 보여주기에 가장 적절한 형태이다.

이 형태가 바로 발자크의 글쓰기였고, 『마담 보바리』를 집필하던 시기의 플로베르의 글쓰기였다. 엠마의 삶의 이야기, 그녀의 실패한 사랑 이야기를 넘어서, 특정 유형의 인간관계, 풍속 및 사고방식을 통해 역사가 그 모습을 드러내는 것이다. 그리고 바로 이 역사가 관심의 초점이다. 1848년의 2월 혁명과 1851년의 제정 확립에 대해서는 나오지 않지만, 제2제정을 초래한 실패한 혁명을 상징하는 인물로 플로베르가 간주하는 라마르틴Lamartine의 정신은 엠마 이야기에서 중요성을 띤다. 실패한 정치가이자 감상적 시인인 라마르틴의 작품은 엠마에게 나쁜 영향을 끼친다. 1853년의 편지에서 플로베르는 낭만주의적 연약함으로 여성화되어 약해져버린 시대, 감상주의, 쿠데타의 주요 책임이 라마르틴에게 있다고 말한다.

> 라마르틴은 끝장이라고들 말하고 있습니다. 나는 슬프지 않습니다. […] 리듬을 모르는 이 작가, 주도력이 없는 이 정치가에 대해 일말의 동정심도 갖고 있지 않으니까 말입니다. 폐병 환자 같은 서정성으로 우리를 이처럼 따분하게 만든 것도 그의 탓이며, 제정시대로의 복귀도 그의 탓입니다. 그

는 무능한 인간들을 사랑하며, 그런 인간들에게 호소하는 사람이니까요. [···] 거세당한 정신, 거세당한 인간입니다. 그는 오줌조차 색을 잃고 투명했습니다.[12]

엠마가 라마르틴의 책을 읽고 몽상 속에서 헤매다가 자살로 생을 마감하는 것은 정치적 관점에서 중요하다. 이를 통해 그녀는 라마르틴이 망쳐버린 시대를 보여주는 상징적 인물로 자리 잡기 때문이다. 플로베르에 의하면, 이 망쳐진 시대는 혁명과 몽상의 열기가 달아오르고 있는데도 절대 반응하지 않는다.

3. 뢰르의 승리: 산업주의의 승리

『마담 보바리』에서 보여주는 역사적 접근은 독특하다. 본질적인 것은 혁명을 통해 공공연하게 가시화되지 않는다. 발자크와 마찬가지로, 플로베르도 투쟁은 그늘 아래서, 개인적 사건 속에서 일어난다고 믿는다. 그리고 역사의 흐름을 꿰뚫고 중요한 변화들을 파악하려면 풍속을 들여다봐야 한다고 확신한다. 『마담 보바리』에는 싸움이 나온다. 바로 뢰르가 벌이는 싸움이다. 플로베르는 부수적인 등장인물처럼 보이는 이 고리대금업자의 이야기에 여러 페이지를 할애한다.[13] 이 부분에서 플로베르는 뢰르의 재정적 술수를 보여주고 있다. 또한 엠마에 대한 뢰르의 냉혹

12 II권 297, 루이즈 콜레에게 1853년 4월 6일 보낸 편지.

13 이에 관한 자료들은 제네바의 보드메르 도서관이 소장하고 있다. G. Séginger, *Fiction et documentation. Les manuscrits de Flaubert à la Fondation Bodmer*, Bâle, Éditions Schwabe, 2010 참조.

한 싸움은 진정한 전쟁이라고 할 수 있다. 이 전쟁은 몽상에 대항한 상업의 투쟁이며, 이를 통해 몽상은 소비 영역으로 전락해버린다. 뢰르는 7월 왕정 시기의 장관이자 역사학자인 기조Guizot의 핵심 사상인 "부자가 되십시오"를 십분 활용하고 있다. '돈의 인간'인 뢰르는 '권력의 인간'인 오메와 짝을 이룬다.

뢰르는 물질주의적 관점에서 진보를 보고 있으며, 이 뢰르의 관점에서 플로베르는 인간 소외를 본다. 루이즈 콜레에게 보낸 1853년 8월 14일의 편지에서, 플로베르는 기계와 산업이 "수많은 일벌레들"을 만들어낼지도 모른다고 걱정한다. 또한 "수많은 멍청이들"을 생산해내고, 인간을 "기계-인간"으로 만들어버릴지 모른다고 우려한다. 그리고 "중세의 몽상가들은 일에 파묻힌 오늘날의 인간과는 다르다"고 덧붙인다. 『마담 보바리』의 한 장면에서, 플로베르는 건설 중인 방직공장 주변을 산책하던 오메의 아들 나폴레옹을 석회더미 속에 빠트린다. 그런데 그 사이 오메는 아이러니하게도 공장이 "장래"에 얼마나 "중요"한 역할을 할지에 대해 일장 연설을 한다. 소설의 마지막 장에서 엠마의 딸 베르트(보비에사르 성에서 본 어떤 귀족 여자의 이름을 따서 지은 것임)는 방직공장에서 일하는 처지가 된다. 플로베르가 추방해버린 '유용한 것'이 승리한 가운데, 소설은 정치 영역과 지식 영역의 결탁을 보여준다. 이 점은 오메를 통해서 표현된다. 그는 편협한 실증주의자이자 공권력 옹호자이기 때문이다. 가령, 오메는 치료를 거부하는 가난한 맹인을 공권력의 이름으로 감금시키기 위해 언론 게임을 펼친다. 오메가 이처럼 신문을 통해 여론을 지배하고 있기 때문에, 정치권력인 제정은 그를 관대하게 대하고 훈장까지 수여한다.

그렇게 해서 이 작품은 정당과는 다른 새로운 정치권력인 여론의 성립과정을 보여준다. 그런데 이 권력은 정치의식이 없고, 누군가의 조종을 받기 쉬운 대중이다. 『마담 보바리』를 집필하던 중인 플로베르는 1853년 9월 22일 편지에서 "대중vulgaire('통속적인'이라는 뜻의 프랑스어 vulgaire는 어원적으로 보자면 '대중'이라는 뜻이다)", "많은 요소", "대다수", "승인" 등의 표현에 분개한다.[14] 그리고 이 편지에는 역사적 분석도 담겨 있다. 이 분석을 보면, 정치적 사건에 대한 직접적 언급이 없는 『마담 보바리』에 역사적 지식이 어떤 식으로 녹아 들어가 있는지 이해할 수 있다.

> 1789년의 혁명은 왕족과 귀족을 파괴시켰습니다. 1848년의 혁명은 부르주아를, 1851년의 쿠데타는 민중을 파괴시켰습니다. 이제 천박하고 어리석은 무리밖에 남지 않았습니다. 우리 모두는 다 함께 범용함 속에 처박히고 말았습니다. 사회적 평등은 '정신' 속으로 파고 들어갔습니다. 이제 우리는 모든 사람을 위한 책을 만들고, 모든 사람을 위한 예술을 하며, 모든 사람을 위한 과학을 합니다. 철도나 난방시설을 만드는 것처럼 말입니다.[15]

이 평등화가 『마담 보바리』에 표현되어 있다. 가령, 오메는 지식의 평준화/대중화를 위한 수완가이며 지배적 이데올로기에 대해서는 순응주의자이다. 그런가 하면 뢰르는 대량생산품과 기성복을 통해 취향을 규격화시키는 데 수완가이다. 플로베르는 1854년의 편지에서 이 변화를 분석한다. 일상생활에서 그는 자신이 "평등" 혹은 "범용"이라고 이름 지은 움직임의 본질을 꿰뚫어본다. 그에게 평등이란, 탁월함을 평범한 수

14 II권 437, 루이즈 콜레에게 1853년 9월 22일 보낸 편지.

15 위의 편지.

준으로 끌어내리는 것이다. 이 같은 사회 · 정치적 현상이 미학적 측면에 어떤 영향을 끼쳤는지에 대해서 다음처럼 쓰고 있다.

> 범용함이 모든 영역에 파고 들어가 있습니다. […] 그러므로 실크 장갑, 팔걸이 의자, 레인코트, 경제 촉진 장치, 거짓 재능, 거짓 자긍심에 대항해야 합니다! 산업주의는 추한 것을 엄청날 정도로 발전시켰지요! 한 세기 전이었다면 예술작품 없이도 살았을 수많은 선량한 사람들이 지금은 하찮은 조각품이나 대단찮은 음악, 문학에 목을 매고 있습니다.[16]

'산업예술' 상점 사장인 아르누와 마찬가지로, 뢰르는 이 '산업주의'를 장려하는 인물이다.

역사가 이 소설 속에 녹아 들어갈 수 있었던 것은, 상징적인 등장인물의 창조와 서사적 시학 덕분이다. 『마담 보바리』를 쓰면서, 플로베르는 이 글쓰기 작업에서 어려운 점이 무엇인지 다음처럼 밝힌다. 그는 "덧칠couleur sur couleur"하듯이 글쓰기를 하고자 했다고 말한다. 다시 말해, 소설 첫 부분에 등장하는 어설픈 엠마와 레옹에 대해 조롱하는 소설을 쓰고자 했던 것이다(1853년 1월 12일 루이즈 콜레에게 보낸 편지). 이 작품에서는 그 어떤 것도 홀로 분리되어 있지 않다. 가령, 애인과 남편은 동일한 가치를 가지며 짝을 이룬다. 그리고 농사공진회 에피소드에서, 사랑에 관한 담화는 질서와 진보에 관한 리외뱅의 공식 연설과 마찬가지로 진부하고 평범하기 짝이 없다. 그리고 플로베르는 두 인물 사이의 차이점에도 불구하고 오메와 엠마를 연결시킨다. 이 두 인물은 소설의 주요 축 중의 하나를 구성하는 동일한 움직임 안에 위치해 있기 때

---

16 II권 516, 루이즈 콜레에게 1854년 1월 29일 보낸 편지.

문이다. "엠마는 타인의 위치를 갈망하며, 이 점 때문에 엠마와 약제사 사이에는 조롱과 우롱의 관계가 만들어진다."[17] 공작부인이 되길 꿈꾸는 것과 훈장을 받길 꿈꾸는 것 사이에 정말 차이점이 있는 것일까? 오메는 통속적인 생각을 빨리 전파시키고, 언어적 인플레이션을 통해 지식의 가치를 하락시키는 것에 한몫한다. 그런가 하면, 엠마는 돈의 이동, 그리고 재정 인플레이션에 빨려 들어가면서 상업의 승리에 기여한다.

* * *

『마담 보바리』는 사회의 퇴락을 표현한다. 재정적 이익과 통념의 승리, 새로운 권력들의 확립을 보여주는 것이다. 다시 말해, 여론과 경제의 승리를 보여준다. 지나칠 정도로 통계 수치를 좋아하는 뢰르와 오메는 이런 변화를 상징하는 인물들이다. 숫자, 수, 평균치는 승리의 개가를 부르며, 개인을 짓밟는 평준화에 기여하기 때문이다. 플로베르는 자신을 "격분한 자유주의자"(도덕적 의미에서)라고 정의하고, 대중의 경향에 반대하면서 개인주의를 옹호한다. "개인의 환상 세계는 백만 명의 욕망과 마찬가지로 존중받아야 마땅하다"라고 『마담 보바리』를 집필 중이던 1852년에 쓰고 있다. 다수와 여론의 승리는 '감금'이라는 거대한 움직임을 만들어낸다. 이 작품에 나오는 맹인은 '감금'된다. 이 맹인으로 상징되는 절대로 무마될 수 없는 차이점이 '규칙'에 도전하며, 의학적 지식을 실패의 구렁으로 밀어 넣으려고 하기 때문이다. 위생의 문제는 공공질서나 권력과 명백하게 연결되어 있다. 베르트의 경우도 '감금' 현상을 보여준다. 진보는 새로운 노예, 다시 말해 노동과 생산의 노예를 만들어낸다. 특히,

17 루앙 시립박물관에 보관된 문서(열람코드 : Mss. gg 9, f° 12 v°).

통념의 굴레 속에 '감금'되는 것이 가장 주목할 점이다. 이 새로운 감옥은 육체가 아니라 정신을 가두는 것이긴 하지만, 위험하기는 마찬가지이다.

『마담 보바리』는 역사적 지표를 흐릿하게 만들어버린 소설이다. 주요한 변화가 정치적 사건들을 통해 일어나는 것이 아니기 때문이다. 플로베르는 이 소설을 집필하는 동안 발자크의 작품을 심도 있게 읽는다. 그리고 여러 가지 배울 점 중에서 유독 한 가지에 집중한다. 소설가는 역사가를 보완해야 한다는 점이다. 『인간 희극』 서문에서, 발자크는 역사가들이 "풍속의 역사를 우리에게 전해주어야 한다"는 것을 잊었다고 지적하고, "'역사'라고 불리는 무미건조한 사실들의 목록"에 대해 비판을 가한다. 이런 의미에서 발자크가 "풍속의 연구"라고 이름 붙인 소설은 편찬된 사료의 약점을 보완해야 한다. 발자크는 프랑수아 아르톡 François Hartog의 개념인 '역사성 체제'를 따른 것이다. 이 역사성 체제에 따르면, 시간이 생산활동을 하며 변화와 의미를 만들어간다. 시간은 특정 시기의 사건 속에서 나타나는 것이 아니라, 변화 가운데 넓게 펼쳐져 있는 것이다. 발자크의 풍속 연구는 '사회적 결과를 낳은 원인', 다시 말해 숨겨진 의미를 찾으려는 것을 목표로 한다. 사적私的 드라마는 사회가 어떻게 움직이는지, 그리고 그 사회의 변화를 보여준다. 『마담 보바리』를 쓰는 동안 플로베르는 '소설가는 다른 방식으로 역사를 기술해야 한다'는 발자크의 소설관觀에 깊은 영향을 받는다. 또한 역사적인 것은 생활방식과 행동방식의 변화 속에, 그리고 사생활 안에 들어 있다는 생각에 영향을 받았다.

플로베르가 『마담 보바리』의 부제목으로 '지방의 풍속'을 택했다 할지라도, 재현, 통상 관념, 신앙 때문에 왜곡되어버린 지식에 부여하는 위상에 의해 그의 글쓰기는 발자크의 글쓰기와 구별된다. 발자크가 변화하는 것에 주의를 기울였다면, 플로베르는 정체된 것, 반복되는 것, 시간의 창조성을 막아버리는 것이 무엇인지 찾아내려고 한다. 『마담 보바리』는 이 정지된 것들을 보여주는 일련의 소설 중에서 첫 작품이다. 그리고 대문자 '역사Histoire'로부터 벗어난 감성이다. 『마담 보바리』는 연대를 지움으로써 역사의 비생산성이라는 플로베르적 감성을 만들어낸 것이다. 제1제정부터 제2제정에 대해 소설은 독자에게 거의 아무것도 말해주지 않는다. 보비에사르 무도회장에 나오는 시대에 뒤떨어진 화장실만이 시간의 흐름을 보여주고 있는 것 같다(그런데 구식 화장실에 대해서는 엠마도 보통의 독자들처럼 눈치 채지 못한다). 그리고 7월 왕정에서 제2제정으로의 이행을 알려주는 유일한 사건은 레지옹 도뇌르 훈장의 이면에 새겨진 초상이 바뀐 것이다.

역사적 사건들을 지움으로써, 이 소설은 역사적인 어떤 것, 대문자 역사가 되는 그 어떤 것을 보여준다. 한 세기 전체가 '무無,' 더 정확하게 말하자면 (플로베르가 이처럼 고쳐 말하므로) 평등화–"모든 것의 가치가 같다"–를 향한 움직임 속으로 점차적으로 빠져 들어가고 있음을 보여주는 것이다. 이렇게 플로베르는 "덧칠하기"를 통해 평등의 시학을 만들어낸다. 이 점이 발자크의 작품과는 다른 점이다. 발자크의 경우에는 사회적 평등이 뛰어난 개인들을 모두 짓밟아버리지는 않기 때문이다. 발자크의 작품 세계에서 평등화는 야망의 분출을 야기하고, 작품에 서사시적 힘을 불어넣어준다. 하지만 플로베르의 작품에서는, 평등화가 모든 탁월함을 하향 평준화시키고 모든 생각을 통념화시켜버린다. 『감정교육』, 『부바르와 페퀴셰』의 소설 형식은 모든 관점과 사상을 평등하게 취급한다. 이 작품들에서, 플로베르는 실제로가 아니라면 적어도 머릿속에서라도 자신이 민주주의의 승리라고 해석한 이런 역사적 상황을 더 극명하게 보여주고 있다.

▌참고문헌

플로베르, 귀스타브, 『마담 보바리』, 김화영 옮김, 민음사, 2000.

Balzac, Honoré de, *La Comédie humaine* (1842), Gallimard, "Bibliothèque de la Pléiade", tome I, II, 1976.

Flaubert, Gustave, *Madame Bovary*, sous la direction de Pierre-Louis Rey, Pocket, "Classiques", 1998.

_____, *Le Dictionnaire des idées reçues*, édition établie par Anne Herschberg-Pierrot, Librairie Générale Française, coll, "Le Livre de poche classique", 1997.

_____, *Correspondance*, *I*, *II*, édition établie par Jean Bruneau, Gallimard, "Bibliothèque de la Pléiade", 1973 et 1980.

Séginger, Gisèle, *Fiction et documentation. Les manuscrits de Flaubert à la Fondation Bodmer*, Bâle, Éditions Schwabe, 2010.

반시대적 그림 하나*

:『감정교육』의 퐁텐블로 일화

오영주

그것은 처녀림을 횡단하는 기관차를 조종하는 예수 그리스도를 그린 그림으로 공화국, 진보 또는 문명을 상징하고 있었다. 프레데릭은 잠시 바라보다가 소리쳤다. "정말 졸렬하군!" _『감정교육』

이 고찰이 반시대적인 것은 시대가 자랑스러워하는 것을 내가 여기서 시대의 폐해로, 질병과 결함으로 이해하려 하기 때문이다. _ 니체

1. 1848년의 중력 밖에서

프랑스 역사에서 1848년이 가지는 의미는 지대하다. "48년은 두 개의 프랑스 사이에 심연을 파놓았다"[1]라고 『감정교육』을 한창 집필하면서 플로베르가 썼듯이, 1848년은 프랑스 공화정의 역사에 '최초의 트라우마를 각인'했다고 해도 과언이 아니다.[2] 더 나아가, 1848년 6월 봉기는 근대

---

* 이 글은 2012년 10월 2회 이화-파리 동 대학 공동학술대회 '역사의 글쓰기'에서 발표된 것으로, 2012년 『불어불문학연구』 제92호에 게재된 프랑스어(로 작성된) 논문을 한국 독자들을 위해 일부 수정 · 보완한 후 번역한 것이다.

1 Flaubert, *Correspondance* III, Gallimard, "Bibliothèque de la Pléiade", 1991, 579. (이하 플로베르의 편지는 모두 Pléiade 판본에 의거하며 '플레이야드 권수와 쪽수, 수취인, 년도와 날짜'만 표시한다. 예를 들면 이 편지는 조르주 상드에게 보낸 편지의 일부인데, 이 경우 'III권 579, 조르주 상드에게 보낸 1866년 12월 15일의 편지'로 표시한다.)

2 시각에 따라 공포정치를 공화정 최초의 트라우마로 여길 수 있다. 그러나 프랑스 공화정의 역사에서 공포정치는 공화정 자체에서 불거져나온 것이라기보다 반혁명이 초래한 일

사회를 양분하는 두 계급 사이에서 벌어진 최초의 대규모 전투, 계급투쟁이었다. 1848 혁명의 전개과정은 프랑스 대혁명이 열어젖힌 사회, 우리가 살고 있는 바로 이 근대, 민주, 자본주의 사회가 이상理想 살해—형제 살해는 아니라 할지라도—라는 값을 치러야 유지될 수 있다는 사실을 예고했다.

『감정교육』은 1848년을 직접 소재로 삼은 흔치 않은 소설이다. 소설의 3부는(마지막 두 장을 제외하고는) 1848년 2월 혁명에서 1851년 나폴레옹 쿠데타까지, 제2공화정 전체를 시간적 배경으로 한다. 플로베르는 역사적 사건들을 한 치의 오차 없이 배치하기 위해 그 유명한 자료조사를 행했다. 그런데 강박에 가까울 정도로 조사한 그 자료를 책상 위에 두고 플로베르가 한 작업은 역설적이게도 그 자료들에 세밀하게 구멍을 내는 것이었다. 예를 들면 수사본에 적혀 있던 역사서를 방불케 하는 역사적 지표들—날짜, 장소, 인물—은 최종본에서 조직적으로 삭제된다. 또 공식적인 연대기는 프레데릭의 사적인 시간 지표로 대치된다. 평범한 독자, 더구나 한국의 독자가 『감정교육』에 넘쳐나는 사건의 의미를 파악하기란 불가능하다. 게다가 혁명의 전개과정에서 중요한 전환점이 된 사건들은 실망스런 장면으로 끝나거나(2월 민중의 튈르리 점령), 인물의 대화 속에 지나가는 말처럼 슬쩍 언급(6월 국회의사당 습격사건)될 뿐이다.

이러한 구멍 내기 작업은 한편으로 소설이 취하고 있는 '내적 초점'의 결과이다. 소설이 유일하게 시점을 빌리는 주인공 프레데릭은 1848년의 중요한 장면을 목격하지만, 자기 눈앞에서 솟아오른 사건에 대해 질

탈 현상으로 간주하는 시각이 지배적이다. 1848년 2월 혁명으로 수립된 제2공화정은 전쟁이라는 예외적인 상황이 아닌 상태에서 맞이했다는 점에서, 1848년의 6월 학살은 프랑스 공화정의 역사에 각인된 최초의 트라우마라 할 수 있다(Jacques Donzelot, *L'invention du social. Essai sur le déclin des passions politiques*, Seuil, 1994, 10-72 참조).

문하지 않는다. '이 사건은 왜 일어났는가', '그 사건은 결국 어떻게 되었는가', 그가 사건의 원인과 결과를 묻는 적은 없다. 소설 내내 공화파와 반대파들 사이를 부유하듯이, 프레데릭은 그 장면들을 때로는 열광해서 때로는 호기심으로 목격하나, 대부분의 경우 "한 편의 공연을 보고 있는 것처럼 생각"[3]하거나 "어떤 움직임, 아주 재미있는 광경을 보고 있는 듯"(434)할 뿐이다. 다른 한편 구멍 내기 작업은 단순히 '내적 초점'만으로 설명될 수 없다. 잘 알려져 있듯이 작가의 작품 개입을 거부하는 비개인성 원칙에 따라 플로베르는 자신의 생각을 결코 작품 속에 드러내지 않고자 했다. 그런데 비개인성의 원칙은 작가의 직접적인 작품 개입은 말할 것도 없고 작가의 대변인으로 간주되는 화자의 작품 개입까지 금지한다. 다시 말해, 작품 속에는 적지 않은 화자의 목소리가 있지만 그 역시 사건을 통합적으로 설명하는 전통적인 역할을 수행하지 않는다. 대체로 아이러니한 화자의 목소리는 화자가 사건을 어떤 관점에서 읽고 있는지를 알 수 없게 할 뿐 아니라, 인물의 목소리보다 우위를 점하지도 않는다. 그것이 누구의 것이든—공화파이든 반동파이든, 인물이든 화자이든—사건에 대한 어떤 담론도 정당성을 부여받지 못한 채, 『감정교육』에서 역사적 사건은 원근법을 상실한 채, 인과관계를 결여한 채, 평등하게, 모자이크처럼 놓여 있다. 브롬버트가 말했듯이 "플로베르는 1848년의 사건을 평가 절하하면서 고약하게 즐거워하고 있는 듯하다."[4]

퐁텐블로 일화는 1848년의 역사적 사건을 가치 절하한 대표적인 경우

---

3 귀스타브 플로베르, 『감정교육』, 진인혜 옮김, 나남, 2011, 393. 이하 『감정교육』의 인용은 한글 번역본을 사용하며, 필요한 경우 재번역하여 사용했다. 인용 뒤 괄호 속의 숫자로 번역본의 페이지를 나타낸다.

4 Victor Brombert, "*L'Éducation sentimentale*, articulations et polyvalence", *La production du sens chez Flaubert*, Actes du colloque de Cerisy, UGE, 1975, 58.

이다. 1848년 혁명의 전개과정에서 결정적인 사건이 일어난 6월의 사흘 동안 프레데릭이 로자네트와 함께 퐁텐블로로 놀러 가버리기 때문이다. 비록 구경꾼이었지만 그때까지 사건의 직·간접적인 증인으로 남아 있었던 프레데릭은 왜 그 중요한 시기에 "파리를 떠나고 싶은 갈증"(436)을 느꼈을까? 프레데릭은 더 이상 구경꾼으로 남아 있을 수 없다는 사실을 감지한 것이 아닐까? 6월 21일 프레데릭은 포르트 드 생 드니에서 포르트 드 생 마르탱까지 "폭풍우를 예고하는 하늘에 자극된 큰 파도의 물결처럼 소용돌이"(435)치는, 국립작업장의 폐쇄에 격분한 군중을 보았고, "대참사"(435)가 일어나리라는 이야기를 들었다. "시와 공상적 내용과 상투적 문구" 아래 모두가 형제가 되었던 2월 혁명의 국면과 달리, "현실이 말을 대체한" 6월 학살의 국면에서 각자는 "기아로 죽든지 싸우든지 그 외엔 선택의 여지가 없던 노동자"들처럼 하나의 입장을 취해야만 했다.[5] 소부르주아 지식인, 게다가 "행동이 불가능한" 프레데릭에겐 행동의 전제조건인 선택만큼 어려운 일도 없었을 것이다. 그는 파리를 떠남으로써 선택을 한 것이 아닐까? 선택을 하지 않을 수 있는 선택을 말이다. 그러므로 프레데릭의 퐁텐블로 행行은 로자네트가 생각했던 "변덕"[6]이 아니라 의식보다 주체의 소망을 더 잘 알고 있는 무의식의 선택이었을 것이다.

반면 프레데릭을 퐁텐블로로 보낸 플로베르의 선택은 사소한 디테일도 우연에 맡기지 않는 그의 고심의 결과임은 말할 필요도 없다. 1866년에 3부 1장을 쓰면서 그가 1848년의 6월의 사흘이 가지는 중요성을 몰랐을 리 없다. 플로베르는 왜 이 날을 소설 속에서 소거해버렸을까? 플

---

5 Karl, Marx, *Les luttes de classes en France, 1848-1850*, Messidor/Éditions sociales, 1984, 107-108.

6 "프레데릭은 파리를 떠나버리고 싶은 갈증을 느꼈다. 그녀도 이 변덕을 거부하지 않았다." (436)

로베르가 6월의 사흘을 제시하는 방법은 1848년의 전개과정에서 피를 가져온 다른 두 비극적 사건, 6월의 봉기자들에 대한 재판 없는 처형과 1851년의 쿠데타와는 확연하게 다르다. 이 두 사건이 — 전자는 튈르리 궁 지하에서 이유 없이 사살된 한 죄수의 시신을 "흰 덩어리"(459)로 표현하며 또 후자는 경악으로 벌어진 프레데릭의 입을 강조하며 — 생략법을 사용해 사건의 무게와 비극성을 드러낸다면, 가장 잔인했던 6월의 사흘은 퐁텐블로의 목가적인 분위기 속에서 며칠이 아니라 몇 주 동안 계속되는 느낌을 주면서 길게 늘어난다. 이 다언多言으로, 또 그 목가적인 분위기로 퐁텐블로 일화는 3부 1장 내에 그림처럼 걸려 있다. 더 나아가 그것은 에필로그 역할을 하는 마지막 두 장과 마찬가지로 소설 전체에서도 괄호처럼 놓여 있다. 달리 말하자면 1848년이라는 역사의 중력으로부터 벗어나 있다. 마지막 두 장이 소설이 출판된 1869년을 배경으로 한다는 점에서 시간상 그러하다면, 퐁텐블로 일화는 1848년 파리에서 역사의 시계바늘이 급박하게 돌아가고 있는 사흘 동안 소설의 주인공이 퐁텐블로에서 영원으로 이어질 것 같은 밀월의 꿈에 잠겨 있었다는 점에서 공간적으로 또 시간적으로 1848년의 중력으로부터 벗어나 있다. 주인공과 더불어 독자를 1848년의 중력 밖에 놓으면서 플로베르의 펜이 가리키고자 한 것은 무엇일까?

2. '역사' 밖에서

프레데릭의 퐁텐블로 행行은 1848년 6월 21일까지 어수선하게나마 파리의 동요를 따라오던 독자들을 예기치 않은 침묵 속에 빠트린다. 투숙객이 거의 없는 호텔의 한적함, 놀라울 정도로 태연자약한 위풍을 한 궁전의 적막함, 왕의 거처에서 풍겨 나오는 쓸쓸한 우수, 야생적이면서 엄숙한 분위기가 감도는 숲의 고요함, 사람의 발자국 흔적조차 없는 모래언덕의 현기증 나는 침묵, 그리고 주위의 침묵에 전염된 두 인물의 말없음…… 소설은 끊임없이 퐁텐블로의 침묵을 강조한다. 그런데 파리의 동요보다 더 강하게 느껴지는 이 "우주적 침묵silence universel"(442)은 사물과 자연의 미미한 소리를 똑똑히 들을 수 있게 하는 대신 서로 총구를 겨누게 된 두 형제 사이에 벌어지고 있는 전투의 소리는 삼켜버린다.

물론 파리에서 진행되고 있는 국가-도시의 사건이 퐁텐블로에 완전히 부재한 것은 아니다. 이탈리아에 밀월여행 왔다고 착각하고 있는 로자네트와 프레데릭에게 새로운 여행객들이 들려주는 피로 물든 파리 소식은 물론이요, 국민군 비상동원 북소리는 그들이 시테의 이야기/역사로부터 멀지 않은 곳에 있음을 환기시킨다. 하지만 이 '역사'의 소리들은 호텔의 분수에서 떨어지는 물방울 소리에 흡수되어버린다. 마찬가지로, 퐁텐블로 숲의 묘사가 파리의 절규와 고통과 핏빛 혼란을 상기시킨다 할지라도, 자연(숲)이 역사(파리)에 의해 '영토화'되지는 않는다.

> 꺼칠꺼칠하고 커다란 떡갈나무들은 경련을 일으키며 땅에서 기지개를 켜고 나와 서로 부둥켜안고 있었다. 마치 토르소처럼 나무 기둥 위에 굳건히 서 있는 그 떡갈나무들은 분노에 몸이 굳은 티탄의 군상처럼 벌거벗은 팔을 내밀고 무시무시한 위협과 절망의 부르짖음을 내지르고 있었다. (443)

여기서 떡갈나무를 파리 민중의 은유로 읽기는 어렵지 않다. 민중은 19세기의 공화주의 휴머니스트 작가들의 작품에서와 마찬가지로 자연의 힘에 비유된다. 그러나 플로베르는 미슐레, 위고, 졸라처럼 민중-숲에 사회 변혁의 희망이나 미래의 가능성을 부여하지 않는다. 티탄 신족은 결국 올림포스 신들과의 싸움에 패하고 땅 속에 유폐되지 않던가. 지젤 세쟁제르가 뛰어나게 분석했듯이 플로베르의 퐁텐블로 숲에서는 "민중의 진리를 땅에 정박시키는 […] 역사의 지리화地理化"[7]가 진행되지 않는다. 두 연인을 태운 오래된 랑도마차의 여정도 마찬가지이다. 플로베르의 『서한집』에 친숙한 독자라면 마차의 노정을, 플로베르가 『감정교육』을 쓰기 위해 현대사를 본격적으로 연구한 이후 일종의 공식처럼 되풀이하는 "볼테르가 열어놓은 대로와 루소의 오솔길"[8] 사이의 대립이라는 최근의 혁명사에 대한 알레고리로 읽을 수도 있다. 그러나 랑도마차는 일직선으로 난 길을 풍경을 뒤로하며 화살처럼 전진하다 결국 구불구불한 오솔길에 들어가 진흙에 빠져버린다! 퐁텐블로의 민중-숲의 은유는 자연의 시간과 신화의 비시간성을 '역사'의 시간 쪽으로 미끄러져가게 만들지 않는다.

성의 방문에서 시작하여 "영원한 자연"(446) 속으로 들어가는 체류의 여정처럼, 플로베르의 퐁텐블로에서는 자연이 역사의 관문이 되기보다는 역사가 자연의 관문이 된다. 첫날 방문한 성의 묘사를 보자. 르네상스에서부터 최근까지의 프랑스 역사가 새겨져 있는 성은 "멀리서 보니 포석의 이끼와 벽돌의 황갈색 색조가 뒤섞여 보이고"(436), 성의 방들에는 "커튼이 없는 높은 창으로부터 하얀 빛이 쏟아져 내리고"(437), 햇빛을 받은 그림 속에서 사냥하는 왕들의 모습은 올림포스 신들과 뒤섞인다. 마지막으로 방문한 향연장을 가득 채우고 있는 그림에 대한 긴 묘사

---

7 Gisèle Séginger, *Flaubert, une poétique de l'histoire*, Presses universitaires de Strasbourg, 2000, 219-221.

8 III권 537, 조르주 상드에게 보낸 1866년 9월 29일의 편지; III권 708, 쥘 뒤플랑에게 보낸 1867년 12월 15일의 편지; III권 720, 아멜리 보스케에게 보낸 1868년 1월 2일의 편지.

는 역사적 시간을 자연과 전설의 시간 속으로 미끄러져 들어가게 한다.

> 초승달 모양의 낫과 화살통이 프랑스 문장紋章을 에워싸고 있는 커다란 벽난로에서부터 넓은 방의 반대편 끝에 설치된 악사들을 위한 연단에 이르기까지 그림들이 덮여 있었다. 반원형의 창문 열 개가 활짝 열려 있어 그림이 햇빛에 반짝였다. 그리고 푸른 하늘이 반원형 창문의 군청색을 끝없이 이어갔다. 희미하게 보이는 나무 꼭대기가 지평선을 가득 채우고 있는 숲속에서는 상아나팔 소리와 함께 사냥감을 쫓는 사냥꾼의 함성의 메아리, 물의 요정과 숲의 요정으로 분장한 공작부인과 귀족들이 나뭇가지 아래 모여 신화 속에 나오는 춤을 추는 소리가 들려오는 것 같았다. (437-8)

그림을 통해 외부가 내부로 들어오고("창문 열 개가 활짝 열려 있어 그림이 햇빛에 반짝였다"), 창문 아치가 하늘로 연장되면서("푸른 하늘이 반원형 창문의 군청색을 끝없이 이어갔다"), 인용된 4번째 문장에 이르면 외부의 자연이 밀려들어와 내부를 가득 채워버린다. 나무와 숲은 실제인가 재현된 것인가? 자연의 공간과 그림의 공간이 혼동되면서, 프랑스 역사를 증언하는 뛰어난 이 역사적 장소는 자연의 한 부분처럼 느껴지고 전설적이고 신화적인 장소로 변하게 된다. 브롬버트에 기대어 우리는 "퐁텐블로의 일화는 역사Histoire를 별것 아닌 것처럼 만든다"고 말하고 싶어진다. 사실, 여행의 마지막 날 멀리서 들리는 국민병 모집 북소리에 프레데릭이 내뱉는 말이 바로 그것이다.

> "아! 저런! 또 폭동이군!" 프레데릭은 경멸적인 동정을 나타내며 말했다. 그 모든 소동이 그들의 사랑과 영원한 자연에 비하면 하찮은 것으로 여겨졌기 때문이다. (446)

플로베르 서술의 특징이 그러하듯, 여기서 화자의 목소리는 아이러니하다. 그것은 자신의 '도주'를 합리화하는 프레데릭의 졸렬한 이기주의를 드러내는 동시에 프레데릭이(혹은 프레데릭의 어깨 너머로 화자가) 퐁텐블로에서 경험한 무한함과 거대함을 자기 것으로 한다. 사실 퐁텐블로에 도착한 다음날 프레데릭은 성을 돌아보면서 르네상스부터 당대에 이르는 프랑스 역사를 관통했고, 성의 타피스리와 그림을 통해 또 성 주변의 숲에서 전설과 신화의 시간 속으로 빠져드는 경험을 했다. 그리고 몇 주 혹은 몇 달처럼 느껴지는 체류의 마지막 이틀 동안, "화산, 대홍수, 알려지지 않는 천재지변을 상상"(443)하게 만드는 어마어마한 바윗덩이들 앞에서 현기증과 두려움을 느끼고, 자신이 "천지개벽 이후 줄곧 거기에 있었고, 세상 끝날 때까지 그대로 있을"(443-4) 것 같이 느끼기도 했다. 퐁텐블로에서 프레데릭 앞에 펼쳐진 시간은 전설과 신화의 시대, 지질학상의 시간, 인간이 제어하고 통제하고 벡터화할 수 없는 시간, '역사' 속으로 끌어들일 수 없는 시간이다. 그 우주적 시간 속에서 파리의 총소리는 미미할 수밖에 없다.

1848년의 사건 혹은 역사의 가치절하는 50세를 눈앞에 둔 프레데릭과 델로리에가 지나온 세월을 되돌아보는 마지막 장에서 일어나는 일이기도 하다. 1848년으로부터 20년 후, 이 두 친구가 기억하고 있는 1848년은 뒤사르디에의 비극적인 죽음도 세네칼의 놀라운 변절도 아니다. 그것은 아무 의미 없는, 해프닝에 지나지 않았던, 소설의 마지막 장에서 어느 독자도 기억해내지 못할 송아리 머리 사건[9]이다. 게다가 플로베르

9 1848년 프레데릭이 방문한 '인텔리 클럽'에서 콩팽이라는 친구가 '송아지 머리'를 프랑스에 널리 보급시켜야 한다고 느닷없이 소리쳤고, 맥락 없이 던져진 그의 주장은 클럽을 웃음과 조롱의 도가니로 몰아넣었다. 그로부터 20년 후, 소설의 마지막 장에서 프레데릭은 델로리에에게 '송아지 머리'의 의미를 묻는데, 델로리에의 설명에 따르면 그것은

는 이 두 친구의 인생에서 가장 좋았던 기억으로 중학교 시절 함께 시도했던 유곽 출입을 들게 한다. 그들이 유곽을 떠나는 것을 본 동네 사람들이 "이야기를 만들어내었고, 3년간이나 화젯거리가 되었"(571)지만 사실 그 사건은 그들이 유곽 문 안으로 들어가지도 못했던, 실패한 사건이었다.

사정이 이러하다면, 이들의 삶이 가지는 의미는 무엇인가? 500여 페이지에 걸쳐 이들의 이야기/역사를 서술하고 있는 『감정교육』의 의미는 무엇인가? 미셸 크루제에 따르면, 그것은 역사에 대한 영웅적이지 않은 어떤 개념, "역사에 대한 아이러니한 결산"[10]이다. 거대한 정치·사회적 격동, 환멸로 귀착한 이상, 고통스러운 욕망을 겪은 후 인물들이 내리는 결론은 세상은 계속되고 살아남으리라는 것, 생은 계속된다는 것, 삶은 결론이 없다는 것이다. 엠마의 죽음 이후에도 이야기가 계속되면서 '막 레지옹 도뇌르 훈장을 수상한' 마을의 약사 오메의 소식으로 끝나는 『마담 보바리』나 두 주인공이 다시 베껴 쓰기 작업을 시작하는 『부바르와 페퀴셰』의 마지막 역시 동일한 맥락에서 읽힐 수 있다. '실패의 소설'이라 불리는 이 세 소설에서 마모되지 않고 훼손되지 않은 채 남아있는 것이 있다면 그것은 시간이다. 1세기 전 루카치는 『감정교육』의 진정한 주인공이 시간이라 말한 바 있다. 그러나 미래의 『역사와 계급의식』의 저자가 생각했듯이 그 시간이 "끊임없이 총체성을 지향하기"[11] 때

영국 왕당파의 의식을 영국 독립파가 패러디하여 만든 정치 행사로, 테르미도르 이후 혁명파가 이를 다시 프랑스로 들여왔던 것이다. 클럽에서는 누구도 '송아지 머리'가 정치 행사를 말한다는 것을 몰랐고, 또 이 행사가 열린 적도 없다(『감정교육』, 417쪽, 569쪽 참조).

10 Michel Crouzet, "*L'Éducation sentimentale* et le genre historique", *Histoire et Langage dans l'Éducation sentimentale*, Actes du colloque organisé par la Société des Études Romantiques, SEDES, 1981, 85.

11 Georg Lukács, *La Théorie du roman*, Gallimard, "Tel", 1968, 121.

문에 주인공인 것은 아니다. '역사Histoire'가 추구하는 총체성은 플로베르의 관심사가 아니라 19세기 사고방식의 핵을 구성하는 것으로,『감정교육』의 글쓰기는 그에 대한 문제제기이자 비판에 다름 아니다.

3. '역사'의 목적론 비판

'역사Histoire'는 시간을 인식하는 하나의 방법이다. 오늘은 어제와 다르고 내일은 오늘과 다르리라고 사람들이 생각하기 시작한 것은 그리 오래된 일이 아니다. 고대-중세-현대라는 시간 구분은 르네상스 때 생겨났으며, 17세기 중반부터 일반화되었다. 그때부터 사람들은 새로운 시간 속에 살았으며 자신들이 새로운 시간 속에 살고 있다는 것을 자각했다. 역사적 시간 감각이 생겨난 것이다. 계몽주의의 합리주의는 인간의 운명을 신적 초월성에 맡기기를 끝내고, 인류의 이성에 맡기면서 진보의 개념과 결합시킨다. 대혁명이 약속한 자유와 산업혁명이 가져온 기술 발전 앞에서 19세기의 사유들은 일반적으로 인류의 진행과정이 발전의 형태를 띨 것이리라 믿어 의심치 않았다. 역사가 단지 지나간 과거를 지칭하는 데 그치지 않고, 미래의 생성을 포함하는 하나의 과정, 하나의 절차로 인식되었다. 이렇게 진보가 보증을 서는 역사 개념은 신적 진실에 비견할 전지전능의 동인이 된다. 대문자 '역사Histoire'가 생겨난 것이다.

시대와 플로베르와의 불화는 잘 알려져 있다. 그러나 이 불화에 과거로 회귀하고자 하는 열망의 흔적은 없다. 19세기가 해결해야 할 문제를 '종교'(도그마)와 '철학'(비판적 정신)의 전투로 보면서, '철학'에 맞선 기독교를 중세의 유물로 질타했던 플로베르는 계몽과 프랑스 혁명의 아들이었다. 그는 당대가 '과학적' 세기가 되기를, 감정이나 믿음이 아니라 사실의 정확한 인식과 분석으로 현실을 파악하는 세기가 되기를 바랐다. 소설가로서 그 자신은 설교하는 문학이 아닌 과학의 정신을 닮은 '보여주는 문학'을 추구했고, 문학 비평 역시 '자신의 조프로와 생-틸레르'를 만나기를 원했다. 과학의 객관적 방법과 태도를 귀중하게 생각했듯이 플로베르는 19세기가 이루어낸 물적 발전을 거부하지 않는다. 그러나 이를 '진보'라 명명하는 것을 이해할 수 없었다. "이 진보에 대해 말하자면 나는 이 명확하지 않은 생각들을 어떻게 이해해야 할지 잘 모르겠소. 이 말에 속한 것은 모두 날 정말 질리게 하오."[12] 동시대의 보들레르에게 그러했듯이, 플로베르에게 진보란 '불충不忠의 조명등'일 따름이다. 과학이 객관적 방법이길 멈추고 숭배의 대상의 될 때 플로베르는 과학의 지지자로 남아 있지 않았다.

역사에 대해서도 마찬가지이다. 1860년 공쿠르 형제의 역사소설을 읽고 난 후 "역사 감각이 생겨난 것은 오래되지 않았다. 아마도 19세기의 것이 최고의 것이리라"[13]라고 말할 때 그는 과거 사실에 대한 19세기의 관심을 높이 평가한다. 하지만 역사를 생각하는 19세기의 방식, 진보의 표현이 된 역사에는 동의할 수 없었다. 플로베르의 비판이 당대의 역사가나 역사 연구 방법을 향하기보다 소위 "진보의 인간이라 자처하는 자들"[14]로 향하는 이유가 여기 있다. 플로베르가 보기에 당대의 가장 선진적인 이 사유들은 계몽철학의 뛰어난 후예가 되는 대신, 계몽철학자들이 장례를 지냈던 과거의 유령을 부활시키고 있다.

---

12 I권 278, 루이즈 콜레에게 보낸 1846년 8월 6일 혹은 7일의 편지.

13 III권 95, 공쿠르 형제에게 보낸 1860년 7월 3일의 편지.

14 IV권 13, 미슐레에게 보낸 1869년 2월 2일의 편지.

오 계몽이여! 오 진보여! 오 인류여! […] 어리석음의 영원한 시계에 따라 흘러가는 시간이여! […] 스스로 숭배하면서 멍청해지는 이 인류는 참으로 야릇한 것이요. 지금 인류에 대한 열광을 부추기고 있는 어리석음은 그 엄청난 양으로 이전의 인류가 그 앞에서 엎드렸던 약간의, 그러나 보다 심각했던 어리석음을 상쇄하고 있소. […] 이 현명한 시대에서나 할 수 있고 또 열광하는 어리석은 말들이 있소. "아, 난 말이지 허황된 것을 믿지 않아. 신격화라든가 천국 같은 것을 믿었던 옛 사람들은 정말 한심해! 우린 훨씬 더 실증적이라고."[15]

1852년의 이 편지는 콩트를 읽고 난 직후에 썼지만 사회학의 창설자이자 인류교의 교주인 콩트만을 겨냥하진 않는다. 신의 숭배를 대신한 인간 숭배, 플로베르가 평생 당대의 선진적인 사상들을 비판하는 이유는 바로 이 새로운 숭배에 있다. 소위 진보의 인간은 과거 인간들의 복수를 대신하기라도 할 듯, 신의 왕관을 박탈해 인간의 머리 위에 올린다. 이는 신적인 것과 인간적인 것 사이의 어떠한 교환도 상정하지 않는 플로베르에게 종교의 교리만큼이나 어리석은 것이다. 더구나 스스로 과학적이라 자찬하는 진보의 인간들은 "인간을 자연의 중심, 창조의 목적이자 그 종국의 이유"[16]로 간주하면서 사실 과학에 정면으로 대치한다. 과학은 지구가 우주의 수많은 행성 중 하나일 뿐임을 밝혀내면서 우주의 중심이라는 지구의 위상, 과거 종교가 인간에게 부여한 위상을 박탈하지 않았던가. 또 인류는 결코 창조의 불꽃이 아님을 받아들이게 하지 않았던가. 근대의 인간중심주의는 과학의 발견에 상처받은 인간의 나르

15 II권 334, 루이즈 콜레에게 보낸 1853년 5월 26일의 편지.
16 I권 313. 루이즈 콜레에게 보낸 1846년 8월 26일의 편지.

시시즘의 옹호와 선양일 뿐이다. 플로베르는 과학이 밝혀낸 이 인간의 미소함이 절망스럽다고 생각하지 않는다.

> 망원경이 더욱 완벽해질수록 더 많은 별들을 발견하게 되겠지요. […] 은하수의 작은 별들을 바라볼 때면 나는 지구가 저 성화成火들 중의 어떤 것보다 크지 않다는 생각을 하곤 합니다. 그런데, 이 성화 위에서 한 순간 떠돈 나라는 존재, 우리는 무엇일까요? 나라는 존재의 미소함과 무의미함에 대한 이러한 느낌은 나를 안심시킵니다. 마치 우주 속의 길 잃은 티끌이 된 것 같습니다만 한편 나는 나를 둘러싼 이 무한한 위대함의 일부이기도 한 것이죠. 이것이 절망스러우리라고 생각한 적은 한 번도 없습니다.[17]

스피노자주의자 플로베르의 눈에 세계 내에서 인간에게 부여된 특권적 지위는 없다. 인간은 자연의 일부분일 뿐이다. 그러나 모든 것의 근거로 스스로를 내세우는 19세기의 인간은 자신을 신으로, 무한으로 착각한다. 플로베르는 말한다. 무한한 세계 앞에서 느끼는 공허함이나 두려움은 자연스러울 뿐 아니라 정당한 것이다. 그것이 없다면 "우리가 새보다 나을 바가 무엇이겠는가. 새는 적어도 나무 위에 둥지를 틀 줄 안다."[18] 그러나 이 형이상학적인 두려움에 여하한 종교적 교리로 답하는 것은 어리석기 그지없다. 그것이 기존 종교의 교리이든 진보 종교의 교리이든, 교리는 질문 자체를 막아버리고 부정하기 때문이며 그 결과 철학적 정신에 족쇄를 채우고 파괴하기 때문이다. 교리가 제공하는 확신이란 "신을 주머니 속에 넣고 다니면서",[19] 무한을 사유화私有化하면서 평

17 II권 731. 마리-소피 르루와예 드 샹트피에게 보낸 1857년 6월 6일의 편지.

18 II권 151-152, 루이즈 콜레에게 보낸 1852년 9월 4일의 편지.

19 V권 579, 에드마 로제 데 주네트에게 보낸 1879년 3월 13일의 편지.

정과 자기만족을 얻으려는 부르주아지의 욕구에 부합할 뿐이다. 이 어리석고 또 어리석게 만드는 평온과 자기 확신은 모든 목적론의 특징이며, 이 점에서 인류교Religion de l'humanité는 기독교의 신인동형론적 목적론과 결별하기는커녕 오히려 그 절정을 이룬다. "이 엄청난 어리석음이라니! 이 무슨 태연함이며 뻔뻔함인가!"[20]

플로베르가 인류 숭배를 비판하는 이유는 인간을 신의 자리에 올려놓으면서 인간성을 드높이기 때문은 물론 아니다. 인류 숭배는 인간을 더 높은 차원으로 끌어올리기커녕, 인간을 격하시키며 "비만으로 괴물"[21]이 되게 만든다. 크루제가 지적하듯, "신처럼 전능한 존재는 행동이 될 수 없기에"[22] 전지전능의 위치를 점하면서 인간성은 오히려 활력을 상실하고 결국에는 마비와 무기력의 상태에 이르게 된다. 바로 이것이 "진보의 게으른 판본"이라는 표현으로 베니슈가 지적했던 19세기 '예언가'들, 플로베르가 "모두 성서의 계시를 믿고 있는" "아무것도 개혁한 것이 없는, 현대의 개혁자들"[23]의 이론의 한 종착역이다.

> 우리는 역시 낭만주의 시대의 사고를 지배하는 […] 또 다른 개념, 계몽주의의 철학으로부터 이어받은 진보라는 개념에 주목했다. 그런데 이 개

---

20 위의 편지.

21 "현대의 무감각 상태는 인간이 스스로에게 보이는 끝도 없는 존경에 기인하오. 존경이라 말했지만, 아니, 그건 숭배, 페티시즘이오. 사회주의의 꿈은 비만으로 괴물이 된 인류를 철도역의 샛노랗게 칠해진 개집에다 앉아 있게 만들려는 것이 아닐까요? 거기서 인류는 얼근히 취해, 만족에 겨워, 두 눈을 감은 채, 점심을 소화하면서 저녁식사를 기다리는, 대소변을 깔고 앉아, 불알 위로 흔들흔들 몸을 움직이고나 있지 않을까요?" (II권 529, 루이즈 콜레에게 보낸 1854년 3월 2일의 편지.)

22 Michel Crouzet, "Passion et politique dans *L'Éducation sentimentale*", dans *Flaubert*, *la femme*, *la ville*, Journée d'études organisée par l'Institut de Français de l'Université de Paris X, PUF, 1982, 65.

23 III권 401, 에드마 로제 데 주네트에게 보낸 1864년 여름의 편지.

념은 그 이후 흔히 받아들여지는 이 단어의 뜻처럼, 완벽 가능성을 실현하는 것이 인간에게 달려 있다는, 인간에게 고유한 잠재성의 의미로서가 아니라 미래의 세계에서 인간의 장래는 이미 보장되어 있다는 의미로 점점 더 일반적으로 해석되어진다.[24]

진보에 대한 믿음은 인간의 무한한 가능성에 대한 믿음에서 출발한다. 그런데 바로 이 완벽가능성이 교리가 될 때, 역설적으로 인간의 의지와 노력은 무시되고, 운명은 예정되어 있다고 하는 종교의 모습을 띠게 된다. 베니슈는 19세기 전반기를 지배했던, 자유주의에서 신가톨릭, 유사과학 유토피아를 거쳐 휴머니즘적 사유들에 이르기까지 서로 대립각을 세웠던 이론들이 어떻게 '종교성'이란 구조에서 만나고 있는지를 보여준 바 있다. 그의 『예언가들의 세기』는 당대의 가장 선진적인 사상들을 비판하는 플로베르의 편지글에 대한 논리적 해설서처럼 느껴지기도 한다. 베니슈에 따르면 전통적인 도그마를 유지하면서 이에 '자유'와 진보적인 '인류'의 개념을 통합시켜 현대 세계의 새로운 기초를 세우려했던 신가톨릭주의는 말할 것도 없고, 가톨릭 체제와 그 도그마의 시효 말소를 확신하고, '과학'이 기존 종교를 대신하리라 믿었던 유사과학적 유토피아주의 역시 근본적으로 '종교적'이다. 이론과 신념의 차이에도 불구하고, 당대의 작가들과 사상가들은 모두 "진보, 신성한 이상, 존엄한 과학, 섭리 신봉, 인류의 미래에 대한 믿음"이라는 생각을 공유하고 있었다는 것이다.

---

24 Paul Bénichou, *Le Temps des prophètes : doctrines de l'âge romantique*, Gallimard, 1977, 381.

4. 끝없는 역사

당대의 진보주의 작가들과 달리 플로베르는 내세에 대한 믿음처럼 현재의 불만을 위무하는 '미래에 대한 신념'을 가지고 있지 않았다. 이 신념의 목적론적 사고에서 플로베르는 "결론을 내리고자 하는" 어리석음을 볼 뿐이다. 미래에 대한 신념을 나누어 가지지 않았다고 해서, 역사를 바라보는 플로베르의 시선이 허무주의적인 것은 아니다. 인류의 운명에 대한 장기 비전을 상상할 때 그는 결코 이 운명에 침체나 퇴락의 형을 선고하지 않는다. 오히려, 그는 인류 진행과정의 무한한 변형을 믿었으며, 그 전개에 제동을 걸고 가로막는 것을 혐오한다.

> 왜냐하면 나는 인류의 끊임없는 진화와 끝없는 그 형태를 믿기 때문이고 인류를 억지로 그 속에 집어넣으려 하는 모든 틀을, 인류를 정의하려는 모든 형식을, 인류를 위해 꿈꾸는 모든 종류의 계획을 혐오하기 때문입니다. 노예제가, 봉건제가, 왕정이 그랬듯이 민주주의도 더 이상 인류의 마지막 말은 아닙니다. 인간에 의해 지각된 지평선은 결코 기슭이 아닙니다. 왜냐하면 이 지평선 너머에는 또 다른 지평선이 있고, 항상 그럴 것입니다! 그러므로 최상의 종교, 최상의 정부를 찾는 것은 내게는 바보 같은 광기로 여겨집니다. 내가 보기에 최고의 것은 바로 고통받는 자입니다. 왜냐하면 고통받는 자가 항상 다른 것을 대신할 것이기 때문입니다.[25]

플로베르의 '끝없는 역사'는 인류의 미래가 가닿아야 할 목적지를 지시함으로써 종말을 가정하는 종교적 인식과는 다르다. 그에게 시간은

---

25 II권 718-719. 마리-소피 르루와예 드 샹트피에게 보낸 1857년 5월 18일의 편지.

목적론적 역사의 형태를 취하지 않는다. 끝없이 지속되는 역사를 통해 하나의 문명이 또 다른 문명을 이을 것인 바, 어떤 문명도 결정적이거나 절대적인 것은 아니다. "당신의 문화는 잡초 아래, 당신의 민족은 다른 민족의 유입 아래, 당신의 종교는 다른 철학들 아래 사라질 것입니다. 그리고 언제나, 언제나 겨울, 봄, 여름, 가을, 겨울, 봄이, 꽃이 피어나고 수액이 올라오기를 그치지 않을 겁니다."[26] 그것이 무엇이건 시간이 가져올 마멸을 비켜갈 수 있는 것은 없을 뿐만 아니라 비켜가게 하는 것이 옳은 일도 아니다. "사라지고자 하는 것은 사라지도록 내버려두시오. 약간의 폐허와 은총. 이것이 역사 사회적 풍경의 한 조건입니다."[27] 1870년 프랑스가 프로이센에 패했을 때 플로베르는 라틴 세계의 종말을 예견하면서 애통해했지만 그것이 다른 식이어야만 했다고는 생각하지 않았다.

어떠한 종착지도 상정하길 거부하는 역사에 대한 비목적론적 시각, '끝없는 역사'는 동일성이 반복되는 역사를 의미하지 않기에 비극적일 수 있을지언정 비관적일 수 없다. '끝없는 역사'의 또 다른 버전인 1852년의 편지를 살펴보자. 이 편지는 '그 무엇에 대한 것이 아닌 책livre sur rien'을 언급하고 있는 유명한 편지로, 소설가의 문학적 이상을 전개하는 앞부분이 수많은 논평은 받은 반면, 문학에 있어서의 진화론을 정치사회 분야에 펼치고 있는 뒷부분은 주목받지 못했다.

> 예술의 미래는 이 궤도에 있다고 생각하오. [···] 형태는 정교해지면서 유연해질 것이오. 형태는 모든 제식, 모든 규칙, 모든 척도를 벗어버릴 거요. [···] 예술은 더 이상 교리에 얽매이지 않고 그 제작자의 의지처럼 자

26 II권 202, 루이즈 콜레에게 보낸 1852년 12월 9일의 편지.
27 II권 492, 루이즈 콜레에게 보낸 1853년 12월 28일의 편지.

유로울 것이오. 물질성으로부터의 이러한 해방은 모든 분야에서 이루어질 것이오. 동양의 전제군주제에서 미래의 사회주의에 이르는 정부들도 이러한 길을 따랐소.[28]

편지에 따르면 역사는 서사시에서 소설로, 운문에서 산문으로, 교리에서 자유로, 동방의 독재에서 미래의 사회주의로 나아간다. '사회주의자'와 '진보의 인간이라 자처하는 자'를 동의어로 사용했던[29] 결코 사회주의에 우호적이지 않았던 플로베르가 "미래의 사회주의들"이라는 표현으로 말하고자 한 것은 사회 체제는 끝없이 변형되며 이어지리라는 것, 역사는 결론이 없다는 것이다. 시간 속에서 계속 이어질, 항상 새롭게 열려진 역사를 구성하게 될 "미래의 사회주의들"을 상정하면서 플로베르는 각 정치·사회 형태는 각기 나름의 문제를 해결할 것이고 또 다른 문제를 낳을 것이라는―예술의 계속적인 형태들이 그러하듯이―것을, 즉 "인류의 끊임없는 진화와 그 끝없는 형태"[30]에 대한 믿음을 표현하고 있다. 이름만 같을 뿐, 이러한 전망은 기성복처럼 만들어진 이상적인 사회의 모델을 실현시키면서 최종적인 사회적 평화를 구축하려는, 자신이 역사의 마지막 말이고자 하는, 역사의 종말을 제안하는 진보주의자들의 역사관과는 어떤 공통점도 없다.

우리는 플로베르의 편지에서 '끝없는 역사'라는 생각과는 모순되는 많은 언급들을 만날 수 있다. 인류는 결코 스스로를 혁신하지 못할 것이라는 한탄이나 인간의 영원한 어리석음에 대한 확인 등이 그것이다. 그러

---

28 II권 31, 루이즈 콜레에게 보낸 1852년 1월 16일의 편지.

29 당시의 일반적인 용법에 따라 플로베르 역시 민주주의자, 사회주의자, 공화주의자, 애국자를 거의 동의어로 사용한다.

30 II권 718. 마리-소피 르루와예 드 샹트피에게 보낸 1857년 5월 18일의 편지.

나 이러한 의문이나 독설은 소설 쓰기가 그로 하여금 끊임없이 내뱉게 했던 의문이나 한탄과 같은 종류의 것이 아닐까? 피와 땀으로 물든 깃발을 앞세우고 진행되는 역사 앞에서 그가 내뱉는 비난은 부르주아 사회를 그릴 때 그가 느낀 구역과 닮아 있다. 각각의 경우 그것은 그가 상정해놓은 수준에 이르지 못한 역사와 사회의 지리멸렬함에 대한 상대적인 실망감이다. 그가 편지에서 수없이 되풀이하는 "아직도 우리는 여기에 머무르고 있다"라든가 "중세가 아직도 우리를 목 조르고 있다"라는 한탄은 현재를 압박하는 과거, 인간과 사회의 더딘 발걸음에 대한 분노의 표출인 것이다. 그 한탄과 독설과 실망은 때때로 돌이킬 수 없을 것 같은 모양으로 과장되지만, 수없이 그가 글을 쓸 수 없으리라는 확신을 가졌다고 해서 그것이 그가 작업을 계속 해나가는 것을 막지는 않았듯이, 자주 역사가 뒷걸음치고 있다는 확신을 그가 갖는다고 해서, 그가 '끝없는 역사'라는 생각을 폐기한 것은 아니다.

5. 반시대적 그림 하나

『감정교육』이 출판된 1869년은 미슐레가 『프랑스사Histoire de France』를 완성한 해이기도 하다. 그 해 『감정교육』을 읽은 미슐레는 1848년 봉기 장면이 지나치게 냉정하게 그려져 있다고 불만스러워 했고, 프레데릭의 퐁텐블로 행行에 대해서는 격분했다. 퐁텐블로는 미슐레 자신의 역사가-작가로서의 삶에서뿐만 아니라 한 남성으로서의 삶에서 '성스러운' 장소가 아닌가. 1857년의 여름을 어린 신부와 그곳에서 보내면서 그는 한 아이를 잉태하게 했고 필생의 저작인 『프랑스사』의 집필을 이어갔으며 자연에 대한 그의 사랑의 결실인 『곤충L'Insect』을 완성했다. 그에게 기념비적 장소인 퐁텐블로에 '매춘부'와 함께, 그것도 그토록 중요한 날에 놀러간 소설 주인공의 적절치 않은 행동, '역사로부터의 도피'를 읽으며 이 대역사가가 느꼈을 분노를 짐작하기란 어렵지 않다.

이후 오랫동안 비평가들은 시민전쟁이 벌어질 파리를 팽개침으로써 프레데릭이, 그와 더불어 플로베르가 역사로부터 '도피'했다며 작가의 역사관을 문제 삼는다. 이는 인물과 작가를 동일한 차원에 놓았다는 점에서는 문제가 있지만, 주인공을 역사의 현장에서 도피하게 만든 것이 작가라는 점에서는 그들의 문제제기가 틀린 것은 아니었다. 그들은 '퐁텐블로 소송'에서 『마담 보바리』 소송의 피나르 검사를 연상시킨다.[31] 경우에 따라서는 퐁텐블로 행行에 대해 유죄 판결이 내려지기도 했다.

> 현장을 살고 있는 자에 반하여 먼 세계를 운운하는 것은 '여기 그리고 지금' 만연해 있는 부정의를 결국 정당화하는 것이다. 그런 이유에서 아름다운 이미지 속으로의 비열한 주인공의 도피와 계속되는 도주는 범죄적으로 드러난다.[32]

범죄적? 우리가 보기에 퐁텐블로 일화는 오히려 '반시대적'이다. '반시대적'이란 니체의 펜 아래서 시대의 합의를 거부하고 시대의 편견을 드러냄으로써 시대를 넘어서려는 시도, 시대에 대한 비판의 의미를 함의

---

31 『마담 보바리』가 법정에 섰을 때, 피나르 검사는 예술적인 측면에서 플로베르의 천재성에 감탄하면서, 그 뛰어난 자질을 "유용하게" 사용하지 않았다는 점을 비난했다. 그는 예술이 아니라 부르주아 도덕의 이름으로 소설을 고발했다. 그러므로 결혼, 가족, 사회, 종교의 이름으로 행해진 그의 논고는 논리적 모순이 없었다. "악이 초래하는 두려움으로 선을 권고한다"라며 『마담 보바리』의 도덕성을 안타깝게 강조했던 변호사보다 검사의 소설 해독이 더 옳았다 할 수 있다. 물론 예술과 문학에 대해 피고인과 전적으로 상충되는 시각을 가지고서.

32 Dolf Oehler, *Le spleen contre l'oubli. Juin 1848*, Payot, 1996, 346.

하지 않는가. 시의적절하지 않은 퐁텐블로 일화를 통해 플로베르는 미슐레가 구현하고 있던 역사의 어떤 개념, 당대의 에피스테메를 구성했던 역사의 개념, 낙천적으로 역사의 진보를 믿고 과거에 대한 기억으로 미래를 재단하면서 신기루 같은 희망을 유지하게 하는 당대의 목적론적 역사 개념으로부터 도주함으로써 그에 의문을 제기한다. 진보, 인류, 국가, 가족 - 대문자 역사가 함의하는 가치들, 지극히 '부르주아적'인 가치들로부터 빠져나오면서 그것을 문제 삼고 있다. 그러나 플로베르는 그 비판의 언어들을 소설 속에 결코 활자화하지 않는다. 문학은 소설가의 감정의 배설구가 아닌 만큼 정치 논단도 도덕 설교단도 아니다. "(플로베르의) 생각은 활자화되지 않는다. 대신 그것은 이야기를 쓰도록 해준다. 즉 생각은 이야기를 구조 짓는다."[33]

퐁텐블로 일화는 『감정교육』 속에 액자처럼 걸려 있다. 삽화적 특성과 회화성으로 인해 그러하다. 우연일까? 퐁텐블로 체류 둘째 날, 아스프르몽 언덕을 내려오는 프레데릭과 로자네트를 한 화가가 목격한다.

> 파란 작업복을 입은 한 화가가 떡갈나무 밑에서 무릎 위에 물감통을 얹어놓고 그림을 그리고 있었다. 그는 고개를 들고 그들이 지나가는 것을 바라보았다. (441)

서술상의 기능을 짐작하기 힘든 화가의 존재는 단순히 '현실효과'를 위한 것일까? 아니면 두 사람을 화폭에 담고 싶은 작가의 의도를 암시하는 것일까? 사실 화가의 등장부터 프레데릭의 졸렬한 발언("아! 저런! 또 폭동이군!")이 있기까지 약 6페이지에 걸친 셋째 날과 넷째 날의 서술

---

33 Gisèle Séginger, 앞의 책, 218.

은 소설적이라기보다 회화적이다. 짧은 한 문단에 이틀의 여정을 간단히 요약한 후, 플로베르는 두 남녀를 "영원한 자연" 속으로 보내버리는데, 그 속에서 그들은 지금까지의 프레데릭과 로자네트이기를 멈추어버린다. 비개인화되어버린다. 우유부단한 소부르주아 남자와 고급 화류계 여자는 사라지고, 대신 어떤 계산도 사회적 방해물도 안중에 없는, 사랑에 빠진, 지극히 평범한 그러나 한없이 행복한 남녀가 등장한다. 6페이지 동안 로자네트와 프레데릭은 소설가 플로베르의 펜이 포착해야 했을 인물이 아니라, 그들의 정체를 모른 채 그저 아름다운 남녀 한 쌍이 "지나가는 것을 바라본" 소설 속 푸른 작업복을 입은 화가의 붓이 화폭에 담았을 두 연인이다.

퐁텐블로 일화는 플로베르가 잠시 화가가 되기로 '변덕'—이렇게 플로베르는 프레데릭과 만난다—을 부린 결과이다. 그 변덕은 결코 자신의 생각을 작품 속에 드러내지 않으려 했던 이 비개인성 미학의 소설가로 하여금 그가 그토록 증오했던 잿빛 부르주아 사회의 이야기, "현재 있는 그대로의 정념, 즉 비활성의 정념"[34]에 대한 이야기인 『감정교육』 속에 뜬금없이 목가적인 두 연인을 그리도록 했다. 이 그림은 "다른 식으로 살고 사랑하는 방법을 일시적으로 꿈결같이 변호하고"[35] 있는가? 적어도 그림 속의 두 연인은 빅토리아기期 부르주아식 사랑의 중력 밖에서 육체와 정신의 분열 없이 사랑한다. 물론 이를 위해 작가는 화가가 되어 그들의 이름—가족이 부여하고, 사회가 인정하고, 역사가 기록할—을 지워

---

34 III권 409, 1864년 10월 6일, 마리-소피 르루와예 드 샹트피.

35 Jeanne Bem, "La forêt de Flaubert. Retour sur un épisode de *L'Education sentimentale*", *Orients littéraires*. Champion, 2004, 55에 인용된 Bernard Masson, "L'épisode de Fontainebleau dans *L'Éducation sentimentale*", *Flaubert e il pensiero del suo secolo*, Facolt di lettere e filosofià, 1985, 63.

야 했다. 이렇게 만들어진 퐁텐블로의 반시대적 그림 하나는 『감정교육』 속에 실제로 등장하는 그림 두 점과 길항하며 그 속에 놓여 있다. 그중 하나는 교훈적인 일에 열중하는 왕의 가족을 그린 1841년의 〈선량한 가족〉으로 "부르주아들에게는 더할 나위 없는 기쁨을, 애국자들에게는 고통을"(79) 주었다. 1848년에 그려진 다른 하나는 공화국을 상징하는 예수 그리스도가 기관차를 몰고 숲을 횡단하는 그림으로, 애국자들은 물론이요 부르주아 역시 기쁘게 했을 것이다.

▌참고문헌

Flaubert, Gustave, *L'Éducation sentimentale*, Flammarion, "GF", 1985.

플로베르, 귀스타브, 『감정교육』, 진인혜 옮김, 나남, 2011.

Bem, Jeanne, "La forêt de Flaubert. Retour sur un épisode de *L'Education sentimentale*", *Orients littéraires*. Champion, 2004.

Bénichou, Paul, *Le temps des prophètes: doctrines de l'âge romantique*, Gallimard, "Bibliothèque des Idées", 1977.

Borie, Jean, *Une* forêt *pour les dimanches, les romantiques à Fontainebleau*, Grasset, 2003.

Brombert, Victor, "*L'Éducation sentimentale*, articulations et polyvalence", *La production du sens chez Flaubert*, Actes du colloque de Cerisy, UGE, "10/18", 1975.

Crouzet, Michel, "*L'Éducation sentimentale* et le genre historique", *Histoire et Langage dans l'Éducation sentimentale*, Actes du colloque organisé par la Société des Études Romantiques, SEDES, 1981.

Donzelot, Jacques, *L'invention du social. Essai sur le déclin des passions politiques*, Seuil, 1994.

Koselleck, Reinhart, *Le Futur passé : Contribution à la sémantique des temps historiques*, Editions de l'école des huates études en sciences sociales, 2000.

Georg Lukács, *La Théorie du roman*, Gallimard, "Tel", 1968.

Marx, *Les luttes de classes en France, 1848-1850*, Messidor/Éditions sociales, "Essentiel", 1984.

Nietzsche, *Seconde considération intempestive. De l'utilité et de l'inconvénient des études historiques pour la viede Friedrich*, "GF", Flammarion, 1998.

Oehler, Dolf, *Le spleen contre l'oubli. Juin 1848*, traduit de l'allemand par Guy Petitdemange, Payot, 1996.

Séginger, Gisèle, *Flaubert, une poétique de l'histoire*, Presses universitaires de Strasbourg, 2000.

3부

20세기 문학과 '기념비적 역사'의 해체

밀란 쿤데라와 독일낭만주의*

장미영

밀란 쿤데라Milan Kundera는 1989년 제작된 영화 〈참을 수 없는 존재의 가벼움The Unbearable Lightness of Being〉으로, 그리고 앞서 그 원작 소설로 전 세계에 걸쳐 대중적 명성을 얻은 소설가이다. 필자에게 이 작가가 유독 와 닿았던 이유는 그가 고집했던 특별한 소설 쓰기의 방식, 그리고 소설가로서의 정체성 문제에 있다. 특히 문학과 관련 있는 이라

* 이 글은 2000년 발표된 필자의 졸고 「서사의 위기와 새로운 글쓰기의 가능성: 낭만주의 시학과 밀란 쿤데라에 관한 단상」에서 출발하여 '역사'의 개념에 초점을 맞춰 재구성된 것이다. 여기서 '독일낭만주의'라는 개념은 1790년대 말 예나Jena를 중심으로 활동한 일련의 작가 및 이론가들에 제한적으로 사용됨을 알려둔다. 프리드리히 쉴레겔Friedrich Schlegel, 아우구스트 빌헬름 쉴레겔August Wilhelm Schlegel 형제와 그들의 아내인 도로테아Dorothea와 카롤리네Caroline Schlegel, 그리고 노발리스Novalis(본명 프리드리히 폰 하르덴베르크Friedrich von Hardenberg), 쉴라이어마어Friedrich Schleiermacher, 쉘링Schelling을 중심으로 하는 이 이론적 유파는 독일문학사에서는 '전기낭만주의Frühromantik'로 통칭된다. 실상 이들의 활동은 19세기로 접어들며 하이델베르크, 베를린 등을 중심으로 전개된 광범위한 독일낭만주의에 선행하는 이론적 작업으로 간주된다.

면 누구나 한 번쯤은 '서사의 종말', '문자의 종말'에 대해 고민했을 1990년대, 그와의 만남은 필자 개인적으로는 소설뿐 아니라 문학의 미래를 발견한 순간이라고 해도 과언이 아니다. 이미 1983년의 평론 「세르반테스의 절하된 유산」에서 그는 매스미디어가 획일화와 서열화를 통해 지구의 역사를 통합하는 작업의 하수인이라고 전제한다. 그리고 이 매스미디어야말로 존재를 탐구하는 소설의 정신에 위배되는 것이라고 비판하면서 소설의 존재 의미를 그처럼 철저하고 고집스럽게 변호하는 것이다.[1] '소설의 종말'이라는 개념이 회자되던 그 시점에서 주장된 이 흥미로운 견해는 이 책의 주제인 '역사의 글쓰기'와도 직접적으로 관련된다. 어떤 근거로 우리는 200여 년을 거슬러 올라가는 독일낭만주의와 쿤데라를 연관시켜볼 수 있을까? 이들을 연결하는 키워드는 다름 아닌 '소설'이다. 낭만주의 문학 이론에서 소설의 개념이 차지하는 비중을 염두에 둔다면, 소설의 변호인임을 자처하는 쿤데라와 낭만주의의 연관성을 추적하려는 시도는 그렇게 놀랄 만한 일은 아닐 것이다.

서로 다른 시간과 공간, 사회문화적 배경에서 활동했음에도 불구하고 이들은 우선 소설을 통해 문학과 삶의 의미에 대해 성찰한다는 공통분모를 갖는다. 특이하게도 예나Jena를 중심으로 활동했던 낭만주의자들은, 독일에서 소설이라는 장르가 독서시장의 관심을 아직 끌지 못했을 뿐 아니라, 작품의 완성도 면에서도 미미한 성과만을 보여주었던 당시에 소설 장르에 주목한다. 이론적 대표격인 프리드리히 슐레겔은 자신들의 문학의 새로운 패러다임으로 '점진적 보편문학progressive Universalpoesie'의 개념을 제시한다. 이 문학이 제시한 새로움은, 그때까

1 밀란 쿤데라, 『소설과 우리들의 시대. 나의 소설미학』, 권오룡 옮김, 책세상, 1990, 31 참조. 여기서 그는 소설의 존재 이유가 우리를 "존재의 망각"으로부터 지키는 것이라면 오늘날 소설의 존재는 어느 때보다 더욱 필요하지 않은가라고 반문한다.

지만 해도 문학 및 예술 전반에 걸친 광범위한 대전제였던 모방론, 즉 미메시스Mimesis에 대치되는 안티미메시스Antimimesis 즉 반모방의 원칙에 있었다. 낭만주의자들은 이 반모방의 정신을 구현하는 데 가장 적합한 포괄적 장르 개념으로 소설을 발견한 것이다.

다른 한편 쿤데라의 소설 및 소설 이론은 전통적 의미에서의 서사가 더 이상 가능하지 않다는 인식 하에 포기된 소설을 구하기 위한 변호이다. 이와 동시에 '서사의 종말이 언급되는 이 시기에 소설이 과연 아직도 가능한가, 그렇다면 어떤 방식으로 가능한가?'라는 질문에 대한 답변이기도 하다. 이 글은 '소설' 장르를 중심축으로 하여 밀란 쿤데라와 낭만주의의 관계를 보여주고자 하며, 이를 통해 '역사의 글쓰기'의 한 예를 보여주려는 작은 시도이다. 이때 역사는 정치사회적 역사가 아닌 문학의 범주에서의 역사를 의미한다.

1. 낭만주의 소설 이론

낭만주의 소설 이론을 소개하기에 앞서 그 문학사적 배경을 개괄할 필요가 있다. 유럽의 다른 이웃 나라에 비해 근대문학이 뒤늦게 발아한 독일에서는 18세기 후반에 이르기까지 이렇다 할 국제적 의미를 지니는 소설을 가지지 못했다. 그렇기 때문에 역설적으로 낭만주의 소설론의 문학사적 의미는 더욱 크다고 하겠다. 이에 따라 소설 이론적 성과에 대해서는 이미 기존 낭만주의 연구에서 비중 있게 강조되곤 했지만, 이 소설론이 최근 문학에 끼친 영향력의 비중에 대해서는 거의 연구되지 않았다.

18세기 후반은 독일에서 소설 이론이 처음 정립되어가던 시기이자, 유럽 이웃 나라의 문학사에서도 의미를 가지는 소수의 작품이 쓰여지기 시작한 시기이기도 하다. 이 상황은 크게 네 가지 문학적 사건으로 요약될 수 있다. 첫째, 1774년에 독일 최초의 독자적 소설 이론인 블랑켄부르크Friedrich von Blankenburg의 『소설에 관한 시도Versuch über den Roman』가 쓰여졌다. 여기서 중요한 점은, 독일의 장편소설Roman 개념이 이 글에서 처음으로 영국의 Novel과 같은 의미에서 사용되었다는 것이다.[2]

두 번째 사건으로 같은 해에 괴테Johann Wolfgang von Goethe의 소설 『젊은 베르테르의 슬픔Die Leiden des jungen Werthers』이 출간된다.[3] 세 번째로 역시 괴테의 소설 『빌헬름 마이스터의 수업시대Wilhelm Meisters Lehrjahre』가 1777년에 착수되어 1796년에 완간된다.[4] 마지막으로 1790년대 끝 무렵 낭만주의 소설 이론 및 문학 이론의 핵심인 '점진적 보편문학Progressive Universalpoesie'의 개념이 등장한다. 20−30년이라는 짧은 기간에 이후 이백여 년의 독일 소설을 특징짓는 문학 전통의 토대가 이루어졌다는 것은 괄목할 만한 성과라 해도 과언이 아니다. 그리고 바로

---

2 장미영, 357-358 참조. 독일 소설의 전통은 시나 드라마에 비해 훨씬 뒤늦게, 즉 17세기 바로크 시대에 이르러 비로소 시작되었다. 독일에서는 18세기에 이르러서도 장편소설 Roman이 고대의 영웅서사시Heldenepos나 바로크의 연애소설Romance을 의미했을 뿐, 영국에서 통용되던 novel이나 history의 개념을 뜻하지는 않았다.

3 이 소설은 전 유럽을 소위 '베르테르 열풍'에 빠트릴 정도로 일대 센세이션을 불러일으켜, 심지어 나폴레옹까지도 이 소설을 지참하고 전투에 나갔다는 일화가 있을 정도였다.

4 이 장편소설은 오늘날까지 독일소설의 고유한 전통이 된, 이른바 '교양소설 Bildungsroman'의 효시이자 모범으로 자리잡는다. 실상 낭만주의자들과 괴테의 『젊은 베르테르의 슬픔』의 직접적 연관성은 그다지 두드러지지 않는 반면, 『빌헬름 마이스터의 수업시대』는 프리드리히 쉴레겔이 프랑스 혁명과 피히테의 학문 이론과 함께 그 시대의 가장 위대한 경향으로 규정했을 정도로 그 의미가 크다고 하겠다(Friedrich Schlegel, *Charakteristiken und Kritiken I*. Hrsg. Von H. Eichner. München u.a. 1967. 198 참조. 앞으로 이 책에서 직접 인용되는 부분은 별도의 각주 없이 인용문 끝에 FS와 쪽수만 표기함을 알려둔다).

이 마지막 지점에 쿤데라와의 접점이 위치한다. 이미 언급했듯이 이 지점은 독일 소설이 이제 막 제 틀을 갖추기 시작하면서 문학의 주요 장르로 부상하는 시기에 해당된다.

전기낭만주의자들의 소설에 대한 논의는 〈소설에 관한 편지Brief über den Roman〉에 간명하게 드러난다.[5] 이 가상의 편지가 삽입되어 있는 「시문학에 관한 담화Gespräch über die Poesie」는 1798년에서 1800년까지 2년간 출간되었던 그들의 문학동인지 『아테네움Athenäum』에 실린 가상의 대화이다. 이 「담화」에서 아말리아Amalia는 프리드리히 리히터Friedrich Richter라는 본명을 가진 장 파울Jean Paul의 소설 줄거리가 너무 빈약하고 갖가지 병약한 위트를 모아놓은 것에 불과하다고 비난했다. 이에 안토니오Antonio는 그녀에게 보내는 〈편지〉에서 장 파울의 소설을 두둔하면서,[6] 그의 소설의 두 가지 특징으로 지목된 아라베스크와 그로테스크를 낭만주의 문학에 연결시킨다. 이로써 안토니오는 소설을 규정하는 것으로부터 '무엇이 낭만주의 문학인가'의 문제로 무게중심을 이동시킨다. 그에 따르면 '낭만적인 것'은 이렇게 정의된다. "내 견해와 언어 습관에 따르면 우리에게 감상적인 소재를 환상적인 형태로 표현하는 것이야말로 낭만적입니다(FS, 333). 이로써 소설과 낭만적 문학의 특성이 동시에 규정되는 것이다.

말하자면, 쉴레겔의 소설론은 일차적으로 소설 자체를 설명하기 위한 것이 아니다. 그가 소설을 전면에 내세운 것은 이 장르가 낭만주의의

---

5 「시문학에 관한 담화」(이하 「담화」라 칭함)에 등장하는 가상의 일곱 친구들은 앞서 각주 1)에서 언급한 예나 낭만주의자들의 실제 특징들을 보여준다.

6 "병약한 위트의 잡다한 범벅이라는 말을 나는 인정합니다. 하지만 나는… 그러한 그로테스크풍의 글들과 고백들이야말로 비낭만적인 우리 시대의 유일한 낭만적 산물이라고 뻔뻔하게 주장합니다." (FS, 333)

'점진적 보편문학'이라는 새 패러다임을 담을 수 있는 가장 포괄적인 형식 기능을 가졌기 때문이었다. 즉 쉴레겔에게 소설은 '낭만적인 책'에 다름 아니다. 이렇게 보면 그가 의미하는 소설과 낭만주의 문학은 사조이나 장르의 범주를 벗어나서 문학 자체의 본질적 특징을 규정하는 개념이 된다는 말이다.[7]

2. 문학 전통과의 관계

이 맥락에서 흥미로운 것은 앞서 언급한 〈편지〉에서 열쇠어로 부각되는 이름들이다. 이들은 스턴Laurence Stern, 디드로Diderot 등 유럽문학사에서 친숙한 작가들로, 쿤데라와 낭만주의의 연관성을 이끌어내기 위해 반드시 거쳐야 하는 이름이다. 안토니오는 장 파울을 두둔하는 맥락에서 스턴을 언급한다. "스턴의 유머를 대하는 당신의 즐거움은 순수했습니다. […] 이제 스스로 물어보시죠. 아라베스크라고 불리는 풍자적 그림을 관찰할 때 우리가 자주 느꼈던 바로 그 즐거움과 당신의 즐거움이 유사하지 않은지를 말입니다. […]"(FS, 331).

그리고 바로 위 인용문에 이어지는 부분에서 디드로의 『숙명론자 자크Jacques le Fataliste』가 등장한다. 이 작품은 위트와 아이러니, 소설의

7 'Roman'에서 파생한 형용사인 'romantisch'는 당시에는 '장황한', '소설 같은', '감상적', '병적인' 등등 주로 부정적인 의미를 가진 단어였다. 그러나 낭만주의자들에 이르러 이 단어는 문학의 고유한 특징을 나타내는 개념으로 변신한다. 물론 이때도 문학사조의 개념으로 사용된 것은 아니다. 쉴레겔에게 '소설'과 '낭만적'이라는 개념의 친화적 관계는 어원적 특징보다 문학적 유사성에 기인한다. 이를 반영하듯, 소설은 모든 다른 장르를 하나로 포괄하는 보편적 형식으로 그 개념이 확대된다. 이것은 낭만주의 문학의 '혁명적' 특성을 반영하는 개념인 것이다.

아라베스크적 실험성의 예로 인용되며, 특히 성찰적 요소를 가미한 위트를 담은 소설로 규정된다. 안토니오는 이렇게 계속 써내려간다.

> "여기 책 한 권을 보냅니다. 이것은 디드로의 『숙명론자』입니다. [···] 과장하지 않고 나는 그것을 예술작품이라 부를 수 있습니다. 물론 그것은 고차원의 문학이 아니라 단지 아라베스크일 따름입니다. 하지만 [···] 나는 아라베스크를 시문학이 지닌 아주 특정하고 본질적인 형태나 표현의 방식이라고 여기기 때문입니다." (FS, 331)

쉴레겔에게 디드로나 스위프트, 스턴은 셰익스피어, 아리오스트, 세르반테스와 같은 '위대한' 작가들의 '천상의 위트', 즉 그들의 천재성과 판타지에 버금가지는 못한다. 그렇다 하더라도 자신이 살아온 이성의 시대, 즉 산문 시대의 자연시문학Naturpoesie으로 간주된다.[8]

이제 쿤데라에게 눈을 돌려보자. 쿤데라는 철학과 달리 소설은 유머에서 탄생했음에 주목하면서 유럽의 이성주의를 비판한다. 그리고 그에게 이성의 시대인 18세기는 아이러니하게도 필딩Henry Fielding과 스턴, 괴테와 라클로Pierre-Ambroise-François Choderlos de Laclos의 시대, 즉 소설의 시대였음을 강조한다. 이들에게 소설은 이성을 극복하는 수단이라는 의미에서 그렇다는 것이다. 앞서 쉴레겔과 마찬가지로 쿤데라가 영국의 스턴의 소설을 격찬한 이유는, 그가 형식 하나만으로 원인과 결과

---

8 프리드리히 쉴레겔은 자신들의 문학사적 위치와 의미를 규정하기 위해 서구 문학의 역사를 크게 세 시기로 구분한다. 그 첫 시기는 단테로 대표되는 근대이며, 두 번째 시기는 셰익스피어와 세르반테스의 시대이다. 그리고 동시대는 아직 도래하지 않은 세 번째 시기를 준비하는 시기로 규정된다. 물론 그 자신 역시 새 시대와 구시대의 문턱에 위치한다는 것이다. 여기서 중요한 것은, 바로 디드로나 스위프트, 스턴이야말로 자기 시대의 소설의 모범으로 간주된다는 점이다.

의 상호관계로부터 일탈하여 비이성을 전면에 드러낼 수 있었다는 데 있었다. 더욱 흥미로운 점은 쿤데라 역시 디드로의 『숙명론자 자크』에 주목하고 있다는 사실이다. 그는 이 소설이 철학자가 소설을 쓸 때 놓치는 가설적인 유희의 규칙을 예외적으로 잘 활용한 예, 또는 "시대를 초월하여 소설의 형태로 할 수 있는 가장 위대한 경험이라고 극찬했다.[9] 이 칭찬에 대한 이유는, 디드로의 글에 담긴 창작상의 자유, 패러디, 아이러니, 위트, 비진지성이라는 단어들에 반영된다. 공교롭게도 이는 과거 독일의 낭만주의자들이 즐겨 찾았던 개념들이기도 하다. 한마디로 쿤데라에게 스턴과 디드로는 상실된 소설의 전형이자 위대한 '유희'로서의 소설이었다. 이와 연관하여 그는, 최근 소설이 취약해진 것은 오히려 위작가들 속에 내재된 자극들을 계승하지 못했기 때문이라고 일갈한다.[10]

이처럼 쿤데라와 독일낭만주의는 스턴과 디드로의 경우에서 자유와 상상력을 전제로 하는 소설적 형식의 유머를 발견했다는 점에서 소설의 전통을 공유하고 있다. 이 맥락에서 잠시 언급할 것은 '아이러니' 개념이다. 프리드리히 쉴레겔, 노발리스 등 전기 낭만주의자들에게 가장 중요한 모범이자 비판의 대상은 괴테의 『빌헬름 마이스터의 수업시대』였다. 이 소설이 그들에게 대대적인 환영을 받았던 이유는 주로 이 소설의 형식에, 즉 괴테가 아이러니를 가장 적확하게 구현했다는 데 있었다.[11] 그중에서도 괴테의 아이러니의 탁월성에 대한 노발리스의 찬사는 매우 인

9 앞의 책, 1990, 172-173 참조.

10 밀란 쿤데라, 『웃음과 망각의 책』, 한동현 옮김, 예전, 1989, 309 이하 참조.

11 Kurt Rothmann, *Johann Wolfgang Goethe*. Stuttgart 1995, 137 이하 참조. 반면 이 소설의 이데올로기와 주인공 빌헬름에 대해서는 심각한 비판이 있었으나, 이 측면에 대해서는 생략하기로 한다. 이 비판에 대해서는 필자의 졸고 「소설 이론적 관점에서 본 '빌헬름 마이스터의 수업시대'」 VI과 VII장 참조.

상적이다.[12] 이와 유사하게 쉴레겔 역시 아이러니 안에 모든 농담과 모든 진지함이 들어 있어야 한다고 했으며, 이 아이러니의 모범으로 괴테의 『빌헬름 마이스터의 수업시대』를 꼽았다. "아이러니는 작가의 모든 자유 중에서 가장 자유로운 것이다. 이를 통해서 자기 자신을 극복할 수 있기 때문이다"(FS, 160).

마찬가지로 쿤데라도 아이러니를 소설의 새로운 형식적 가능성을 추구하는 데 필수불가결한 것으로 보았다. 소설이 아이러니를 근본으로 하는 장르라는 관점[13]은 아래와 같이 설명된다. "아이러니는 세계를 애매한 것으로 만들고 확실성을 앗아가버린다." 쿤데라에게 애매한 세계를 파악할 수 있는 방법은 합리적 모방의 원리가 아니라 아이러니이다. 즉 아이러니는 인간의 존재가 더 이상 실체로 존재하지 않는 근세 이후의 세계에서 소설이 인간의 실존을 탐구할 수 있게 하는 정신적 바탕이자 방법적 원리이다.

3. 안티미메시스의 형식적 특징

이제 스턴과 디드로의 '비이성'의 문학전통에 대한 공감은 쿤데라와

---

12 Novalis, *Werke*. Hrsg. Von G. Schulz. München 1981, 469: "이 소설의 철학과 도덕은 낭만적이다. 가장 보편적인 것은 가장 중요한 것과 마찬가지로 낭만적 아이러니에 의해 표현되고 묘사된다. 논리적인데 역점을 두지 않고, 운율적, 선율적인 것이 강조된다. […] 여기서는 정도와 가치, 처음에 고려될 것과 마지막으로 고려될 것, 위대함과 미천함 등에 대해 생각하지 않는다." 여기서 아이러니는 세 가지 범주에서 이해되고 있다. 첫째, 아이러니한 표현을, 둘째, 세계와 자기 작품에 대한 작가의 관계, 그리고 마지막으로 작가의 절대적 주체성을 말한다.

13 앞서 살펴보았듯이 쿤데라가 스턴과 디드로의 소설의 유희적 특성, 즉 유머, 아이러니 감각을 강조한 것도 같은 맥락에서이다.

낭만주의에서 특정한 형식 실험으로 구체화된다. 앞서 프리드리히 쉴레겔은 〈소설에 관한 편지〉에서 아라베스크와 그로테스크를 소설의 특징이자 낭만주의 문학의 본질로 규정했다. 이때 그로테스크가 판타지와 동일시되면서 시문학의 내용과 관련된다면, 아라베스크는 시문학의 형태와 관련된다.

본래 아라베스크는 9세기 아라비아에서 유래한 꽃무늬 문양을 지칭하는데, 쉴레겔에 따르면 얼기설기 짜인 유기적 구조를 의미하는 말이다. 이것이 소설과 관련하여 중요한 것은 바로 반모방, 즉 안티미메시스의 기법인 아이러니와 단장Fragment 개념과도 연결된다는 것이다. 단장은 미완의 '점진적 보편문학'의 도구임과 동시에, 낭만주의 문학의 최상위 규범인 작가의 상상력과 창작의 자유를 보장하는 도구이기도 하다. 쉴레겔은 보편문학을 이렇게 요약한다. "다른 종류의 문학은 이미 완성되어서, 이제는 완전히 해체될 수 있다. 그러나 낭만적 문학 형식은 아직 형성되는 중이다. 물론 영원히 형성되어갈 뿐 결코 완성될 수 없다는 것은, 그것이 지닌 고유한 본질이다"(FS, 183). 여기서 또 한 번 강조되는 것은, 낭만주의가 완전한 대상을 상정하고 이를 모방하는 고전주의적 예술관을 탈피하고 있다는 사실이다.

쉴레겔의 '점진적 보편문학'의 개념, 그리고 소설적 형식실험과 관련된 중요한 특징은 '장르의 혼합'에서도 관찰된다. 〈소설에 관한 편지〉에서 안토니오의 진술은 이 의도를 명확히 제시한다. "나는 소설이 이야기와 노래와 다른 형식들이 혼합된 것이라는 점 이외에는 달리 어떻게도 상상할 수 없습니다"(FS, 336). 이 진술은 아테네움-단장Athenäum-Fragment에서 '점진적 보편문학'의 개념으로 확대 재생산된다.

쉴레겔은 장르를 혼합하는 방식을 세르반테스, 보카치오 등 로만어 계통의 작가들에게서 발견했으며, 티크Ludwig Tieck도 이들 작가를 모범으로 하여 드라마와 소설에 시를 삽입하는 수법으로 낭만적 시문학의 새로운 패러다임을 구체화시켰다. 쉴레겔을 비롯한 낭만주의자들은 이 장르의 혼합이 성공적으로 이루어졌다는 이유로 괴테의 『빌헬름 마이스터의 수업시대』를 극찬하기도 했다. "낭만적 시문학은 점진적 보편문학이다. 이 문학의 목적은 시문학을 철학이며 수사학과 관계하도록 할 뿐 아니라, 나누어진 시문학의 장르들을 모두 다시 하나로 묶어주는 것"(FS, 182)이기 때문이다.

4. 쿤데라의 '폴리포니Poliphonie' 기법

단장, 아라베스크, 아이러니, 장르의 혼합 같은 낭만주의 소설의 특징을 '합리주의적, 모방적 서사의 포기'에 이르기 위한 수단이라고 규정한다면, 당연히 쿤데라의 경우도 이에 해당된다. 철학과 수사학을 포함하여 모든 장르를 하나로 묶어주는 낭만주의의 '점진적 보편문학'의 이상과 관련하여 쿤데라는 다음과 같이 유사하게 진술한다. "시나 철학은 소설을 포용할 수 없지만 소설은 시나 철학을 얼마든지 수용할 수 있다. 그렇다고 해서 다른 장르들을 포용하고 철학적, 과학적 지식을 흡수하는 경향…에 의해 특징지어지는 소설의 정체성을 조금도 잃어버리는 것이 아니다."[14]

그렇다면 '낭만주의의 단장 등에 비견될 만한 쿤데라의 소설 기법이 존재하는가'라는 질문이 이 맥락에서 제기될 수 있다. 결론적으로 말하자면, 어느 정도 차이를 두기는 하지만 '하나이자 전체'라는 의미에서 쿤

14 밀란 쿤데라, 앞의 책, 80 참조.

데라의 폴리포니 기법은 낭만주의의 안티미메시스에 대응하고 있다고 할 수 있다. 합리주의 전통이 약화되어감에 따라 더 이상 서사가 가능하지 않다는 인식하에서 소설의 유일한 가능성은 흉내 낼 수 없는 방식으로 이야기해야 한다는 쿤데라의 생각은 폴리포니의 기법에서 구현된다.

> "오늘날 사람들은 영화나 텔레비전 드라마 혹은 만화로 바꿀 목적에서 써질 수 있었던 것이 달려들고 있네. 소설에서 본질적인 것은 오직 소설에 의해서만 말해질 수 있고, 그것이 어떤 형태로 개작되었던 각색에서는 비본질적인 것만 남게 되기 때문이지. 오늘날에도 여전히 소설을 쓸 만큼 미친 작가라면 […] 그는 사람들이 그것을 각색할 수 없는 방식으로, 달리 말해서 그것을 이야기 할 수 없는 방식으로 써야만 한다네."[15]

소설 『불멸』의 등장인물인 소설가 '쿤데라'가 요구하는 이 '방식'을 소설 『불멸』에 구현되고 있다는 사실은 매우 인상적이다. '폴리포니' 구성이 적용된 『불멸』은 하나의 주제를 가진 여러 가지 독립적 이야기로 구성되어 있다. 이 한 편의 소설은 여러 편의 독자적 이야기를 '폴리포니'의 기법에 따라 다양한 층위로 편집한 것이다.[16] '하나이자 전체'라는 공식이 여기서 성립되는 것이다.[17] '각색할 수 없는 방식', '이야기할 수 없

15 밀란 쿤데라, 『불멸』, 김병욱 옮김, 청년사, 1992, 301.

16 음악의 폴리포니는 독자적인 둘 이상의 성부가 '동시적'으로 전개되면서도 전체적으로 통일과 조화를 이루는 것을 말한다. 이에 상응하여 문학의 폴리포니란 단일 주제 혹은 특정 주제가 다양한 성부 즉 이야기 차원에서 변조되는 것이다. 다시 말해서 여러 가지 독립적 이야기가 동일한 인물이나 줄거리가 아닌 동일한 주제에 의해 통일성을 이루는 것을 가리킨다.

17 쿤데라는 20세기 독일 소설가 헤르만 브로흐의 소설 『몽유병 환자들』이 자신의 폴리포니 기법의 출발점임을 숨기지 않는다. 이 소설은 다섯 성부, 즉 다섯 개의 독립된 축을 가진 폴리포니 대하소설로, 공통적 사건이나 인물의 인과관계 없이, 소설 탐방기 단편

는 방식'의 메타소설적 글쓰기를 쿤데라는 세 가지 구성원칙으로 요약한다. 첫째 '생략과 압축의 기법', 둘째 '소설적 대위법', 마지막으로 '전적으로 소설적인 에세이'가 그것이다. 대위법Kontrapunkt은 앞서 설명한 폴리포니의 기본 원칙으로, 각 성부 간 음의 진행법칙을 말한다. 이때 다성적 특성의 장점은 비소설적 장르까지도 한데 포괄할 수 있다는 것이다. 여기서는 꿈과 현실을 넘나들면서 주인공들이 삶을 보다 넓게 표현할 수 있는 가능성이 열려 있기 때문이다.[18]

5. 전적으로 소설적인 에세이: 소설과 철학

이들 작가에게서 마지막으로 짚어볼 것은 '철학'이라는 개념이다. 낭만주의와 마찬가지로 쿤데라도 문학, 정확히는 소설이 인간에 대한 '성찰'을 철학과 공유한다는 점을 인지하고 있다. 그에게 소설은 존재를 망각한 인간의 실존적 모습을 형상화함으로써 인간의 본래적 모습을 환기시켜주는 장르이다. 이 점에서 철학과 문학의 목적지는 서로 가까이 있다. 그러나 그에게 소설은 오히려 철학보다 더 적극적으로 삶과의 관계를 유지하게 해준 마지막 보루이다. 문학과 철학과의 관계에서 그가 강조하는 것은 또 있다. "어떤 철학적 성찰이라도 일단 소설의 몸뚱어리로 들어오게 되면 성찰의 본질이 달라지게 된다는 규칙, 교조적인 생각

시 수필 등으로 구성된다. 쿤데라의 소설들도 대부분 철학적, 음악학적, 역사적 성찰과 문학비평, 일화, 비유, 자전적 요소 등 다양한 장르를 결합시킨다. 여기서도 장르의 혼합이라는 낭만주의적 아이디어가 부각된다.

18 밀란 쿤데라, 1990, 89 참조. 여기서 그는 이 음악적 대안이 프루스트Marcel Proust, 카프카Franz Kafka, 브로흐Hermann Broch, 곰브로비치Witold Gombrowicz 등 20세기 위대한 소설가들의 에세이적 소설 쓰기로부터 착안된 것임을 밝히고 있다.

이 가설적인 생각으로 바뀌게 된다는 규칙"에 대한 확신이다. 소설은 놀이와 가설의 영역으로서, 유희적이고 실험적인 특성을 갖기 때문이다. 문학은 철학적인 내용을 가질 수 있지만 그것은 반드시 소설적인 방식으로 여과되고 굴절되어야 한다는 생각인데, 이 생각은 곧 '전적으로 소설적인 에세이 기법'으로 요약된다.

놀랍게도 낭만주의에도 이와 같은 생각의 단초가 들어 있다. 낭만주의 문학의 기초가 된 독일의 초월철학Transzendentalphilosophie에는 '성찰에 대한 성찰'이 내재되어 있다. 여기서 중요한 것은 성찰의 대상이 아니라 성찰 그 자체, 그리고 성찰의 주체이다. 이 철학이 목표로 하는 것은 앎에 대한 앎, 앎에 대한 성찰인 것이다. 합리주의 철학과 대립되어 있는 이 초월철학의 대주제는 인간 존재에 대한 성찰로서 낭만주의 문학의 형이상학적 바탕을 이룬다. 문학, 즉 소설은 성찰 또는 존재의 탐구라는 차원에서 중요하다. 쉴레겔은 이 생각을 다음과 같이 요약한다. "소설은 우리 시대의 소크라테스적 대화이다. 삶의 지혜는 얻어들은 지식을 피해 이 자유스런 형태 속으로 들어왔다"(FS, 149).

간단히 말하자면, 소설과 철학을 하나의 뿌리를 가진 다양한 형태로 파악했다는 점에서도 쿤데라는 낭만주의에 맞닿아 있다. 이로써 이들의 소설이 왜 스토리텔링을 위주로 하는 기존 소설과 다를 수밖에 없는가가 다소 설명될 수 있었다. 이와 관련하여 짧게 덧붙이고 싶은 것이 있다. 쿤데라는 소설에 대한 내용적 형식적 요구를 이론적으로 체계화했을 뿐 아니라 이 이론을 자신의 작품 속에 구현하고 있다. 쉴레겔 역시 "소설의 이론은 […] 소설 자체여야 할 것"(FS, 337)이라고 말함으로써 그의 소설의 시학적 특성을 강조하고 있다. 그 역시 소설에 대한 내용적, 형식적 요구를 체계적으로 설명할 뿐 아니라 이 이론을 자신의 작품 속에 문학적으로 구현하고 있다.

* * *

독일낭만주의가 밀란 쿤데라에게 미친 영향관계를 추적하려는 필자의 시도는, 이들이 서로 다른 시공간적 배경에서 소설의 중요성을 도출했다는 공통점에서 착안되었다. 그 배경에는 그들이 속한 사회의 이성의 획일성에 대한 비판적 시선이 자리잡고 있다. 그들은 소설을 통해 합리주의적 모방을 파기하고—오늘날의 용어를 빌면—포스트모더니즘적 메타소설의 기법들을 착안했다. 이들은 희극적 구성, 아이러니, 패러디, 몽환적 서술, 꿈, 유희 등의 기제 등을 기반으로 논리나 전통적 정형성에 구애받지 않는 자유로운 창작의 형식을 창출했다. 이것은 작가의 자유와 상상력을 전제로 하기에 가능한 일이었다. 합리적 모방의 원칙, 즉 인과율의 원칙을 깨트리면서 비합리적 반모방의 원칙으로 존재를 탐구하는 소설관을 제시한 것이다.[19]

그러나 이들에게 자유로운 구성, '여담에의 권리'를 되찾아주고 '비진지성과 유희정신'을 마련해준 것은 소위 오늘날 우리에게—쿤데라의 말을 빌면—'잊혀진 소설미학'이었다. 이 미학은 세르반테스, 디드로, 필딩, 스턴을 거쳐 독일낭만주의에 이르는 전통을 말한다. 쿤데라는 '복권'의 의미에서 이들의 중요성을 역설하면서, 소설의 개념 자체를 새로이 정의하고 확장하려 했다.[20]

---

19 쿤데라는 자기 소설론에서, 노발리스가 『푸른 꽃Blaue Blume』(원제: Heinrich von Ofterdingen)에서 세 편의 꿈을 삽입함으로써 통제 불가능한 상상력의 기법으로부터 꿈을 이야기했다고 하면서, 이 소설을 "꿈에만 있는 '상상력의 기법'으로부터 영감을 받은 위대한 시"라고 극찬했다(밀란 쿤데라, 1990, 97 이하와 쿤데라 1989, 229 참조). 이렇게 보면, 현실을 꿈의 영역으로 확장시키는 쿤데라의 기법은 카프카, 그리고 그에 앞서 노발리스 등 독일문학 전통에서 비롯되고 있다고 할 수 있다.

20 쿤데라는 20세기 프루스트 이후의 위대한 소설가로 카프카, 무질, 브로흐, 곰브로비치 등의 공적을 강조한다. 이들은 곧 '거의 잊혀진 소설미학'을 찾아내어 에세이적 성찰을

물론 쿤데라와는 달리, 이들 예나의 독일낭만주의자들은 의욕적인 소설론에 비해 미미한 두 편의 소설만을 남겼다. 그뿐 아니라 형식적인 측면에서는 안티미메시스의 원칙을 어느 정도 고수했지만, 내용적인 면에서는 관념주의 철학의 유산을 넘지 못했다는 한계를 보여주었다.[21] 이와 달리 쿤데라에게서 훨씬 더 다양하고 수미일관한 소설적 시도가 가능했던 것은 과거 낭만주의가 알지 못했던 20세기 초반의 소설적 시도, 그리고 더 나아가 그 이후의 매체의 발달과 관련이 있다.

결론적으로 말하자면, 필자뿐 아니라 많은 독자에게 매우 새로운 것으로 여겨졌을 쿤데라의 소설적 시도는 문학적 전범과의 대화가 없었다면 가능하지 않았을 것이다. 그것이 독일낭만주의든 프랑스, 스페인, 혹은 영국의 전통이든지 간에 그에게 소설은 유럽이었다.[22] 쿤데라 스스로도 전통과의 관계를 숨기지 않는다. "소설의 정신은 연속의 정신"일 뿐 아니라 "모든 소설은 그것에 앞선 작품들에 대한 대답이며, 소설은 모든 기왕의 체험을 포함하는 것"이기 때문이다. 이렇게 보면 쿤데라는 '역사의 글쓰기'를 소설이라는 장르에서 아주 분명하게 보여준 성공적인 예로 간주된다. 문학의 새로운 가능성을 가늠해보려는 노력은 때로는 역설적이게도 그 역사성을 전제함으로써만 가능하기 때문이다.

소설에 통합시켜, 쿤데라로 하여금 소설 전통의 '근원'을 제시했다는 점에서다.

21 노발리스의 『푸른 꽃』과 프리드리히 쉴레겔의 『루친데』가 대표적 소설이다.

22 그는 소설이 유럽의 소산물로서 이 장르에서 유럽은 하나로 모아진다고 했다. 이런 일련의 진술들에서 쿤데라가 독일 소설 전통에 접목될 수 있는 가능성을 타진할 수 있으며, 이미 여기서 독일낭만주의 소설 이론과 비교될 수 있는 단초가 자연스럽게 제공되고 있음을 알 수 있다. 또한 쿤데라의 이력에서 독일이라는 공간이 직접적으로 드러나는 경우는 없었지만, 주목할 만한 사실이 또 하나 있다. 즉 그가 자신의 사상적 뿌리를 동구가 아닌, 서구 문명, 자세히 말하자면 독일을 중심으로 전재된 중부유럽의 관념론에서 찾는다는 점이다.

▌참고문헌

Novalis, *Werke*, Hrsg. Von G. Schulz, München, 1981.

Rothmann, Kurt, *Johann Wolfgang Goethe*, Stuttgart, 1995.

Schlegel, Friedrich, *Charakteristiken und Kritiken I*, Hrsg. Von H. Eichner, München u.a., 1967.

장미영, 「소설 이론적 관점에서 본 『빌헬름 마이스터의 수업시대』」, 『독일문학』 제74집, 2000, 79-101.

_____, 「서사의 위기와 새로운 글쓰기의 가능성. 낭만주의 시학과 밀란 쿤데라에 관한 단상」, 『괴테연구』 제12집, 2000, 357-378.

쿤데라, 밀란, 『웃음과 망각의 책』, 한동현 옮김, 예전, 1989.

_____, 『소설과 우리들의 시대. 나의 소설미학』, 권오룡 옮김, 책세상, 1990.

_____, 『불멸』, 김병욱 옮김, 청년사, 1992.

힐다 둘리틀의 『선물』에 나타난 역사 쓰기

미카엘 수보트닉

1. 목소리, 시간, 서술의 중첩

런던 대공습이 있던 1941년, 1943년과 1944년, H.D.(Hilda Doolittle)[1]는 자신이 거주하던 런던에 관한 글을 주로 쓰면서 『선물The Gift』[2]이라는 제목의 방대한 텍스트를 집필한다.

이 글에서 나는 '산문으로 된 이 텍스트'에 관해 이야기할 것이지만, 이 텍스트의 장르를 규정하지는 않을 것이다. '규약'이 없으면서도 자서전에 거의 가까운 이 텍스트에는 환상과 역사적 현실, 허구, 정신착란이

1 H.D.는 영국계 미국 작가인 힐다 둘리틀Hilda Doolittle(1886－1961)의 필명이다.

2 H.D., *The Gift*(1941－4), Complete text edited and annotated by Jane Augustine, Gainsville, FL, University Press of Florida, 1998(이 작품집에서의 인용은 이후 페이지만 표시한다). 이 작품은 시인이 사망하고 37년이 지난 뒤인 1998년에야 완전한 텍스트로 출간되었다.

뒤섞여 있다. 작가의 말을 빌리자면 이 텍스트는 "어린 시절의 삶, 베들레헴에서의 평온한 기억과 후일 런던에서 경험한 파괴적인 난교 파티를 잇는 가교"[3]이기도 하다. 『선물』은 투과와 노출과 균열의 효과들을 교묘히 이용하면서 여러 개의 목소리와 시간성, 서술층위를 중첩시킨다. 그럼으로써 서로 다른 목소리와 서로 다른 역사적 시간들이 통하게 만든다. 이는 어머니 헬렌에게 바치는 헌사에서부터 잘 나타난다.

1941년 런던 첼시에서
1741년 펜실베이니아 베들레헴으로

나를
다시 집으로 데려간
헬렌
에게

우정은 무덤마저 뛰어넘는다

이야기가 지시하는 영역, 즉 텍스트의 지시대상이 '존재한다'고 말할 수 있는 영역을 살펴볼 때 『선물』은 실재, 상상, 자서전, 기록, 환상 등의 다양한 영역에서 전개된다. 따라서 이 관계들은 선의 기하학이라기보다는 일종의 위치기하학에 가깝다. 서술 심급과 시간성, 지시 영역이 서로 복잡하게 뒤엉켜 있어서 그 경계는 모호해지고 우위에 있는 것이 무엇

3 H.D., "H.D. by Delia Alton"(1949), *The Iowa Review*, 16, Fall 1986, 192. 이 텍스트는 자서전적인 글로서, 델리아 앨튼은 H.D.의 다른 이름들 중 하나이다.

인지가 끊임없이 뒤바뀐다.

이 텍스트에서 우리는 여섯 개의 시간 층위를 발견할 수 있는데, 이것들은 시간의 흐름과 관계없이 배열된 장章의 구성에서는 물론, 하나의 단락 안에서, 때로는 하나의 문장 안에서도 발견된다.

첫 번째 층위는 현재의 시간이다. 가장 많은 목숨을 앗아간 폭격 중 하나였던 공습이 있던 1943년, H.D.가 전쟁 한복판의 런던 아파트에서 글을 쓰는 시간, 자신이 쓰는 것을 쓰는 바로 그 시간이다. 이 글쓰기는 H.D.를 펜실베이니아의 어린 시절로, 그녀가 태어난 1886년의 베들레헴으로, 그리고 1895년 이후의 필라델피아로 다시 데려간다. 어머니 헬렌이 결혼하기 전이었던 1870년대 말 그녀의 어린 시절에 대한 허구의 에피소드가 소개된다. 정신착란과 환각의 상태에 대해 이야기하는 베들레헴에서의 대화는 1896년 무렵을 배경으로 하는데, 이 역시 허구로 이루어졌다. 외할머니 '마말리Mamalie'의 짧았던 첫 번째 결혼(1840–1842)으로 거슬러 올라가는 에피소드이다. 이 에피소드는 프렌치-인디언 전쟁French and Indian Wars[4] 시기와 그 이전인 1741–1763년의 펜실베이니아 모라비아 형제단의 역사, 그들과 인디언 부족들과의 관계를 다룬 시간의 다섯 번째 층위와 직접적으로 결부된다. 1944년 집필된 "메모Notes"에 나타난 시간 층위의 근간을 참고할 필요가 있는데, 책의 8장을 이루는 이 부분이 1741년 베들레헴의 건설에서부터 프렌치-인디언 전쟁에 이르기까지 모라비안 시대에 집중된 참고자료와 인용문들을 곁들여 계보와 역사를 담고 있기 때문이다. 서술자인 여성은 여기서 어린 소녀의 목소리를 차용하고 있지만("메모"에서 이 소녀는 '어린아이' 또는 '힐다'

4 프렌치-인디언 전쟁(1754–1763)은 유럽 대륙의 분쟁이 식민지였던 미국에서도 재현된 사건이다. 프랑스인들은 이를 '7년 전쟁'이라 부르지만 실제로는 그보다 더 길었다. 프랑스는 이 전쟁으로 캐나다 영토를 잃게 되었다.

로 지칭되고 있다), 개인적이건 집단적이건 이야기를 관통하는 모든 단층들에 의미를 부여하는 43년 폭격이 일어나는 시점을 현재로 정착시키도록 하는 결정적 지점들에서의 화자는 언제나 성인 여성이다. 제2장 "운세를 점치는 여자"만 예외라 할 수 있는데, 여기에서의 서술 심급은 '헬렌 양'에 관한 이야기에 전적으로 집중할 수 있도록 서술 외적으로 이루어진다('헬렌 양'은 다른 장에서는 '엄마'라고 지칭된다). "메모Notes"에서 저자는 자신을 그렇게 소개하고 있으며, 자신의 텍스트를 '완성작'으로 취급한다(따라서 그녀는 편집자이다). 그녀는 전지적 서술자의 시점을 채택한 것으로 보이지만, 내 생각으로는 그것은 어디까지나 표면적으로만 그렇게 보일 뿐이다. 복잡하기 이를 데 없는 이 이야기의 실체는 본질적으로 "메모"에 나타난 지식과 어린아이의 (상대적인) '비-지식' 간의 유희에서 비롯되고 있기 때문이다.

2. 최초의 사건, 그네이든허튼

"메모"는 풍부한 모라비아의 역사 자료에 의거하여 어린 힐다에게 다량의 정보와 설명을 제공하는 방법으로 H.D.의 외가 혈통이 속한 교단의 배경을 뒤죽박죽 짜맞추어 재구성하고 있다. 모라비아 형제단(또는 Unitas Fratrum)은 1415년 로마에서 화형당한 종교개혁자 얀 후스Jan Hus를 직계 시조[5]로 삼고 있다. 후스의 신학사상은 루터의 종교개혁운동 당시 보헤미아-모라비아, 폴란드 일각에 널리 퍼지게 되었으나, 30

5 H.D.는 멀리 9세기 그리스인 성 키릴로스와 그의 형 성 메토디오스가 포교한 모라비아와 보헤미아의 기독교로 거슬러 올라가 공동체의 기원을 상기하고는 한다. 이 지역은 그로부터 2세기 후 로마의 영향권에 들어오게 된다.

년 전쟁(1618–1648)이 끝나면서 사그라지고 박해를 받았다. 세력이 작아진 모라비아 형제단은 1721년, 루터교도인 작센의 젊은 귀족 니콜라우스 루트비히 폰 친첸도르프 백작의 영지에 피신처를 얻어 그 열기를 간직하며 지속되었다. 공동체는 거기에서 부활하여 조금씩 사방으로 확산되기 시작했다. 특히 스코틀랜드와 영국으로 퍼져나갔다. 루터교와 그를 계승한 모라비아 형제단 후계자들은 친첸도르프가 만든 신앙과 제례의 형식을 기괴하게 보았고 죄의 구렁텅이로 빠트리는 것으로 간주했다. 친첸도르프는 이외에도 루터의 개신기독교에는 없는 선교사업에 열의를 불태웠다.[6] 모라비아 형제단은 안틸레스, 아프리카, 그린란드 그리고 특히 영국령인 북아메리카에 공동체를 세웠다. 친첸도르프는 펜실베이니아의 땅을 사들여 독일인과 스코틀랜드인을 주축으로 한 이민자 무리를 이끌고 이주했다. 1741년 12월 24일, 베들레헴 공동체가 설립되었으며, 이를 기반으로 인디언 부족들에게 복음을 전파하는 평화적 활동이 시발했다고 추정된다. 불-영 전쟁 당시 양 진영은 각각 자기편의 인디언들을 모집했고, 공동체의 시도는 끝을 맞았다. 1755년 11월 24일, 프랑스인들이 조직한 인디언 부대가 그네이든허튼Gnadenhuetten('은총이 거하는 곳'을 뜻함)의 백인과 인디언 소공동체를 공격하여 학살했다. 남자, 여자, 어린아이 할 것 없이 공동주택의 다락방으로 피신했고, 침략자들은 불을 질렀다. 그들 대부분은 산 채로 불에 타 죽었고, 일부는 불길에 휩싸여 건물에서 탈출하다가 총에 맞아 죽었다.

그네이든허튼은 문학적 참조에 의해서든 불의 이미지를 통해서든 서

---

6 친첸도르프의 선교 사업은 예수회 교도의 그것에 상응할 만했다. 그 이유 때문에 모라비안 수도회는 노스캐롤라이나와 뉴욕 주로 쫓겨났으며, 전쟁 중에는 펜실베이니아의 프랑스인들과 함께 '가톨릭교도와 결탁'했다는 의심을 사기에 이르렀다. 프랑스인들과 동맹을 맺은 인디언들이 모라비안들을 학살한 이후로 이러한 의혹은 해소되었다.

술의 여러 지층들이 연결되는 최초의 사건이다. 그 첫 구절을 이루는 짧은 단락을 보자.

> 신학교에서 한 소녀가 산 채로 불에 타서 죽었다. 오래된 학교라 불리던, 우리 할아버지가 교장이셨던 그곳에서. (35)

두 단락 뒤에서 우리는 12월 24일 크리스마스트리의 촛불들 중 하나에서 소녀의 크리놀린 스타일 드레스로 불이 옮겨 붙은 것이라는 사실을 알게 된다. 그 문장은 과거형으로 시작하지만 급작스럽게 현재형으로 마무리된다.

> […] 크리놀린 드레스를 입은 소녀는 […] 파팔리Papalie(할아버지) 시절의 신학교에 있던 여러 소녀들 중 하나에 불과했다, 파팔리가 달려갔다, 파팔리는 소녀에게 담요를 던졌지만 그녀는 울부짖고 그들은 페티코트의 버팀살 때문에 소녀의 옷을 벗기지 못한다. (35)

사실 이 장면은 서술자인 힐다의 환상인 동시에 그녀의 어머니 헬렌의 어린 시절에 대한 잘못된 기억이다. 왜냐하면 헬렌은 할머니 마말리 이전의 이야기에서부터 이 드라마가 시작되는 시점에 막 태어났기 때문이다. 이 장면에 나타나는 이상한 일은 실제의 이야기에서 거짓 기억으로, 이어서 환상으로 전달된다. 이러한 방식은 1943년의 대공습 이야기나 책을 쓰는 이야기에 이르기까지 모든 장들에서 다양한 형태로 다시 등장한다. 첫 장에서 동사 시제가 급격히 변화하는 데는 이유가 있다.

> 나는 최악의 공포를 상상했다, 벽돌이 무너져 내리는 가운데 급하게 뛰

> 어나가지만 결국 거대한 들보에 갇히고 마는 내 모습이 보였다. 많은 이들의 모습이 그러했다. 나는 산 채로 불에 타게 될 터였다.
>
> 나는 크리놀린 드레스를 입은 소녀 생각을 멈출 수가 없었다, 불타고 있는 크리스마스트리 외의 문명이란 내게 더 이상 존재하지 않았다. (215)

중간에 연결점 역할을 하는 장에 등장하는 산 채로 불에 타는 이미지는 그네이든허튼의 사건으로 텍스트를 이동시킨다. 예전에 일어났던 사건으로서가 아니라 더 많은 문제를 야기하는 역사적 위상을 지닌 장소, 이를테면 운덴 아일랜드Wunden Eiland(L'Île des Plaies)로 말이다.

3. 운덴 아일랜드, 상처 입은 섬

「비밀」이라는 이름이 붙은 장을 보자. 때는 여름 저녁이다. 일가족이 별똥별을 보러 정원에 모였다. 열병이 난 마말리 할머니와 밤새워 할머니를 간호하려고 침대 곁을 지킨 열한 살 소녀 힐다만 집에 남았다.

> 나는 많이 편찮으신 마말리 할머니의 간호사이다. 할머니는 일종의 열병에 걸리셨는데 뇌막염일 거라고들 한다. (174)

힐다는 별똥별이 집 위에 떨어져 모두를 산 채로 불태워버릴지 모른다는 두려움을 잠재우고 있었다.

> 쉽게 말해 나는 어떤 꿈을 꾸는 중이었던 것 같다, 왜냐하면 별똥별 하나가 쏜살같이 하늘을 가로질러 집 위에 떨어지고 그래서 우리 모두가 산

> 채로 불에 탈까봐 겁을 먹고 있었기 때문이다. 아마도 그랬을 것이다. 그리고 또 나는 산 채로 불에 타는 게 겁이 났고 그래서 그 사실을 꿈속에서 마말리 할머니에게 말했고 할머니는 산 채로 불타는 것만 겁난 게 아니라 서류들을 잃어버릴까봐 더 겁을 내셨다. 서류들은 없어지고 말았다. (176)

환영과 착란이 뒤섞인 가운데 마말리는 자신과 첫 번째 남편이 50여 년 전 모라비아 교회의 낡은 서류 뭉치에서 발견한 암호가 쓰인 양피지에 담긴 '비밀'을 기억하고 이를 어린 손녀에게 전한다. 암호는 인디언 말이 지닌 선율을 선으로 옮겨놓은 것과 모라비아 찬송가의 악보 같은 것들로 이루어져 있었는데, 양피지에는 이 비밀이 기록돼 있었고 할머니의 '선물' 덕택에 그녀는 이 암호를 풀게 된다. 그러고 나서 이 모든 것을 잊어버린다. 이제 그녀는 그 비밀의 조각들만을 기억할 따름이다. 지금은 말라버린, 운덴 아일랜드라 불리던 강의 한 지류에 위치한 작은 섬에서 한 무리의 모라비아 공동체 단원들과 위대한 마법사 '별똥별'과 전사의 우두머리 팍스누스가 데려온 또 한 무리의 인디언 치료사들 무리가 협정을 맺는 서명을 했었다. 이 의식을 계기로 영적인 일체성을 맹세하는 신비로운 언약이 이루어지게 되었다. 공동체의 기억을 지워버렸을 모라비아 정통파 고위층들에게 이 협정은 추문이나 다름없는 것이었다. 이 양피지에 기록되어 있는 것이 그 유일한 흔적이었다.

> "이 문서들은 추문이 일어난 뒤 불태워진 원본의 복사본이란다."
>
> 할머니는 반복해서 말씀하셨다. "추문 이후에 불태워졌지. 불태워졌어." 할머니는 촛불들을 바라보시고, 이어서 누군가 있나 살피려는 듯 자신의 책상 너머를 바라본다, 하지만 아무도 없다. 그녀는 판이한 목소리로 말을 이었다. " '약속'이 구원을 받고 '선물'이 복원될 때까지." (160)

환상 또는 환각 속에서 마말리는 이행되지 않은 약속과 그네이든허튼의 학살을 곧장 결부시키며 전쟁의 광란이 다가오리라 예언한다.

운덴 아일랜드에서 거행된 예식의 위상은 극도로 복합적이다.[7] 권위 있는 몇몇 주석자들은 이 예식을 "미국 역사에서 정치적으로 억압되고 감춰진 순간"[8]에 대한 증거와 연관 지으면서 기원의 부재를 추론하기도 했다. 텍스트가 제시하는 '비밀'을 실제라 여기는 이 전투적인 궤변은 비밀에 관한 환상 속의 허구가 전달하고자 하는 바가 무엇인지를 간과하고 있다. 어린 힐다는 자신을 사로잡는 불확실함을 이야기한다.

> 마말리 할머니의 머릿속은 아마 어두운 그림자로 뒤덮여 있었을 거야, 양피지 따위는 아마 절대로 존재하지도 않았을 거야, 운덴 아일랜드에서 회담이 있었던 적도 아마 절대로 없었을 거야, 어쩌면 운덴 아일랜드라는 건 아예 있지도 않은 걸 거야. (172)

그러나 이 장소는 상상 속의 그것이 아니다. 운덴 아일랜드 또는 상처

---

7 연대순으로 보건대 우리의 분석은 조셉 모티머 레버링Joseph Mortimer Levering과 크리스토퍼 게벨러Christopher Gavaler의 연구에 대부분 의존한다. 그런데 게벨러는 『선물』의 판본 중 누락이 많은 것을 바탕으로 접근했고, "메모"가 있다는 것조차 몰랐기 때문에 H.D.가 '실수'나 '환상'의 순서에 따라서가 아니라 지시 영역들과 시간성 사용을 철저하게 의식하며 이야기를 재구성했다는 사실을 파악하지는 못했다. Joseph Mortimer Levering, *A History of Bethlehem, Pennsylvania, 1741-1892*, Bethlehem, PA, Times Publishing, 1903; Christopher Gavaler, "I Mend a Break in Time: An Historical Reconstruction of H.D.'s Wunden Eiland Ceremony in *The Gift* and *Trilogy*", *Sagetrieb*, Vol. 15, No. 1-2, Spring & Fall 1996, 95-120.

8 Rachel Blau DuPlessis, *Writing Beyond the Ending. Narrative Strategies of Twentieth-Century Women Writers*, Bloomington, Indiana, Indiana University Press, 1985, 122. 애들레이드 모리스Adalaide Morris의 "H.D.'s Fortune-Teller", *The Iowa Review*, 16:3, 1986, 234에서도 동일한 접근을 보여준다.

입은 섬이라는 장소는 분명히 실재했다. 이 명칭은 친첸도르프 백작과 그를 따르는 신봉자들에게 예수 그리스도의 고통을 상기시켰고, 이들은 거기에서 특별한 매력을 느꼈다. H.D.는 이렇게 쓰고 있다.

> (운덴 아일랜드는) 실제로 존재했던 섬이고 이후에 화해의 분위기가 무르익는 시기가 되면서 상징적으로 또 실제로 제거된 장소였다.[9]

H.D.가 주요한 참고 자료로 삼은 베들레헴의 기념비적 역사 자료를 편찬한 레버링은 이 이름을 가진 작은 섬이 모노카시 강에 존재한다고 알려준다. 이 섬이 크게 중요한 곳이 아니었다는 점을 밝히면서 레버링은 초기의 모라비아 식민개척자들이 1746년 그 섬에 건물들을 세웠다는 사실, 모라비아 성직자들이 거기에서 인디언들과 회합을 가졌다는 사실을 보고하고 있다.

> 1746년 5월, 프라이든슈에튼의 오두막집들이 건설된 데서 멀지 않은 곳에 새로운 작은 마을이 건설되었다. 실질적으로 크게 중요한 곳은 아니지만 과거의 역사를 보자면 지형학적으로 관심을 가질 만하다. 운덴 아일랜드의 건물들이 들어섰던 곳이기 때문이다. 이 섬은 모노카시 크리크에 있었는데, 더 정확히 말하자면 소녀 신학교 건물 뒤편에 있는 공원 아래쪽에 위치하고 있었다. 이 섬은 지역에서 가장 오래된 지도들에도 표기되어 있다. 침하된 부분에서는 강물이 땅으로 스며들어 흘러가는 것이 보인다.[10]

---

9 "H.D. by Delia Alton", 189.

10 Joseph Mortimer Levering, 앞의 책, 192-193.

『선물』에서 말하는 회합이 모라비안과 인디언들의 회합들 가운데 하나를 가리키는 것일까? 여기서 날짜 문제가 제기된다. 애들레이드 모리스는 운덴 아일랜드는 베들레헴이 건설된 것과 같은 해인 1741년에 세워졌다고 주장하는데, 그 근거를 제시하고 있지는 못하다.[11] 사건이 벌어졌던 당시를 추정해보면 1741년이라는 날짜는 가능하지 않다. 마말리에 따르면 캐머로프 주교의 여자인 리보니아(라트비아 또는 에스토니아의 옛 이름)의 남작부인 안나 폰 팔렌과 팍스누스의 여자인 '샛별'이 서로에게 이름을 선물해주는 장면이 예식의 절정이었다. 마말리는 손녀에게 이 교환 장면을 정확하게 밝히고 있다.

> 그들은 몇몇 사람들과 안나 폰 팔렌, 그리고 목록에 이름이 적힌 몇 사람들과 함께 있었고, 인디언의 이름들이 적힌 목록도 거기 있었다. 이름을 교환하는 이 예식은 중요한 것이었다. 왜냐하면 둥글게 둘러싼 인디언들은 어떤 사람의 이름이 그림자 또는 유령 같은, 그 어떤 방식으로든 그 사람의 일부를 이룬다고 믿고 있었기 때문이다. 그리하여 안나 폰 팔렌은 팍스누스의 아내인 샛별의 이름을 우리의 언어로 얻게 될 것이었다. 그런데 인디언 말로 된 이름도 있었다. 그 이름이 어떻게 정확히 발음되는지 몰랐으므로 음부音符로 표기되어 있었다. (163)

이야기는 더 구체적으로 기술된다.

> 팍스누스의 아내였던 '샛별'은 인디언의 공주였고 모라비아의 세례를

11 Adalaide Morris, "Autobiography and Prophecy: H.D.'s *The Gift*", Michael King (ed.), *H.D. Woman and Poet*, Orono, Maine, National Poetry Foundation, University of Maine, 1986, 233.

받은 여자였다. 그녀는 제대로 세례를 받았고 팍스누스는 세례를 받지 않았다. 인디언들은 안나 폰 팔렌과 '샛별'이란 이름을 교환하면서 안나 폰 팔렌을 자신들의 교리에 입문시켰다. 이 신비로운 의식을 통해 안나는 샛별이 되었고 ('하얀 눈'이나 '향기로운 풀'처럼 인디언들에게 매우 일반적인 다른 이름을 갖고 있던) 샛별은 안나 폰 팔렌의 다른 이름인 안젤리카를 얻었다. 사실 안나 폰 팔렌은 존 크리스토퍼 프레데릭 캐머로프 부인이었는데, 나는 그녀가 안나 폰 팔렌이라고 상상하곤 한다. (171)

그런데 안나와 그 남편이 미국 땅에 도착한 것은 1747년이 되어서이고, 얼마 지나지 않아 캐머로프는 몸이 쇠약해져 1751년에 사망한다.[12] 캐머로프가 이 이야기에 등장한다면 현실의 운덴 아일랜드는 이 두 날짜 사이에 건설될 수가 없었을 것이다.[13]

그럼에도 불구하고 의문은 해소되지 않는다. 안나 폰 팔렌의 존재가 이 날짜를 유추하는 데 기여한다면, 이 이야기의 또 다른 주축인 인디언 우두머리인 팍스누스 아내[14]의 존재는 이를 확인시켜준다. 팍스누스의 아내는 1755년 2월 17일 개종한 것으로 역사적으로 확인되고 있다.[15] 그러므로 캐머로프가 죽은 날짜와 『선물』에 등장하는 죽음의 날짜는 양립될 수가 없다.

---

12 Joseph Mortimer Levering, 앞의 책, 260.

13 1741년 12월 24일에 베들레헴이 건설되었을 가능성은 존재하지 않는다. 따라서 이 책에 등장하는 중요한 예식은 실제적으로는 도시 건설 직전이나 직후에 벌어졌을 가능성이 높다. 집회를 안전하게 하기 위해 베들레헴이 건설되기 시작한 시점은 1746년이다.

14 사료 편찬학자들은 어디에서도 팍스누스의 아내 이름을 언급하고 있지 않다. 샛별이라는 이름은 전적으로 H.D.의 창작이다.

15 마말리는 자신이 해독한 이상한 주술서의 조각을 묘사하면서 안나 폰 팔렌과 인디언 공주의 이름(샛별)이 적힌 목록을 언급한다. 그리고 시간이 흐른 뒤 힐다는 죽음을 언급하면서 캐머로프의 이름을 댄다.

나는 마말리 할머니가 음악가였다는 사실을 모르고 있었다. 할머니는 당신이 스피넷[17-8세기의 소형 피아노: 역주]을 연주했다는 사실과 헨리 (크리스티앙) 지델이 사망한 뒤 할머니가 작업했던 자료들, 주석들을 정돈했다는 이야기를 내게 해주지 않으셨다. 지델은 26살에 죽었지만 고대인들이 말했던 것과 마찬가지로 과로로, 또 본분을 이행하느라 헌신하다 29살에 죽은 캐머로프의 전설을 어떤 방식으로든 지속시키고 있었다. 그의 부조리함과 광신, 운덴 아일랜드에 독실한 신자들을 선별하여 소규모 그룹으로 집전하는 상처의 전례 등은 교회에 오점을 남기기도 했지만 말이다. 그러한 연유로 이 섬은 운덴 아일랜드라 불리게 되었고, 바로 그곳에서 쇼니족의 이름난 우두머리인 팍스누스 또는 팍시노사는 자기 아내 샛별의 영혼을 형제들에게 보증했다. 그들이 "나는 그에게 샛별을 넘겨줄 것이다"라는 문구를 발표했을 때, 영어와 인디언 말, 약간의 독일어와 모라비어를 뒤섞어 말하던 인디언 치료사들은 일제히 소리 높여 '하일Heil'[16]을, 또는 '헤일Hail'을, 이어서 '케헬레Kehelle'를 외쳤다. (167)

여기에는 더 이상 연속적인 시간성이 존재하지 않는다. 우리는 여러 시간들이 동시에 존재하고 있는 것을, 다시 말해 글쓰기 안에서 그리고 글쓰기에 의해, 다른 시간의 한 가운데에 역사적인 시간의 순간이 침범하고 있다는 것을 발견한다. 레버링은 이를 증명하기 위해 다음의 날짜를 보충한다.

1755년 베들레헴으로 다시 돌아온 (우호적인) 인디언들 가운데에는 쇼

16 'Heil!'은 영어로 '만세!'라는 뜻이며, 이하 의성어는 Heil을 다르게 발음하거나 언어를 뒤섞어 말한 것: 역주.

니족의 이름 높은 우두머리 팍스누스도 있었다. […] 그는 모라비아 선교사들의 충실한 벗으로 남았으며, 그들과 한 모든 언약을 양심적으로 지켰다. […] 그해(1755년) 2월 17일, 38년간 팍스누스의 곁을 충실히 지키던 그의 아내가 […] 베들레헴에서 세례를 받았을 때 그리고 형제들이 그 역시 아내를 본받아 세례를 받으면 좋겠다는 희망을 피력했을 때, 그는 열렬히 '케헬레Kehelle!'를 외치며 동의의 환호성을 질렀다.[17]

H.D.의 메모는 이 모순된 연대기를 지지하는 것임에 틀림없으며 그 부조리함이 정당하다고 말한다.

우리는 1755년의 역사에서 팍스누스에 관한 자료를 발견한다. 어린아이와 그의 할머니가 재再원용하는 역사는 이 시대 이전에 일어났을 수도 있는 것이었다. 왜냐하면 캐머로프가 거기에서 매우 중요한 인물 또는 배우 중 하나였기 때문인데, 그는 식민지에 온 지 5년 만인 1751년 사망하고 말았다. 어찌 되었든 간에 이것은 어린아이의 역사, 그리고 그의 할머니가 주신 선물의 역사와 관계가 있다. 따라서 우리는 그들이 적은 날짜와 역사의 날짜가 일치하는지 아닌지를 매번 규명해가면서 그들의 자료를 점검할 것이며, 그들의 직관을 신뢰할 것이다. 어쨌든 레버링이 팍스누스에 대해 확실히 언급했다는 것은 사실이다. [이어서 17번 각주에 해당하는 내용을 인용한다](267)

대공습을 다루는 7장에서 운덴 아일랜드의 주제와 모라비안과 인디언들의 노래에 관한 주제가 비행기가 날아가는 시끄러운 소리와 함께 대

17 Joseph Mortimer Levering, 앞의 책, 300.

위법적으로 되돌아오는 데 반해, 캐머로프는 환영인 것처럼 나타나 자기 부인 안나에게 성서의 절들을 담고 있는 바구니를 건네주고 모라비안의 오래된 관습에 따라 그녀가 그중에서 하나를 제비 뽑도록 한다.[18]

> 우리 쪽으로 몸을 기울여라, 이상하게 음을 하나하나 끊어 말하는 괴상한 목소리들로 대합창곡을 불러라. 그들이 인디언의 방언으로 말한다 해도 나는 그들이 말하는 것을 알아듣는다. 두 개의 목소리가 서로 화답한다. 캐머로프가 건넨 바구니에서 종이 두루마리를 꺼내 거기 적힌 글을 읽는 안나 폰 팔렌의 목소리는 은으로 된 트럼펫처럼 맑고 정결하다.
>
> 안나가 이렇게 읽는다. "나는 그분께 샛별을 바치리라" 그리고 훗날 필리포스란 이름으로 세례를 받게 될 인디언 사제들의 우두머리 별똥별이 자신의 언어로 답한다. 케헬레Kehelle, 그리고 헤일Hail이라고. 그들은 입을 모아 '우애의 신'이며 '입교자의 신'인 '위대한 신령'과 '선한 신령'을 불렀다…. (223)

운덴 아일랜드와 그네이든허튼의 좌표적 위치가 서로 본질적으로 다르다 해도 그것들이 불가분의 관계에 있다는 것은 명백하다. 운덴 아일랜드가 실제로 존재하지 않았거나 또는 『선물』에 묘사된 것처럼 존재하지는 않았기 때문에, 이 사건들이 서로 아무런 관계가 없는 것이라 할지라도 이 이중의 역사 쓰기에서 무슨 일이 벌어지는가를 알고 싶은 의문은 남는다.

---

18 기원과 관련한 이름들의 변화에 주목할 필요가 있다. 팍스누스의 케헬레Kehelle는 지금은 허구의 마법사인 별똥별에게 부여되었다. 별똥별은 개종한 전사의 기독교 이름 또한 동시에 얻었다.

4. 허구이자 진실인 이야기

운덴 아일랜드와 그네이든허튼의 커플은 여러 개의 서술 층위에 속해 있다. 그들은 친첸도르프 시대의 모라비아 형제단Unitas Fratrum을 재현하는 데서 출발하여, 역사를 해독하는 세 가지 열쇠로 H.D.가 그려낸 '약속', '비밀'과 '선물'을 균형 있게 배치하면서, 2차 세계대전의 공습이 이루어지는 현재 시점 주변을 정리한다.[19]

그런데, 이 인물들 각각은 전달과 단절의 가능성에 속해 있다. 한 주제가 진행 중에 있는 것으로 드러남과 동시에 작용들—여기서는 글쓰기—은 그 주제와 이야기에 영향을 미치라는 요구를 받는다. 그럼으로써 전달(선물과 특히 "증여의 영혼"의 순환[20])이 이루어지게끔 말이다.

마말리 할머니가 말한 '언약'은 '영혼'이 모든 종교에 공통된 것임을 인정하고 평화롭게 살겠다는 약속이었다. 이 약속이 '유예되고' 동시에 '고통받으면서' 해결이 되지 않고 있는 것이다. 약속이 이행되지 않는 상태는 불, 전쟁으로 나타나고, 이야기에서 그네이든허튼과 런던은 동일한 것으로 나타난다. 그럼에도 불구하고 우리는 『선물』의 헌사를 기억해야 한다. 운덴 아일랜드에서 "역사적으로 확인된" 만남이 1741년에 일어날 수 없었음을 우리는 확인했다. 그러나 그와 같은 시기에 건설된 "베들레헴"에서, 최고조에 달한 전쟁은 H.D.에게 평화의 약속을 보여주었다.

---

19 H.D.와 프로이트를 결부하여 분석한 문제작 Brenda S. Helt, "Reading History in *The Gift* and *Tribute to Freud*", Nephie J. Christodoulides & Polina Mackay(eds.), *The Cambridge Companion to H.D.*, Cambridge, Cambridge University Press, 2012, 159-172 참조.

20 마르셀 모스가 제시한 개념을 취했다. Marcel Mausse, *Essai sur le Don. Forme et Raison de l'échange dans les sociétés archaïques,* Paris, PUF, 1973, 145-283. 특히 제1장 2절 "L'esprit de la chose donnée" 참조.

베들레헴은 운덴 아일랜드에서 거행된 예식과 상징적으로 "유사한" 것이다.[21] 또한 유년기로 회귀하는 이 움직임은 역사 쓰기를 통해 약속을, '언약'의 '비밀'을 드러냄으로써 이를 복원하려는 노력으로 파악될 수도 있다. 이 잊혀진 약속을 발굴하여 다시 세상에 내놓는 것은 "선물"을 전달하는 것과 다름없기 때문이다.

> 그들은 '약속'을 했다. 그들이 약속을 지키지 못했다 하더라도 그것이 마말리 할머니의 잘못은 아니었다. 어떻게 그것이 할머니 잘못일 수 있겠는가? 나는 이 '선물'이 이 모든 말들과 모든 웃음, 가사 없는 노래 또는 나뭇잎 흔들리는 소리, 강물 흐르는 소리와 눈보라 휘날리는 소리의 말들로 담은 모든 노래들이라고 상상한다. 보이는 상태 그대로의, '영혼'의 숨결인 선물이라고. (171)

이제 이 책에서 가장 이상한 2장이 어떤 기능을 하는지 결론지어야 할 때가 되었다. 2장은 작가의 미래의 어머니인 젊은 헬렌을 참조한 외부 시점을 취하고 있다. 그녀는 자신이 세상에 태어나게 한 아이가 어떤 '선물'을 상속받게 될 것이라고 예언하는 점쟁이다. 엄마가 된 헬렌은 자식들—힐다와 두 명의 남자 형제—이 "특별한 재능을 부여받지 못했다"고 끊임없이 반복해서 말할 것이다. 다른 관점에서, 딸과 대화를 할 때 헬렌은 자기 아버지 파팔리에 대해 깊이 생각을 하고 나서(틀린 생각이었을지 모르지만 그녀는 자신이 항상 아버지의 오브제였다고 생각했다), 작곡을 포기한 자기 어머니 마말리의 뒤를 따라 노래 부르는 재능을 완전히 포

21 H.D.가 『선물』과 병행하여 쓴 또 다른 장시長詩인 『3부작』의 제3부 "막대의 부활The Flowering of the Rod"의 분석에서 이러한 논증을 끌어낼 수 있다.

기하기로 했다는 것을 밝힌다. 천문학자인 남편을 포함한 집안의 모든 남자들은 '재능을 부여'받았었다. 그런데 그녀와 더불어 '선물'은 사라져 버렸다.

2장은 역사 쓰기와 관련이 있다. 왜냐하면 이 부분은 자신의 목소리를 듣는 것을 포기한 여인에게 허구를 통해 목소리를 다시 부여하고 있기 때문이다. '선물'의 순환과 점쟁이 여인의 예언인 또 다른 약속의 실현을 다시금 중단시키면서 말이다. 목소리를 되찾은 헬렌은 헌사에서 나타나듯이 딸을 집으로 다시 데려올 수 있게 된다. H.D.는 허구를 쓸 수 있게 된다. 그 이야기에서 외할머니는 열병에 의한 착란 속에서 자신도 몰랐던 음악적 해독 능력과 작곡의 '재능'이 있음을 발견한다. H.D.는 자신을 외할머니로부터 '비밀'을 위임받는 어린 힐다로 그려낸다. 매우 정확하면서도 동시에 상상적인, 시적인 거짓이면서도 '진실'인 이 이야기를 하면서 할머니는 선물don을 전달하는 과업을 완수하고 또 H.D.로 하여금 가장 고통스러운 역사의 순간에 시인으로서 그 역사를 쓰고 그 (역사) 속에 기록될 수 있게 해준다. 그럼으로써 H.D.는 폐허 위에 '영혼'의 약속을 투사시킬 수 있었다. 이제 우리는 그 '영혼'의 약속이 바로 친첸도르프 백작의 이단적 교리가 만들어낸 힘…… 다시 말해 여성의 힘이라고 말할 수 있으리라.

참고문헌

Blau DuPlessis, Rachel, *Writing Beyond the Ending. Narrative Strategies of Twentieth-Century Women Writers*, Bloomington, Indiana, Indiana University Press, 1985.

Gavaler Christopher, "I Mend a Break in Time: An Historical Reconstruction of H.D.'s Wunden Eiland Ceremony in *The Gift* and *Trilogy*", *Sagetrieb*, Vol. 15, No. 1-2, Spring & Fall 1996.

H.D., *The Gift*(1941-4), Complete text edited and annotated by Jane Augustine, Gainsville, FL, University Press of Florida, 1998.

______, "H.D. by Delia Alton"(1949), *The Iowa Review*, 16, Fall 1986.

Helt, Brenda S., "Reading History in *The Gift* and *Tribute to Freud*", Nephie J. Christodoulides & Polina Mackay(eds.), *The Cambridge Companion to H.D.*, Cambridge, Cambridge University Press, 2012.

Levering, Joseph Mortimer, *A History of Bethlehem, Pennsylvania, 1741-1892*, Bethlehem, PA, Times Publishing, 1903.

Mauss, Marcel, *Essai sur le Don. Forme et Raison de l'échange dans les sociétés archaïques,* Paris, PUF, 1973.

Morris, Adalaide, "H.D.'s Fortune-Teller", *The Iowa Review*, 16:3, 1986.

______, "Autobiography and Prophecy: H.D.'s *The Gift*", Michael King(ed.), *H.D. Woman and Poet*, Orono, Maine, National Poetry Foundation, University of Maine at Orono, 1986.

초현실주의 작품에 나타난 파리 공간의 역사성과 문학성*

조윤경

1. 서론

문학작품은 도시 공간에 담긴 고유한 역사와 문화, 이야기를 차용하고 변환해서 동일한 공간에 새로운 이야기와 상징성을 부여한다. 그 공간은 문학과 역사가 경계를 넘어 서로 교차하고 중첩되고 만나는 지점이 된다. 역사적 장소에 문학적 이야기가 덧씌워지면 그 장소의 기존 의미가 강화되기도 하고 전혀 새로운 의미가 부여되기도 하며, '팔렘프세스트palempseste'처럼 서로 다른 시간들과 공간들, 실재하는 사실들과 허구적인 이야기들이 쌓이는 복합적인 공간-텍스트가 만들어진다. 팔렘프세스트는 이미 사용한 양피지 가죽 수사본 위에 글자를 지우고 다시 쓴 것을 의미한다. 이

* 이 글은 2012년 10월 2회 이화-파리 동 대학 공동학술대회 '역사와 글쓰기'에서 발표된 것으로, 2012년 『불어불문학 연구』 제92호에 "초현실주의 작품에 나타난 파리 공간의 역사성과 문학성 - 데스노스와 브르통의 작품을 중심으로"라는 제목으로 게재되었다.

의미를 확장하여 올리비에 몽쟁은 "팔렘프세스트 도시ville palimpseste"[1]라는 용어를 사용하기도 했다. 팔렘프세스트 도시는 17세기 양식과 19세기 양식이 공존하는 건축물의 경우처럼 부서지고 재건축하는 과정에서 옛 흔적들의 역사성을 간직한다. 미셸 드 세르토는 도시를 텍스트로 보고, 주민들은 그 도시-텍스트를 자신의 것으로 소유하고, 장소들을 통행하고, 장소들과 "더불어 행동하는" 그들 고유의 방식을 통해 도시-텍스트를 변화시킨다고 설명했다.[2]

한편 도시계획 학자인 케빈 린치는 유명한 저서 『도시의 이미지The Image of the City』에서 도시 공간을 그 장소로 인식하게끔 해주고 도시에 대한 이미지를 만들어내는 다섯 가지 요소로 길paths, 경계edges, 구역districts, 교차지점nodes, 랜드마크landmarks를 들고 있다.[3] 케빈 린치의 논의가 흥미로운 점은 어떤 장소의 물리적인 크기와 지리학적 공간감과는 다르게, 대부분의 사람들은 도시를 마음속으로 그려낼 때 그들

1 그는 클로드 레비스트로스가 『슬픈 열대』(1955)에서 도쿄에 대해 묘사한 것을 언급하면서 "팔렘프세스트-도시"라는 개념을 사용했다. 이 개념은 도시 건축 이론가인 앙드레 코르보즈가 "팔렘프세스트-영토"라 언급한 것에서 영감을 얻은 것이다. Olivier Mongin, *La condition urbaine, la ville à l'heure de la mondialisation*, Paris, Le Seuil, 2005, 50-51. 한편 주네트는 문학에서 팔렘프세스트의 의미를 추적하면서, 이를 상호텍스트성intertextualité, 유사텍스트성paratextualité과 연결시키고 있다. Gérard Genette, *Palimpsestes, La littérature au second degré*, Paris, Seuil, 1982.

2 그는 말한다. "걷는 행위는 세 가지 면에서 발화 기능을 갖고 있다. 그것은 보행자가 지형학적 시스템을 자기의 것으로 '소유appropriation'하는 과정이다(마찬가지로 발화자는 언어를 자기의 것으로 삼고 수용한다). 그것은 장소의 공간적인 '구현réalisation'이다(마찬가지로 발화는 "연설allocution"이고 "타인을 화자의 앞에 고정시킨다." 그리고 발화 상대들 간의 계약을 성립시킨다). 걷는 행위의 첫 정의는 발화 공간이라고 할 수 있을 것이다." Michel de Certeau, "Pratiques d'espace", *L'invention du quotidien. 1. arts de faire*, Paris, Gallimard, 1990, 148.

3 Kevin Lynch, *L'image de la Cité*, trad. par Marie-Françoise Vénard et Jean-Louis Vénard, Paris, Dunod, 1999 (Kevin Lynch, *The Image of the City*, 1960).

이 중요하다고 생각하는 것, 가장 빈번히 갔었던 개인적인 여정을 중심으로 길을 그려낸다는 점을 강조한 데 있다.

초현실주의자들은 파리의 거리를 배회하며, 길과 길의 경계에 있는 카페에서 회합을 하거나, 교차로나 길모퉁에서 우연히 만나는 사람들에 주목하며 일종의 그들만의 '인지 지도'를 그린다. 이 글은 이러한 초현실주의 시에 나타난 장소의 역사적 의미를 고찰하고, 초현실주의자들이 시에서 그 역사적 장소를 어떻게 문학적으로 변용했는지를 분석하고자 한다. 그리하여 한 장소에서 문학과 역사가 만나 어떤 의미의 중첩과 확장이 생겨나는지를 살펴보고자 한다.

2. 로베르 데스노스와 생메리 구역, 퐁오샹주

생메리 구역의 거리들과 소통의 장소

초현실주의의 대표적인 시인 로베르 데스노스Robert Desnos에게 파리는 어린 시절 기억을 환기시키는 공간이다. 데스노스의 아버지는 레알 시장의 가금류 위탁판매인이었다. 그의 가족은 레알 구역과 거리 하나로 연결되는 생메리 구역의 생마르탱 거리에 살았다. 중세 이래 수공업자들과 상인들의 활동지였던 파리의 도심 한복판의 이 거리는 데스노스의 어린 시절 기억에 강하게 각인되어 작품 속에 무수히 등장한다. 그중 대표적인 시가 『열렸다 닫혔다 하는 문』(1936)에 수록된 장시 「생메리 구역Quartier Saint-Merri」[4]이다. 다음은 그 시의 첫 부분이다.

---

4 Robert Desnos, *Fortunes*, Paris, Gallimard, 1945, 117-122.

베르리 거리와
생마르탱 거리의 모퉁이에
당밀糖蜜 장수가 있다.

4월 어느 날, 도로 위에
매트리스 소모梳毛 직공이
그가 지녔던 베개를 끌고, 떨어트리고, 터트렸다.

그것은 깃털을 날리게 했다
생메리의 종탑보다 더 높이.
깃털들 몇 개는 당밀糖蜜을 담은 통에 달라붙었다.

이 시는 4월의 어느 저녁에서 밤까지 생메리 구역 상업 거리들의 풍경을 배경으로 하고 있다. 베르리 거리와 생마르탱 거리가 교차하는 모퉁이는 케빈 린치가 반드시 새로움이 발생한다고 언급했던 '경계'에 해당한다. 그곳에 있는 당밀 장수와 지나가는 매트리스 소모 직공은 이 상업지구 거리들에 실제 존재했던 상인들이다. 또한 이 시에 등장하는 모든 거리 이름들은 모두 실재하는 거리들이다. 즉 이 거리들의 정확한 지명은 이 시가 그리는 내러티브에 사실성을 부여한다. 그런데 상인들이 파는 베갯속이 터지면서 나온 깃털들이 파리의 거리들을 순식간에 마법의 공간으로 변화시킨다. 그 안에서 터져나오는 깃털들은 자유로운 떠돌음의 상징체가 된다.

종탑보다 더 높이 날아오르는 깃털과 당밀 통에 달라붙은 깃털은 달아나고 잡아끄는 '이동 vs. 정착'이라는 길항하는 인간의 두 갈망을 상징한다. 시인은 깃털을 매개로 이 거리들에 넓이와 높이를 부여하여 수평적 확장(거리)과 수직적 상승(종탑)이 가능하도록 하고 있다. 깃털은 바람에 밀려 파리의 거리들을 이리저리 날아다니기도 하고, 종탑보다 더 높이 상승하기도 한다. 이를 통해 현실의 공간이 상상의 공간으로 전이되는 계기를 마련한다. 이를 통해 시인은 정태적인 길의 이미지, 관습화된 일상의 풍경을 넘어서서 고착화된 길의 이름에 새로운 활력을 부여하고 있다.

이 시의 인용하지 않은 부분에 등장하는 인물들은 군인, 농부, 약사, 상인 등 다양한 직업의 인물들이며, 소녀와 노인이 조우하며, 산 자와 유령들이 공존하고, 아폴리네르나 샤를마뉴 등 역사적 인물이 등장하기도 한다. 이 모든 풍경이 제시된 후 이 시의 마지막 부분은 시인이 파리의 길들을 통해 드러내고 싶었던 주제를 집약한다.

> 생마르탱 거리와 베르리 거리의 모퉁이에
> 깃털 하나가 땅바닥에서 날고 있었다
> 바람에 떠밀린 낡은 종이들과 함께.
>
> 새의 노랫소리가 이노상 소공원으로 날아올랐다
> 다른 소리가 생자크 탑에 울렸다.
> 생봉 거리에 긴 외침이 있었다
>
> 그리고 신비한 밤이 파리 위에서 올올이 풀리고 있었다.

시 초반에 제시된 상업지구 거리의 상인이 파는 '베개'는 '깃털'로, 깃털은 시의 후반에 '새'로 변신하여 파리의 밤거리를 날아다니며 자유로운 외침 소리를 퍼뜨린다. 그것은 일상의 무게를 비상시키는 신비의 숫

구침을 구현한다. 시인은 파리의 거리들을 통해 서로 관련 없는 대상들의 놀라운 만남, 한 길이 다른 길로 이어지면서 모퉁이를 돌아갈 때 생겨나는 새로운 신비를 노래한다. 그것은 서로 관련이 없어 보이는 소리들의 어울림과 소통이다. 이노상 소공원에서 울리는 새 소리가 생자크 탑의 울림으로 이어지고, 그 울림이 생봉 거리의 긴 외침소리로 화답되는 새로운 소통, 새로운 인과관계를 형성한다. 그리하여 "시간의 흐름을 은유화하는 실이라는 모티브를 통해"[5] 마침내 '올올이 풀리는 밤'이라는 완전한 어둠으로 시가 귀결된다.

12세기부터 파리의 중앙시장으로 기능했던 레알 시장과 바로 이웃해 있는 생메리 구역의 거리들은 상인들의 터전이자 군중이 모이는 축제의 장소였다. 이 구역에서 어린 시절을 보낸 데스노스는 상업적 교환과 소통의 역사적 기억들을 시화詩化하여 문학적 상상력이 덧붙여진 더 풍성한 장소성을 창출해냈다.

퐁오샹주와 레지스탕스의 최전선

퐁오샹주는 샤틀레, 레알, 생자크 탑 사이에서 자신의 시적 역정을 그려나간 시인 데스노스의 또 다른 친근한 세계의 일부이다. 시인은 「퐁오샹주의 감시병」(1942)이라는 장시에서 역사적 상업의 교환지를 나치 독일에 맞서 싸우는 전 세계 모든 레지스탕스 운동가들을 결집시키는 장소로 변모시킨다.

---

5 Stephen Steele, "Le temps qu'il faut pour une plume: lecture de 'Quartier Saint-Merri' de Robert Desnos", *Dalhousie French Studies*, n° 55, 2001, 77.

[…] 나는 퐁오샹주의 감시병.

나는 파리의 중심에서 감시한다.

적의 공포에 사로잡힌 악몽들과,

내 동료들과 프랑스인들의 승리의 외침들과

히틀러의 독일인들에 의해 고문당한 내 형제들의 고통스러워하는 소리들이 어우러진

커져가는 소음 속에서. […]

「퐁오샹주의 감시병」(1942)[6]

이 시의 중심 모티브가 되는 퐁오샹주의 '환전의 다리'라는 이름은 14세기 초부터 17세기까지 이 다리 위에 정착한 파리의 환전상들에서 유래했다. 환전상들은 루이 7세의 명령에 따라 당시 서유럽에서 사용되는 많은 돈들 사이의 교환이 가능할 수 있도록 반드시 그 다리 위에 기거해야만 했다.[7] 현재의 다리는 19세기 중반 오스만의 도시 재정비 계획에 따라 1858–1860년에 건설되었다.

데스노스는 이 다리를 파리의 중심 또는 전 세계의 중심, 불의에 맞서 항거하는 요충지로 구현한다. 이 시에서 시인은 점령당한 파리를 환기시키면서 저항하는 민중에게 주의를 촉구하고 있다. 첫 부분에서 파리의 중요한 통로를 감시하고 있는 여러 화자들이 등장한다. "나는 플

---

6 Robert Desnos, "Le Veilleur du Pont-au-Change"(1942), repris dans Robert Desnos, *Destinée arbitraire*, Paris, Gallimard, 1975, 229-234. 이 시는 2차 세계대전 레지스탕스 운동 중, 데스노스가 1944년 2월 22일 게슈타포에 의해 체포되기 직전에 쓰여졌다. 발렁틴 기유와Valentin Guillois라는 가명으로 『시인들의 영예 II L'Honneur des poètes II』 시집에 실려 출판되었다.

7 Adolphe Berty, "Recherches sur l'origine et la situation du grand pont de Paris, du pont aux changeurs, du pont aux meuniers, et de celui de Charles le Chauve", *Revue Archéologique*, 12e année, 1855, 217.

랑드르 거리의 감시병이다"(1행) "나는 포엥 뒤 주르의 감시병이다"(5행), "나는 포르트 도레의 감시병이다"(9행) "나는 포테른느 데 푀플리에의 감시병이다"(13행), "나는 퐁오샹주의 감시병이다"(19행). 이처럼 편재하는 화자는 방어지대의 야간 당직자를 자처한다. 파리 한복판의 다리 퐁오샹쥬를 제외한 이 장소들은 파리의 동북쪽, 남서쪽, 남동쪽, 남쪽 경계에 위치하는 파리의 출입 통행로로서, 독일군이 파리로 침공하지 못하도록 막는 차단 지점이기도 하다. 파리 중심에 위치한 퐁오샹주는 파리의 동서남북에서 벌어지는 레지스탕스 운동의 결집과 싸움을 환기시키면서 동일한 정체성, 연대의식을 만들어낸다.

> 나 당신들에게 인사한다 템스 강변에서,
> 만남에 응한 모든 나라의 동지들,
> 영국의 오래된 수도에서,
> 오래된 런던에서, 오래된 브르타뉴에서,
> 모든 인종과 모든 국적의 아메리카인들,
> 대서양을 넘어,
> 캐나다부터 멕시코까지, 브라질에서부터 쿠바까지,
> 리오, 테우안테펙, 뉴욕과 샌프란시스코의 동지들.
>
> 나 퐁오샹주 다리 위에서 전 지구의 회합을 약속했다,
> 당신들처럼 감시하고 싸우면서. 방금,
> 울리는 도로 위 무거운 발걸음 소리를 듣고 예고를 받은
> 나 또한 내 적을 무찔렀다.

이 시는 대로, 부두, 파리 성곽의 문, 센 강의 다리, 도시 전체, 세계 전

체로 그 저항의 의미를 증폭시킨다. 퐁오샹주라는 중심 지점에 국적을 불문하고 점령군에 대해 저항하는 모든 사람들을 소집하여, 점점 불어나는 저항의 세력을 가시화한다. 인간의 중심인 심장과 파리의 중심인 퐁오샹주 다리는 함께 뛰며 살아 있음과 내일의 희망을 상징한다.

프랑스의 중심인 파리, 파리의 중심인 퐁오샹주 다리, 그 위에 있는 감시병의 중심인 심장이 끊임없이 뛰고 있음을 확인하고, 희망과 밝아오는 아침의 인사를 건넬 때, 심장에서 보내는 피를 파리가, 프랑스 전체가 수혈받게 되는 것이다. 파리의 한복판인 퐁오샹주의 지정학적인 상징에서 살아 숨 쉬는 "폐와 심장의 리듬"(68행)으로 인해 인간과 도시는 정확히 하나가 되고, 전쟁에 고통받는 프랑스인들과 고통받는 도시 파리가 함께 신음하고, 견디고, 이겨 나가리라는 메시지를 담고 있다.

> 이제 우리의 소리를 들으라, 해군이여, 공군이여, 육군 병사들이여,
> 우리는 당신들에게 아침인사를 건넨다,
> 우리는 우리의 고통이 아니라 희망을 말한다,
> 다가올 아침의 문턱에서 우리는 아침인사를 건넨다.
> 우리 곁에 있고, 또한
> 우리의 아침인사를 받을 당신들
> 짚단에 깃들인 황혼이 당신 집들 속으로 들어갈 순간에.
> 그래도 좋은 날을 내일을 위한 좋은 날을!
> 온 마음을 다해 우리의 온 피를 다해 좋은 날!
> 좋은 날, 좋은 날, 태양은 파리 위로 떠오를 것이다,
> 구름이 가리고 있어도 태양은 거기에 있으리라,
> 좋은 날, 좋은 날, 온 마음을 다해 좋은 날!

아침인사인 'bonjour!'는 해방의 날, 좋은 날을 의미하는 'bon jour'로도 읽힌다. 이는 마음과 마음으로 건네는 인사이기도 하지만, 밤을 지나고 아침에 새 힘을 얻게 되듯이, 심장에서 새 피를 수혈하는 인사를 건네는 것이다. 삶의 이 흐름이 우리의 몸과 마찬가지로 점령당하여 막혀 있는 도시를 숨 쉬게 하고 살아나게 하는 것이다. 이 시는 데스노스가 생각하는 시인의 역할이 무엇인가를 보여준다. 주요 길목에서 버티고 서서 감시하고 고발하고 같이 피를 흘리고, 그리고 희망의 메시지를 건네는 것이다.

중세 말과 근대 초에 활동했던 환전상에서 명칭이 유래한 퐁오샹주, 즉 교환의 다리는 나치에 저항한 이들의 투쟁의 경험을 교환하는 장소로 환기된다. 중세 이래 파리 시민의 일상적인 자유로운 만남과 교환의 장소였던 퐁오샹주의 장소성과 역사성은 나치 점령기 시인을 통해 자유인의 억압에 대한 저항의 중심지로 새로운 정체성을 부여받게 되었다.

3. 앙드레 브르통과 생자크 탑, 파리 광장들

생자크 탑과 욕망의 발견

초현실주의의 대표적인 이론가이자 시인인 브르통의 눈에 파리는 그 고유의 역사성을 초월한 변신의 공간이다. 그의 작품에서 도시 공간 자체는 종종 유기체로 변모한다. 유명한 생자크 탑이 그 대표적인 예이다.

> 파리에는 해바라기처럼
> 휘청거리는 생자크 탑이

> 이따금 이마를 센 강에 부딪히러 오고 그 그림자는 어느새 견인선 사이로 미끄러져 들어간다 [...][8]

인용문은 앙드레 브르통의 「불면증Vigilance」이라는 시의 첫 부분이다. 시인은 생자크 탑을 해바라기에 비유하고 있다. 시인은 역사적 상징물을 식물에, 그것도 곧게 서 있는 부동의 건물을 휘청거리는 해바라기에 비유함으로써 여기에 생명력을 불어넣는다. 향일성 식물인 해바라기를 휘청거리며 신비와 욕망을 향해 뻗어가는 밤 해바라기의 이미지로 전환하면서, 시인은 그 탑의 그림자, 무의식, 밤과 꿈의 풍경에 주목한다. 3행에서 탑-해바라기의 그림자가 물결과 견인선 사이로 사라지는 순간, 높이는 깊이로, 현실의 공간은 비현실의 공간으로, 현실은 꿈의 풍경으로 전이된다.

실재하는 생자크 탑은 북쪽에 리볼리 거리, 서쪽에 세바스토폴 대로, 동쪽에 생마르탱 거리 남쪽에 빅토리아 대로로 접해 있고 센 강 우안의 중요한 랜드마크로 중세의 파리를 증언한다. 그것은 12세기에 건립된 생자크 들라 부슈리 성당의 일부였으나 대혁명 때 교회는 소실되고 탑만 남았다. 이 성당 및 탑에는 서로 다른 역사적 이야기가 중첩되어 있다. 우선 연금술과 과학이 혼재되어 있다. 이 성당은 그 성당의 재산관리위원이자 후원자 중 하나였던 니콜라스 플라멜에 의해 유명해졌는데, 서적상이었던 그는 연금술의 비법을 담은 책을 발견했을 뿐 아니라 실제로 금속을 금으로 바꾸는 비밀을 해독함으로써 죽지 않고 영원히 살 수 있게 되었다고 전해졌다.[9] 한편 17세기에는 블레즈 파스칼이 50미터

8 André Breton, "*Le Revolver à cheveux blancs*" (1932), *Clair de terre*, Paris, Gallimard, 1966, 137-138.

9 위의 책, 408-409.

높이에서 퓌드돔에서 했던 기압 실험을 했으며, 그런 연유로 탑의 아래에 그의 조각상이 세워졌다. 프랑스 혁명기인 1793년에 성당이 파괴되었으나 17세기 과학과 진보, 이성을 상징했던 과학자의 실험 장소였던 이유로 생자크 탑은 파괴되지 않았다. 이 장소는 또한 성과 속이 공존하는 장소이기도 하다. 생자크의 성유골이 있었다고 전해지며, 에스파냐의 유명 순례도시 생자크 드 콩포스텔로 떠나는 순례여행의 기점이라는 점에서 생자크 탑은 성소聖所이다. 하지만 14세기까지 불가침권을 지닌 장소였기에 살인자의 은닉 장소이기도 했다.[10] 그밖에도 19세기 말에는 탑 아래에서 노동자들의 야외 공개 모집이 진행되기도 했고, 노동자들의 집회 장소로도 사용되었다. 19세기 시인 네르발이 이 탑의 근처에서 자살했던 일화도 있다.

연금술에 조예가 깊었던 브르통은 이런 복합적인 역사들이 깃들어 있는 이 장소의 마술적 측면을 부각시킨다. 고유한 역사적 맥락에서 연금술사와 관련된 이야기를 차용하여 문학적 상상력으로 확대시켜 나가는 것이다. 이 시에 관해 브르통은 자신의 산문 『광란의 사랑L'Amour fou』에서 "탑의 이 흔들거림은 특히 불어에서 단어 '해바라기tournesol'가 갖는 이중의 의미 사이의 흔들거림을 의미한다. 이 단어는 거대한 태양이라는 이름으로 알려진 일종의 '태양의 꽃'이며, 동시에 산성 물질이 닿으면 붉게 변하는 푸른색 종이 형태로 된 화학에서 사용되는 시약試藥, 리트머스 액을 의미한다"[11]고 설명하고 있다. 그 언어적 중의성에 의해 '해바라기-생자크 탑'은 '밤의 태양'의 흔들거리는 아름다움, 사랑하는 사람이 나타나면 그 주위를 '도는 대지le sol qui tourne'의 현기증, 그리고 감

10 루이 12세가 되어서야 불가침권이 폐지된다. Jules de Gaulle, Nodier, *Nouvelle histoire de Paris et de ses environs*, Paris, Pourrat, 1839, 408.

11 André Breton, *L'Amour fou*, Paris, Gallimard, 1937, 70(이하 페이지만 표기).

정의 붉어짐을 의미하면서, 개인적인 욕망과 사랑을 상징하게 된다.

파리의 광장들과 도로 위 계시적 여정

브르통에게 파리는 우연한 만남을 가능하게 하는 장소이다. 파리의 공간들은 그곳을 지나가는 도보자들 간의 만남을 주선하고 무의식과 욕망을 투영하는 매체로 기능한다. 그의 대표적인 산문 『나자Nadja』[12]에는 목적 없는 산책, 저절로 발걸음이 향하는 대로 걸어가면서 보는 풍경, 그리고 약속을 정하지 않은 새로운 사람과의 우연한 만남의 이야기가 전개된다. 이 글의 화자는 도시 거리와 광장에서 발견할 수 있는 모든 기호들, 혹은 징후들에 가려진 의미와 의식/무의식, 자신의 무의식과 타인의 무의식 사이의 관계를 밝히고자 한다. 그 여정의 시작은 다음과 같다.

> 나는 1918년에 내가 살았던 팡테옹 광장에 있는 그랑좀 호텔을 출발점으로 삼고, 1927년 8월부터 지금까지 내가 지내고 있는 바렝지빌 쉬르메르에 있는 앙고 저택을 그다음 단계로 정할 것인데 [···]" (23-24)

광장은 대표적인 역사적 장소이다. 광장은 그 규모나 배치, 그곳에서 보이는 경관 등에 따라 기념식과 오락, 카니발과 퍼레이드가 전개되는 자연스런 공간이다. 또한 시간이 흐름에 따라 민간 혹은 군대 기념식, 시위나 폭동이 이어지는 기억의 장소들이 된다.[13] 19세기와 20세기에 모

---

12 André Breton, *Nadja*, Paris, Gallimard, [1928], 1964, 46(이하 페이지만 표기).

13 Béatrice de Andia, "Beauté, fragilité et diversité" in Géraldine Texier-Rideau, Michaël Darin(dir.), *Places de Paris: XIXe-XXe siècle*, Paris, Action artistique de la ville de Paris, 2003, 16.

든 오래된 혹은 새로운 광장들이 변모를 겪는다. 대부분은 도시화 과정에서 개보수 과정을 거치고, 아예 재탄생을 겪기도 한다. 광장은 상업의 공간으로 사용되기도 하고, 통행로 근처, 교차로 근처, 다리 근처 등 놓인 위치에 따라 정체성이 규정되기도 한다.[14] 많은 19, 20세기 작가들이 파리 광장을 문학작품 속에서 다루었는데,[15] 이를 통해 그 외관을 묘사하는 데 집중했던 19세기 작가들이 역사적, 사회적 증언으로서의 문학을 보여주었다면, 브르통을 비롯한 20세기 작가들은 보고 아는 것이 아니라, 상상하고 꿈꾸는 것을 파리의 광장에 투영한다.

브르통이 출발점으로 삼은 팡테옹 광장[16]은 국가적으로 위대한 사람들이 잠들어 있는 장소이다. '그랑좀' 호텔도 마찬가지로 위대한 사람들, 자유와 역사를 수호하는 인물이 안치된 팡테옹의 상징성을 고스란히 갖고 있는 명칭이다. 그런데 브르통은 이 장소를 사적인 여정, 계시적 여정의 출발지로 삼고 있다. 그곳에서 어디에도 구속되지 않는 자유로운 떠돌음과 만남을 시작하고자 하는 것이다. 그곳은 또한 브르통이 살았

14 위의 책, 20.

15 프랑수와 베갱François Béguin은 19세기 작가와 20세기 작가가 파리의 광장을 표상하면서 드러내는 차이를 다음과 같이 설명한다. "19세기 작가들은 특히 광장의 역사, 광장의 구현의 역사에 관심이 있었으며, 특히 거기에서 일어났던 사건들의 역사에 관심을 기울였다. 그들은 장소의 외관을 묘사하는 데 집중했다. 20세기 작가들은 더욱 역동적인 관점에서 광장들을 발견하고 평가한다. 역동성, 광장들이 거기를 지나치는 사람들에게 제공하는 것들, 광장의 불안정한, 일시적인, 변화하기 쉬운 성격들에 주목하는 것이다." François Béguin, "Poétique de l'espace" in *Places de Paris : XIXe-XXe siècle, op. cit.*, 129.

16 거대한 팡테옹 광장은 생트 주느비에브 수도원에 소속된 대지 위에 1770년에 세워졌다. 팡테옹의 열주(列柱)는 코린트양식의 12개의 기둥으로 이뤄져 있다. 이 기둥들은 삼각형의 합각을 받치고 있는데, 그 위에는 "위대한 사람들에게 화관을 하사하는 '자유'와 '역사' 사이에 있는 '국가'"라는 알레고리가 새겨져 있다. 팡테옹의 돔과 채광창은 83미터 깊이까지 닫는다. Marc Gaillard, *Paris de place en place*, Amiens, Martelle éditions, 1997, 46-51.

던 혹은 살고 있는 일상 삶의 터전이다. 그는 탐험가처럼 지금껏 가보지 않았던 미지의 곳을 향해 떠나는 게 아니라 일상에서 매일 접하는 거리들을 걷고 또 걸으면서 일상이 비일상으로 전환하는 지점에 의미를 부여하고자 한다. 역사적으로나 혹은 관광객들의 눈으로 볼 때 별 볼일 없는 일상의 장소가 그에게는 신비한 장소로 전환한다. 그 대표적인 역사적 기념물이 바로 생드니 문이다.

브르통은 『나자』에서 이 문을 "가장 아름답고 가장 쓸모없는 생드니 문"(36)이라고 언급하는데, 그의 역설적인 언급처럼 사실 이 문은 루이 14세의 명으로 1672년에 파리 성곽 출입문들 가운데 하나로 건립되었으나 이후 파리가 확장하면서 중세의 성곽이 해체되면서 도시 출입문으로의 기능을 상실했다. 따라서 쓸모없어져버린 파리의 문이지만, 그렇기에 '무용한' 신비스러움이 그의 관심을 끌었다. 이를 통해 그는 낯설음의 요소를 발견하고 "의미 없는 기표에서 의미들을 찾아내고자"[17] 했다.

도시 공간의 명칭이 초현실주의적 변환의 계기를 부여하기도 한다. 원래 파리의 거리, 광장, 다리는 성인, 순교자, 왕, 혁명가, 정치가, 작가, 예술가를 비롯해 역사적으로 기념할 만한 위대한 인물들의 이름을 갖고 있다. 상업지구, 도살지역, 묘지, 환전지 등 그 지역에서 벌어진 활동들이 도시 공간의 명칭이 되기도 한다. 따라서 그 공간에 가면 저절로 그 공간에 얽힌 역사적 사건, 종교적 의미, 정치적 중요성, 문화 활동이 학습된다. 그런데 브르통은 이 모든 역사적 기억의 맥락을 벗어나서 도시 공간의 명칭이 갖고 있는 음성적, 의미적 중의성에 관심을 기울인다. '도핀 광장'이 바로 그 예이다.

---

17 Kiyoko Ishikawa, *Paris dans quatre textes narratifs du surréalisme*, Paris, L'Harmattan, 1998, 42.

정원을 나와서, 우리는 생토노레 길로, 아직 불이 꺼지지 않은 한 술집을 향해 갔다. 그녀는 우리가 도핀 광장에서 '돌고래 광장'으로 왔음을 강조했다. (유추 놀이를 할 때, 나는 종종 동물 중에서 돌고래와 동일시된 적이 있다.) (88-89)

훗날 루이 13세가 되는 황태자dauphin를 기린 시테 섬의 서쪽 끝에 위치한 이 광장[18]의 이름을 나자는 동음이의어의 언어유희를 통해 '돌고래 dauphin 광장'으로 바꾸고 있다. 그녀는 언어유희를 통해 광장에 깃들인 역사적 맥락을 뛰어넘은 것이다. 그리고 브르통은 초현실주의의 유희에서 자신이 돌고래와 동일시했음을 떠올리면서 그것을 개인의 맥락으로 다시 전환한다. 황태자에게 헌사된 도핀 광장은 돌고래라는 동물을 환기시킴으로써 광장의 이름이 원래 상징하는 권력성을 탈코드화시킨다.

한편 공공장소에 위치한 동상들은 계시를 찾아 탐험하는 이 일상의 도보-여행가들과 함께 신비스럽게 상호 작용한다. 모베르 광장의 에티엔 돌레 동상을 지나면서, 브르통은 16세기의 인문주의자이자 자유사상가였던 에티엔 돌레(1509 – 1546)의 동상이 "언제나 나를 매혹시키면서도 동시에 견딜 수 없는 불안감을 불러 일으킨다"(25)고 술회한다. 그러나 그 모순적인 감정들의 원인을 설명할 수 없다고 말한다. 또한 이 글의 주인공 나자는 프로스퍼-구보 광장에 세워진 사실주의 극작가 앙리 베크(1837 – 1899) 동상에게서 충고가 적힌 쪽지를 건네받는다(145). 브르통의 시 「해바라기」에 등장하는 에티엔 마르셀 동상은 브르통의 표현에 의하면 사랑하는 사람과 파리의 거리를 걸어가는 "자신의 마음과 일치

---

18 1607년 앙리 4세가 파리에서 가장 부러워하는 위치에 있는 새로운 구역을 건설하고자 했다. 도팽 가와 도팽 광장은 앙리 4세와 마리 드 메디치의 아들이자 훗날 루이 13세가 되는 도팽 황태자를 기려 명명되었다.

하여 뛰고 있는 파리의 심장"을 지칭하는 데 소용된다(*L'Amour fou*, 94).

공공 광장의 기념 동상을 연구한 자크 랑프랑쉬는 기념물들의 역사는 궁극적으로 정치적 중요성을 띤다고 말한다. 그 이유는 "그것이 파리시나 정부의 직접적인 요청이었든, 도의회 위원회의 요청이었든 간에 동상들의 절반이 정치인들이나 정치 그룹에 의해 세워졌기 때문이다."[19] 그러나 브르통은 동상이 갖고 있는 정치적 함의를 초월하고, 그것과의 교감 및 마술적 힘을 환기시킨다.

『나자』에 등장하는 파리의 무수한 거리들은 자유로운 유랑과 예기치 않은 만남, 일상의 경이를 발견하는 놀라움을 경험할 수 있는 탁월한 장소로 기능하고 있다. 브르통에게 거리는 박물관보다 "천 배 더한 진정한 마법"[20]이 깃들어 있기에, 그는 기호들, 간판들, 표기들이 늘어서 있는 거리들을 해독하고자 했다. 그러면서 이 시인은 거리의 역사적 정체성을 넘어서는 새로운 의미를 문학을 통해 부여하고자 했다.

4. 결론

초현실주의 작가들은 파리의 거리들을 밤낮으로 유랑하며 파리라는 도시-텍스트를 변화시키고 새로운 텍스트를 써내려갔다. 그들은 산책을 통해 기호들과 기이한 것들을 발견하고, 예기치 않은 만남을 즐겼다. 그들은 역사적 함의가 깃들어 있고, 특정 용도로 사용되는 장소의 의미를 비워내고, 거기에 그들만의 개인적인 역사, 무의식, 신비를 채워넣을 방

19 Jacques Lanfranchi, *Les statues des grands hommes à Paris*, Paris, L'Harmattan, 2004, 91.

20 André Breton, *Le surréalisme et la peinture*, Paris, N.R.F., 1928, 1.

법들을 탐색했다. 따라서 그들에게 이러한 산책지는 역사나 도덕, 관습이 고착된 장소가 아니라, 자기 자신과 무의식, 세계의 이면으로 나 있는 길이라고 할 수 있다.

엔지니어와 도시계획자는 도시를 흔히 사적/공적, 안/밖, 인격적/비인격적 공간으로 구획하고 다르게 가치를 부여한다. 그들은 외부의 관찰자 입장에서 도시를 접근하여 도시의 높이와 넓이, 간격에 집중하고, 역사적, 정치적 담론에 좌우되며, 기술 및 경제 진보에 민감하다. 반면 도시에 대해 시적으로 접근한 초현실주의자들은 공/사, 안/밖 등의 경계를 지우고 도시의 정치적, 역사적 함의들을 벗어나 개인의 의식 및 무의식과 관계 맺는 여정을 그려냈다.

오스만 계획에 의해 외관을 바꾼 파리의 도시는 망과 흐름을 중시하고, 장소들 간에 기능적 차이를 부여하여 장소에 위계를 만들어내며 구획화되어 있다. 초현실주의자들은 이러한 장소를 목적 없이 배회하는 행위를 통해 일견 아무 특징이 없어 보이는 거리들과 버려진 공원, 과거의 의미가 퇴색된 광장들에 새로운 의미와 신비로움을 부여했다. 또한 그들은 환승 장소들에 주목했다. 그들에게 거리를 산책하는 것은 경험을 항상 새롭게 하는 탁월한 환경에 노출됨을 의미했다. 그들은 파사주, 광장, 거리, 카페테라스, 시네마, 연극 극장, 호텔, 정원, 역, 지하철을 지나가면서 이런 환승 장소[21]가 지닌 새로운 발견을 가능케 하는 영원히 현재적인 장소로서의 상징성을 부각시켰다.

문학과 역사의 만남은 정반합의 과정을 통해 내용이 확장되는 변증법

---

21 초현실주의자들이 선호하는 장소가 사람이 운집해 있는 이런 장소들이었다면, 초현실주의 이후의 시인 세대들은 2차 세계대전이라는 폐허를 겪고 나서 도시보다는 고향이나 기원과 가까운 장소를 찾는다. Christine Dupouy, *La Question du lieu en poésie : du surréalisme jusqu'à nos jours*, Amsterdam, New York, Rodopi, 2006, 52.

처럼 서로를 살찌우게 한다. 역사적으로 이미 정형화된 의미를 담고 있는 도시의 특정 구역, 광장, 거리, 다리 등은 초현실주의자들의 글쓰기를 통해 그 맥락과 가치와 의미가 확대되기도 하고 전유되기도 하고 변화하기도 한다. 그리고 문학을 통해 역사는 더 다양하고 풍요로워진다.

참고문헌

Bähler, Ursula; Fröhlicher, Peter, *Figurations de la ville-palimpseste*, Tübingen, Narr Francke Attempto Verlag GmbH, 2012.

Bancquart, Marie-Claire, *Paris des surréalistes*, Paris, éditions de la Différence, 2004.

Barthes, Roland, "Sémiologie et urbanisme", *L'Architecture d'Aujourd'hui*, n° 132(1967) ; *L'Aventure sémiologique*, Paris, Seuil, 1985.

Berger, Pierre, *Robert Desnos*, "Poètes d'aujourd'hui", Paris, Seghers, [1949], 1970.

Berty, Adolphe, "Recherches sur l'origine et la situation du grand pont de Paris, du pont aux changeurs, du pont aux meuniers, et de celui de Charles le Chauve", *Revue Archéologique*, 12e année, 1855.

Breton, André, *Clair de terre, Paris*, Gallimard, 1966.

______, *Nadja*, Paris, Gallimard, [1928], 1964.

______, *L'Amour fou*, Paris, Gallimard, 1937.

______, *Les pas perdus*, Paris, Gallimard, 1970.

______, *Le surréalisme et la peinture*, Paris, N.R.F., 1928.

______, *Œuvres complètes II*, établies par Marguerite Bonnet, Etienne-Alain Hubert, José Pierre, Paris, Gallimard, 1992.

Certeau, Michel de, "Pratiques d'espace", *L'invention du quotidien. 1. arts de faire*, Paris, Gallimard, 1990.

Clébert, Jean-Paul, *Dictionnaire du surréalisme*, Paris, Seuil, 1996.

Desnos, Robert, *Fortunes*, Paris, Gallimard, 1945.

______, *Destinée arbitraire*, Paris, Gallimard, 1975.

Dupouy, Christine, *La Question du lieu en poésie : du surréalisme jusqu'à nos jours*, Amsterdam, New York, Rodopi, 2006.

Gaillard, Marc, *Paris de place en place*, Amiens, Martelle éditions, 1997.

Genette, Gérard, *Palimpsestes, La littérature au second degré*, Paris, Seuil, 1982.

Ishikawa, Kiyoko, *Paris dans quatre textes narratifs du surréalisme*, Paris, L'Harmattan, 1998.

Lanfranchi, Jacques, *Les statues des grands hommes à Paris*, Paris, L'Harmattan, 2004.

Lévêque, Jean-Jacques, *Les années folles, 1918-1939*, ACR édition, 1992.

Lewi, Alain, *Le surréalisme*, Paris, Pierre Bordas et fils, 1989.

Lynch, Kevin, *L'image de la Cité*, trad. par Marie-Françoise Vénard et Jean-Louis Vénard, Paris, Dunod, 1999(Kevin Lynch, *The Image of the city*, 1960).

Mongin, Olivier, *La condition urbaine, la ville à l'heure de la mondialisation*, Paris, Le Seuil, 2005.

Nodier, Jules de Gaulle, *Nouvelle histoire de Paris et de ses environs*, Paris, Pourrat, 1839.

Steele, Stephen, "Le temps qu'il faut pour une plume: lecture de 'Quartier Saint-Merri' de Robert Desnos", *Dalhousie French Studies*, n° 55, 2001, pp.72-81.

Texier-Rideau, Géraldine; Darin, Michaël(dir.), *Places de Paris : XIXe-XXe siècle*, Paris, Action artistique de la ville de Paris, 2003.

목 없는 왕에 대한 저자 없는 책
: 찰스 1세, 존 밀턴, 수잔 하우

미카엘 수보트닉

시인이자 시학자인 수잔 하우Susan Howe는 하버드대학교 창립자 중 한 명의 후손으로, 1937년 태생이며 미국 뉴잉글랜드에 그 뿌리를 두고 있다. 그녀의 부친은 하버드대학교의 교수로 재직했으며, 부친의 집에는 미국 문화사의 아버지이자 식민지 시대 청교도 관련 연구가인 페리 밀러Perry Miller가 자주 방문해서 식사를 함께 하곤 했다.[1] 랭포Langpo[2] 운동에 동조한 수잔 하우는 역사에 관한 글쓰기를 하는 시인이자, 역사 속 언어를 탐구하는 시인이다. 호손Hawthorne과 마찬가지로, 그녀는 당시의 정복자들이나 지배 체제에 의한 글쓰기로 인해 묻혀버린 사람들의

1 Susan Howe, *The Birthmark. Unsettling the Wilderness in American Literary History*, Hanover and London, Wesleyan University Press, University Press of New England, 1993, 160-161 참조.

2 *Language Poetry*의 약자이며, 이 잡지는 찰스 번스타인Charles Bernstein과 클락 쿨리지Clark Coolidge가 창간한 잡지 *L=A=N=G=U=A=G=E*와 연관이 있다. 이 사조는 지난 50년 동안 북미의 시詩 역사에서 가장 중요한 사조 중 하나이다.

목소리를 들려주고자 했다.[3] 1989년 하우는 「왕의 책에 대한 참고문헌 혹은, '왕의 성상'A Bibliography of the King's Book or, Eikon Basilike」[4]이라는 제목의 시를 출판한다. 이 놀랄 만한 제목은 런던의 블레이드 이스트 앤드 블레이드Blades, East and Blades 출판사에서 1896년 출간된 에드워드 알맥Edward Almack의 문헌 연구서에서 따온 것이다.[5]

1. 『왕의 성상』(영국, 1637-1649)

'왕의 책'이란 무엇인가? 1649년 1월 30일, 유럽 역사상 처음으로 소위 '합법적'인 국왕 처형이 이루어진다. 찰스 1세는 의회와 갈등을 빚으면서, 두 번의 내전(1642–1646, 1648)에서 연이어 패한다. 그 후 하원으로 구성된 고등법원에 출두하게 되고, 그는 거기서 법적 정당성이 없기 때문에 재판은 불법이라고 주장한다. 하지만 찰스 1세는 사형을 언도받게 되고, 화이트홀 성의 창문에서 내려다보이는 곳에 설치된 단두대에서 참수당한다. 사형 판결문에 서명한 인물들은 모두 청교도이거나 독립교구주의자였다. 이 서명자 명단에는 당연히 올리버 크롬웰Oliver

---

3 호손의 이 점에 관해서는 다음을 참조. Michael A. Soubbotnik, "L'histoire, la fiction et la faute dans *Roger Malvin's Burial* de Nathaniel Hawthorne", Zbygniew Przychodniak & Gisèle Séginger, *Fiction et histoire*, Strasbourg, Presses Universitaires de Strasbourg, coll. "Formes et Savoirs", 2011, 181-194.

4 Susan Howe, "A Bibliography of the King's Book or, Eikon Basilike"(1989), *The Nonconformist's Memorial*, New York, New Directions, 1993, 45-82(이하 이 시는 「참고문헌」이라 칭하고 이하 인용할 경우에는 괄호 속에 쪽수만을 명기한다).

5 '블레이드Blade'는 영어로 칼, 검, 도끼 등의 날을 뜻한다. Edward Almack, *A Bibliography of the King's Book or, Eikon Basilike*, London, Blades, East and Blades, 1896 참조. 이 시에서, 하우는 주제인 살인적 폭력을 지칭한 "칼날, 칼날, 칼날Blades Blades and Blades"(Susan Howe, 위의 시, 64)을 쓰고 있다.

Cromwell과 매사추세츠 식민지 행정관을 지낸 헨리 베인 경Sir Henry Vane이 포함되어 있었다. 처형을 집행한 다음 날이 되자마자, 죽은 왕이 썼다고 추정되는 책의 인쇄본이 유통되었다. 이 책의 제목은 『Είκών Βασιλική(왕의 성상), 왕의 고독과 고통. 고난 가운데 있는 왕의 기도문. 왕이 죽기 직전 런던의 적스턴 주교에게 맡긴 것』[6]이다.

『왕의 성상』은 '순교자 왕'에 대한 존경심을 부추기면서 출판계의 굉장한 '이슈'가 된다. 1649년 한 해 동안에만 영국과 스코틀랜드에서 45번에 걸쳐 재판되었고, 아일랜드, 프랑스, 스페인에서는 25번에 걸쳐 재판되었다. 게다가 왕의 성상 이미지는 제목 페이지에 삽화로 상징처럼 활용되고, 이후 나온 판본에서는 약간씩 변형된 모습으로 나타나기도 한다. 어쨌든 이 성상 삽화는 판본의 성격과 의도를 확실히 보여주고 있다. 삽화의 오른쪽 부분에는 어의를 입은 찰스 1세가 큰 책받침대가 있는 테이블 앞에 한쪽 무릎을 꿇고 앉아 있으며, 그 책받침대 위에는 책 한 권이 펼쳐진 채 놓여 있다. 땅바닥에는 지상세계의 왕관이 굴러 떨어져 있다. 찰스 1세는 오른손에 가시관을 쥐고 있고, 그를 향해 있는 하늘의 왕관을 둘러싼 빛나는 구름을 황홀하게 바라보고 있다. 그 하늘의 왕관으로부터 빛 한 줄기가 나와서 그의 왼쪽 눈을 관통한다. 삽화의 왼쪽 부분, 다시 말해 왕의 등 뒤쪽에는 바다와 땅으로 구성된 알레고리적 풍경이 펼쳐져 있다. 성난 바다 위로는 짙은 구름이 잔뜩 끼여 있고, 거기서 두 번째 빛줄기가 나와서 왕의 머리 뒤쪽에 머물러 있다. 큰 바위에 파도가 와서 부딪치고, 땅의 풍경은 이상할 정도로 이국적이다. 황무

---

6 이 긴 제목의 원문은 *Είκώ ν Βασιλι κή. The Pourtracture of His Sacred Majestie, In His Solitudes and Sufferings. With a Perfect Copy of Prayers used by His Majestie in the time of his sufferings. Delivered to Dr. Juxton, bishop of London, immediately before his Death*이다.

지에 관목들이 여러 줄에 걸쳐 심어져 있고, 전경에는 두 그루의 종려나무가 이 관목들 위로 솟아 있다. 두 그루 중에서 키가 큰 종려나무에 두 개의 거대한 추가 걸려 있다.

제목 페이지에는 이 삽화와 더불어 설명적 시가 들어가 있다. 이 삽화에서 볼 수 있는 특징 중 한 가지는 수잔 하우의 텍스트 몇몇 곳에서 다시 볼 수 있다. 이 특징이란, 그림의 여기저기에 있는 글상자를 가리킨다. 이 속에는 단어 혹은 텍스트의 일부가 들어가 있다. 하늘의 왕관에는 "영광Gloria"이라는 단어가 새겨져 있고, 구름 속에는 "행복과 영원Beatam et Aeternam"이라는 표현이 들어 있다. 지상의 왕관에는 "덧없음Vanitas"이라고 새겨져 있으며, 왕관 위에 있는 둥근 테에는 "번영과 무거움Splendidam at Gravem"이라고 쓰여 있다. 땅에도 텍스트의 일부가 새겨져 있으며, 풍경, 성난 하늘, 구름에도 마찬가지로 짧은 글귀가 있다. 왕의 목덜미와 눈을 비추는 빛줄기는 왕이 순교자와 성상으로 변한 것을 상징한다. "폭풍 속 하늘Clarior e tenebris"에서 "영광의 하늘Cœli specto"로 이행한 것이다. 다시 말해, '어둠 속에서 더 명확하게, 나는 하늘을 바라본다'는 뜻이다. 그리고 책에는 "당신의 말씀에 나의 소망을In verbo Tuo Spes Mea"이라고 적혀 있다. 삽화는 폐왕의 이미지 안에서 성자의 시선, 어쩌면 더 나아가, 예수 그리스도의 시선을 보라고 초대한다. 후자에 대해선 청교도들이 신성모독이라고 아우성치면서 주목할 것이 분명했다.

작품은 일련의 에세이로 구성되어 있고, 그 내용은 통치 기간 동안, 그리고 내전 동안의 정치에 대한 변론이다. 재판 이전까지의 10년 동안의 역사를 '왕의 입장'에서 다시 기록함으로써, 자신의 정치에 대해 변론을 펼친 것이다. 이를 통해 자신에 대한 기소사항을 하나씩 차례로 반박하고 있다. 각 장은 묵상과 기도로 시작하고 끝을 맺는다. 그리고 이 책은 찰스 1세가 썼다고 추정되는 다음의 네 가지 기도로 끝을 맺는다. “감금 상태에서 드린 기도”, “여타의 기도”, “고통 중의 기도와 회개”, “곧 닥칠 위험 속에서의 기도”이다.

이 책의 저자가 찰스 1세라는 생각을 반박하는 서너 개의 글이 나오긴 했지만, 어설퍼서 별 효과가 없었다. 그러자 1649년 10월 의회는 존 밀턴John Milton에게 반박문 작성을 맡긴다. 이 글이 바로 「성상파괴자 Eikonoklastes」[7]이다. 밀턴은 이 글에서 성상숭배자와 청교도 성상파괴자를 대립시킨다. 『왕과 위정자의 재임』에서 폭군 살해의 필요성과 왕권신수설을 대립시킨 것처럼 말이다. 이전 반박문의 저자들이 찰스 1세가 『왕의 성상』을 쓰지 않았다고 주장한 것과 달리, 밀턴은 왕이 그 책을 썼다고 말하길 서슴지 않는다. 그러고는 그 책 속에 들어 있는 ‘거짓과 왜곡’의 책임이 왕에게 있다고 말한다. 또한 왕이 스스로를 숭배 대상으로 만듦으로써 타락의 길로 떨어졌다고 고발하면서, 왕을 우상숭배자로 비난한다.

> 거짓의 진짜 작가
> “거짓” 그 자체
> 실수할 수 있는, 가까이 다가갈 수 없는
> 얄팍한 왕, 구현자Personator[8]
> 절대권력의 구현자
> 절대주의자

---

7 John Milton, “Eikonoklastes”, *The Prose Works of John Milton*, Philadelphia, John Moore, 1847, Vol. 1, 773-958.

8 ‘Personator’는 수잔 하우가 만들어낸 용어로 절대군주는 국민과 국가를 ‘구현’한 것이라는 홉스의 절대권력 개념을 암시한다.

왕의 성상Imago Regis Caroli (68)[9]

찰스 1세의 재판과 처형은 물리적으로나 도상적으로나 텍스트적으로나 굉장한 극적 상황이다. 이런 상황에서 밀턴의 반격은 다음과 같다. 찰스 1세가 단두대에 오르기 직전에 자신의 고해신부인 적스턴 주교에게 주었다는 "감금 상태에서의 기도"에 대해서, 밀턴은 "이교도 전설 속의 이교도 여자"(67)가 신들에게 드리는 기도를 약간 고쳐서 쓴 것일 뿐이라고 주장한다. 이 이교도 여자는 필립 시드니 경의 『아르카디아』에 나오는 여주인공으로, 노예 목동 파멜라이다. 이 작품은 1590년에 출판된 전원소설로 타소Torquato Tasso의 『아민타Aminta』에서 영감을 받아 쓰여진 것이다.

그런데 『왕의 성상』의 차례를 거의 비슷하게 따라간 밀턴의 반박이 시작된 지점은 이 기도 부분에서가 아니라, 역사적 내용이 나오는 첫 장 가운데서이다. 이 첫 장에는 첫 번째 내전 발발의 원인이 된 일련의 사건들과 장기의회 소집에 대한 소위 '찰스 1세'의 설명이 나온다. 밀턴의 전반적인 의도는 "『왕의 성상』이 사기"(66)임을 보여주는 것이다. 왜냐하면 "진실은 자신의 소유이고, 거짓은 절도"(69)이기 때문이다. 그런데 밀턴의 전략 자체가 또 다른 문제를 불러일으킨다. 파멜라의 기도 때문에 『왕의 성상』의 저자에 관한 논쟁이 오히려 밀턴에게 불리한 방향으로 전개되었던 것이다. 밀턴이 인쇄업자를 매수하여 파멜라의 기도를 『왕의 성상』에 몰래 집어넣었다는 주장을 왕당파가 폈던 것이다. 거짓을 고발한 자가 오히려 거짓말쟁이였다는 이 주장의 타당성에 대해선 20세

---

9 이후 밀턴과 관련된 인용은 하우의 「참고문헌」에 인용된 구절의 재인용이거나, 하우가 밀턴의 말에 근거하여 「참고문헌」에서 새롭게 표현한 것이다: 역주.

기 중반까지도 격렬한 논쟁이 있어 왔다.

수잔 하우는 "『왕의 성상』은 퍼즐"로, 그것은 "유령 같은 왕이 기록한 묵상집, 익명의 장로파, 주교, 표절자, 위조자가 수집한 묵상집"(49)일 수도 있다고 쓰고 있다.

2. 「참고문헌」(매사추세츠, 1637-1989): 폭력, 유령, 역사

진실이 사실적 문헌에 근거한다면, 진실과 거짓이 교차하는 지점은 문헌 너머에 있다. '진실'이라는 이 기준은 역사의 글쓰기가 상징적 표현이 되어버리는 닫힌 공간에서 쟁점이 된다. 역사 글쓰기를 성상으로 만들어 그 안에 숭배의 실제 대상이 있다고 믿는 사람들과, 그 성상은 우상에 지나지 않는다는 것을 증명하려고 애쓰면서 성상을 파괴하려는 사람들 사이의 투쟁에서 쟁점인 것이다.

이 상황은 존 카튼John Cotton의 경고만 없었다면 간단했을지도 모른다. 매사추세츠 보스턴의 교회 목사이자, 그 당시 영국과 뉴잉글랜드에서 가장 유명한 청교도 설교자였던 존 카튼은 십계명의 제2계명이 진짜 이미지와 가짜 이미지를 구분하는 것을 전제한다고 신자들에게 경고한다. 그렇게 하여 이 성상파괴는 스테인드글라스 파괴 정도로 단순하게 받아들여질 수 없게 된다. 진짜 이미지와 가짜 이미지를 구분해야 하는 이유는, "율법에 의해 이미지를 만들어내는 인간의 상상력과 그 결과로 생산되는 이미지는 금지되지만, 하느님이 지시한 이미지와 상상력은 허용"[10]

---

10 *A Modest and Cleare Answer to Mr Balls Discourse of set formes of Prayer*, London, s. n. d'éditeur, 1642, 24.

되기 때문이다. 여기서 이미지는 단지 미술 영역에서 볼 수 있는 시각적 표현만을 말하는 것이 아니다. 망령이나 유령과 같은 이미지에 대한 숭배까지 고려하면, 성상파괴의 대상은 정신적 이미지, 특히 언어적 이미지까지도 포함한다. 수잔 하우의 텍스트에는 역사에 기록된 이런 긴장 관계가 담겨 있다.

수잔 하우는 탐 베케트에게 다음처럼 털어놓는다. "나의 시는 언제나 역사와 관련이 있어요. 작품의 최초 의도가 무엇이든지 간에 결국에는 역사를 말하고 있죠. 시를 쓸 때면, 과거는 현재가 되거든요."[11] 여기서 역사는 대상이나 테마라기보다는 일종의 힘이다. 존재나 장소, 텍스트를 지배하는 힘인 것이다. 하우는 『왕의 성상』에 관한 자신의 시를 역사에 관한 글쓰기 역사의 중심에 위치시킨다. 역사에 관한 글쓰기 역사란, 언제나 많은 피를 흘리게 했던 성자 혹은 악마에 관한 책들의 역사이기도 하다. 일련의 사건들 때문에 찰스 1세는 의회를 소집하게 되고, 나중에는 결국 그 의회에서 사형 언도를 받는다. 그런데 이 같은 일련의 사건은 왕과 장관, 로드 대주교가 스코틀랜드의 전형적 장로파[12] 교회에 『공예배서Book of Common Prayers』의 아르미니우스[13] 버전을 강요한 것에

11 Susan Howe & Tom Beckett, "The Difficulties Interview", *The Difficulties*, 3, n° 2, 1989, 20.

12 장로파는 제네바 교회 조직을 가장 철저하게 따르는 칼빈주의 교파이다. 단순화시켜 말하자면, 영국 성공회는 '위에서 아래로' 이루어지는 조직이다. 다시 말해 수장이 왕이며, 그다음이 주교이고, 그다음이 교구이다. 그러나 장로파 교회는 '아래에서 위로' 이루어지는 조직이다. 다시 말해, 개별 교회의 '장로(그리스어로 presbytoi)' 회의에서 시작하여, 지역의 교회 회의로 가고, 최종적으로 국가 차원의 교회 회의로 올라가게 된다. 뉴잉글랜드의 청교도는 크롬웰의 독립청교도와 비슷하며 장로파와 성공회를 거부한다. 청교도는 장로파나 성공회와 동일한 신앙고백을 따르지만 세부 사항에 대해서는 차이점을 드러내며, 독립 교구의 자율 조직을 선호한다.

13 아르미니우스주의는 칼빈의 예정론을 다소 약화시킨 교리이며, 1618년 돌트 회의에서 이단으로 결정된다. 아르미니우스주의는 로드 대주교에 의해 거부되지만, 찰스 스튜어

서 비롯되었다. 분열의 시점은 1637년이며, 수잔 하우의 시를 살펴본 후에 다시 이 부분에 대해서 언급하겠다.

『왕의 성상』은 아주 다양한 장르를 섞어 놓은 책이다. 그런데 수잔 하우의 「참고문헌」은 다음처럼 장르들을 파괴하고 흩어버린다. 그리하여,

> 말로 표현할 수 없는 어두움이 형성된다
> 서사영역의 파편들 (69)

자신의 텍스트에 대해 하우는 다음처럼 말한다.

> 구멍들, 뒤죽박죽 던져진 단어들, 서로 닿아 있는 단어들, 서로 겹쳐진 단어들, 서로 섞여 있거나 멀리 떨어져 있는 글자들로 가득한 뭔가를 나는 쓰고자 했다. 질서와 몽상, 수직선과 원이 가득 차 있는 무엇인가를 쓰고자 했던 것이다. 이것을 인쇄할 수 없다고 해도 상관없다. 결국, 이 글을 통해 말하고자 했던 것이 불가능성이었으니까 말이다.[14]

이 텍스트에서 에세이, 구상주의적 시, 다른 문학 텍스트에서 따온 긴 인용문들(토마스 모어의 『리처드 3세의 역사』,[15] 왕의 참수형에 강박적으로 사로잡혀 관련 사실을 연鳶에 적어서 날리는 등장인물 미스터 딕Mr. Dick과 관련

트Charles Stuart의 열렬한 환영을 받는다. 찰스 스튜어트는 아르미니우스주의를 영국 교회의 유일한 교리로 삼고자 했었다. 이 아르미니우스주의에는 반개혁운동에서 주장하던 천주교 의례 복구 및 이미지 사용을 허가하는 내용이 포함되어 있다. 그렇게 해서 성상파괴는 그 당시에 중요한 문제가 된 것이다.

14 Susan Howe, "The Talisman Interview", *The Birthmark*, 175.

15 토마스 모어는 세익스피어의 『리처드 3세』에서 영감을 받아 이 작품을 썼다. 인용된 구절을 보면, 왕들이 "단두대가 놓인 무대 위에 있는 것처럼" 연기를 한다고 적혀 있다(위의 인터뷰 53).

된 『데이비드 카퍼필드』의 두 대목[16], 영국 및 식민지 관련 문헌의 일부, 무운시blank verse[17]의 10행 연구와 2행 연구 등을 볼 수 있다. 그런데 무운시에서 인용된 시구의 운율적 전개는 파격적인 통사적 단절과 병렬 구조에 의해 격렬한 저항을 받는다. 하우가 실험적인 시도를 서슴지 않는 시인이라는 점을 감안하더라도, 이 텍스트는 극도로 산만하며 모방적이다.

> 표류하는 지배적 이데올로기
> "카이사르"인 찰스 1세
> "카이사르"인 불안한 크롬웰
> 언어 너머에서 비물질화된
> 모방 구절들이 이 텍스트 안에 있다 (80)

사실상 이 시가 노렸던 효과 중의 하나는 텍스트의 기원(저자 및 텍스트의 권위), 의미(확정, 문제제기, 해석), 인쇄물(누가 무엇을 어떻게 인쇄할 것인가, 누가 구두점을 결정하고 누가 페이지 위에 시어들을 배치하는 방식을 결정하는 권위 혹은 힘을 가지고 있는가)[18]과 관련된 '문학적' 문제를, "재앙" 및 "분기점"[19]이라 할 수 있는 폭력적 역사적 순간 속으로 끌고 들어가는 것이고, 또 이 역사적 폭력성을 텍스트 자체의 물질성에 투영하는 것이

16 Charles Dickens, *The Personal History of David Copperfield*, ch. 14, London, Bradbury and Evans, 1850, 145(「참고문헌」의 77과 81쪽에 인용).

17 영국 고전시의 한 유형으로, 약강 5보격 시형이다.

18 "원 텍스트를 과연 찾을 수 있을까? 원原시가 존재했던 것일까? 작가가 창작한 텍스트란 무엇인가? 무無에서 창작하는 것이 과연 가능한가? '작가의 의도'가 있는 곳을 알려면, 사고과정 중에서 문자화되기 이전의 단계에까지 거슬러 올라가야 한다. 그 지점에서 물질적 대상은 비물질화되어 있다." (50)

19 "재앙", "분기점", "재앙의 분기점" 등은 하우가 다양한 비평텍스트에서 자주 사용하는 표현이다. "The Talisman Interview", *The Birthmark*, 174 참조.

다. 「참고문헌」은 책, 인쇄물, 글쓰기에 관한 '역사' 안에서 분출된 폭력성에 대한 글쓰기이다. 역사 시학이 지배하는 텍스트 정치인 것이다.

에세이 형식인 텍스트 부분, 즉 교육적인 산문시의 일종인 부분에서, 하우는 로저 올맥Roger Allmack의 자취를 따라가면서 『왕의 성상』에 대한 문헌 조사를 하는 척한다. 원텍스트, 원저자, 원래의 의도에 대해서 조사한다. 그런데 여러 가지 조사한 것을 종합하지도 않고, 새로운 가설을 세우지도 않는다. 서로 싸우고 있는 수많은 목소리를 그대로 들려주며, 서로 충돌하는 여러 해석들을 보여주고, 급진적인 시각적 폭력성을 그대로 드러낼 뿐이다. 다시 말해, 다양한 기원origine의 분출이다. "사실 및 문헌의 무미건조함"(64)을 통해 출판사나 저자가 누구인지에 관한 정보를 알려주면서, 이 산문시는 상이성과 상호 충돌을 그대로 드러낸다. 이 점은 운문화되거나 구상주의적인 부분을 통해 다음처럼 표현되어 있다.

> 시인의 성상파괴
> 밤의 여신의 맹수 우리 (75)

이 미궁과 같은 텍스트에서 길을 찾기 위해, 하우가 『모반The Birthmark』에서 제공한 실마리를 이용할 수 있다. 그 실마리는 다음과 같다.

> 하버드대학교의 정면 뒤쪽에는 단두대와 시역자가 있다. 담쟁이 덩굴과 예의 바른 모습 아래에는 살인과 독선, 제거의 본능이 있다. 밀턴이 다른 전승에서 빌려온 멋진 표현들 아래로, 해체와 파괴의 맹렬한 힘이 흐르고 있다.[20]

---

20 위의 책.

「참고문헌」은 찰스 1세의 재판 이야기를 미국 역사의 이 부분과 연결시킨다. 이 시점은 율법폐기론antinomisme이라는 큰 역사적 위기를 맞은 시기이며, 인디언 피쿼트 족과의 전쟁이 있었던 시기이다. 미국사 최초의 인디언과의 전쟁이었다. 이 역사적 상황에 대해서는 자세하게 언급하지 않겠으며, 이 텍스트에서 주목할 것은 1637년이라는 연도이다. 이 해는 영국과 스코틀랜드의 갈등이 시작된 시점으로, 그 결과로 후에 왕이 죽게 된다. 매사추세츠 식민지에서는 이 해에 다른 종교적 갈등이 끝을 맺는다. 이 종교적 갈등은 율법폐기론 때문에 비난 받은 앤 허친슨에 대한 재판과 추방과 관련이 있다.[21]

앤 허친슨은 성령의 감동을 받아 감히 남자들에게까지 설교를 했던 '광신자'였다. 그녀는 매사추세츠 식민지의 장관들 대부분이 승인한 신학적, 정치적 체제를 파괴할 수 있는 종교적 이념을 옹호하면서, 남성만의 특권을 빼앗으려고 했던 것이다. 매사추세츠 주지사 헨리 베인 경과 존 휠라이트 목사의 지지를 등에 업고서, 그녀는 매사추세츠 식민지에 일종의 내전을 일으켰다고 할 수 있다. 이로 인해 정치적으로 패배하게 된 헨리 베인 경은 영국으로 돌아가야만 했고, 앤 허친슨은 재판에 넘겨졌다. 그리고 그녀는 영국에서부터 함께해왔던 존 카튼 목사로부터도 버림을 받고 추방당하게 된다. 그 후 사산까지 하게 된다. 윈스롭 주지사는 앤 허친슨의 사산아를 "괴물"이라고, 다시 말해 이교도의 흉칙함을

---

21 율법폐기론은 칼빈의 이중예정론의 극단적 형태이다. 율법폐기론자들은 구원과 믿음에 이르기 위해 인간이 할 수 있는 일은 없다고 주장하며, 구원받은 자가 의롭게 된 증거는 그 사람 안에 거하는 성령이라고 말한다. 매사추세츠의 대다수 목사(존 카튼과 존 휠라이트 제외)와 식민지 지역 당국(미래의 시역자인 헨리 베인 경 제외)이 신의 은총을 받기 위해서는 신자들의 적극적인 '준비'가 필요하다는 쪽으로 점점 더 기울어가자, 보스턴 제일교회에서 앤 허친슨(호손의 『주홍글씨』에 나오는 헤스터 프린의 모델)의 영향을 받은 몇몇 율법폐기론자들은 뉴잉글랜드 청교도의 특성인 극단적 율법주의에 정면으로 대항한다.

상징하는 "물리적 이미지"라고 목소리를 높인다. 이 표현은 그로부터 몇 년 후 밀턴이 『왕의 성상』에 대하여 사용했던 비유이다. 앤 허친슨의 재판이 있었던 시기에, 존 엔드콧John Endecott은 인디언 피쿼트 족을 몰살해버린다. 앤 허친슨의 강력한 적수였던 토마스 셰퍼드Thomas Shepard 목사는 피쿼트 족 말살 전쟁과 앤 허친슨의 추방이라는 이 두 사건 사이에 연관성이 있다고 주장한다. 앤 허친슨은 가족과 몇몇 측근들과 함께 롱아일랜드에 정착하며, 결국 이곳에서 인디언들의 손에 죽음을 맞기 때문이다.[22]

앤 허친슨과 율법폐기론은 텍스트의 마지막 1/3 부분에 나온다. 이 부분에서는, 율법폐기론자 앤 허친슨의 재판과 아르미니우스파인 찰스 1세의 재판이 긴밀하게 연결되어 있다. 앤 허친슨에게 아르미니우스주의는 '율법에 의한 구원'을 극단적으로 주장하는 이단이고, 찰스 1세에게 있어 율법폐기론은 증오받아 마땅한 당파주의가 아니었을까 ? 어쨌든 이 두 인물은 똑같이 청교도 재판관들에게 대항한 셈이며, 앤 허치슨은 말을 했다는 이유로, 찰스 1세는 침묵했다는 이유로 형을 언도받는다. 여기서 주목할 점은 역사적 가설과 문학적 글쓰기를 통해 이 두 사건이 서로 연관될 수 있다는 것이다.

이 두 사건을 연결시키는 역사적 가설은 시슬리 베로니카 웨지우드Cicely Veronica Wedgwood를 비롯한 몇몇 연구가들이 주장하는 것이다. 하우는 시슬리 베로니카 웨지우드의 저서에서 찰스 1세의 재판에 관한 문서를 찾아낸다.[23] 이 역사적 가설에 의하면, 왕의 처형은 모국母國과

---

22 Shepard Thomas, *The Autobiography*, in Michael McGiffert(ed.), *God's Plot. Puritan Spirituality in Thomas Shepard's Cambridge*, Amherst, The University of Massachussetts Press, 1972, 66-67 참조.

23 Cicely Veronica Wedgwood, *The Trial of Charles I*, London, Collins, 1964.

의 결별을 추구하게 된 식민지 미국의 의식의 변화를 상징한다. 뉴잉글랜드에 있는 청교도 영웅들과 성자들은 시역자로서, 대부분의 영국인이 볼 때는 범죄자였다. 그런데 이 청교도들에게 왕의 살해는 일종의 원죄였다. '왕/아버지/신'에 대한 원천적 폭력성, 즉 그 우상을 파괴하기 위해 필요한 폭력성을 상징하는 것이다. 숨겨져 있는 죄의식은 호손의 작품에서 보여주듯이 끊임없이 밖으로 솟구쳐 나온다. 『데이비드 카퍼필드』의 괴짜 같은 인물 미스터 딕은 중얼거린다. 신하들이 왕의 머리를 베어 버림으로써 왕의 머릿속에 있는 걱정을 모두 자신들의 머릿속으로 옮겨 담은 이유는 무엇일까 하고.

영국의 청교도들은 왕의 유령에게서 벗어나지 못하고, 미국의 청교도들은 율법폐기론자(앤 허친슨)의 유령에게서 벗어나지 못한다. 앤 허친슨은 에머슨Emerson, 에밀리 디킨슨Emily Dickinson을 통해 다시 태어나는 것이다. 에밀리 디킨슨은 "시와 마찬가지로 산문에서도 […] 독자와의 의사소통이 단절될 정도로까지 율법의 위반이 어떤 결과를 낳는지 탐구했다."[24] 에밀리 디킨슨의 이런 글쓰기는 하우 자신에게도 그대로 적용될 수 있다. 유령은 텍스트와 단어들 안에 떠돌며, 폭력성은 이 텍스트와 단어들 안에 감추어지거나 그 밖으로 분출될 수 있다.

하우는 삼행시 형태로 다음과 같이 쓴다.

집 밖에 몸을 누인다
내가 넘어서야 하는 공간 옆에
유령에 의지하여 글을 쓰기 위해
Dois m'étendre hors de la maison

---

24 Susan Howe, *My Emily Dickinson*, Berkeley, Ca, North Atlantic Books, 1985, 11.

Côté de l'espace que je dois franchir
Pour écrire contre le Fantôme (61)

프랑스어 "contre"는 밀턴의 작품에 나오는 "en opposition à(반대하여)"를 의미할 수도 있지만, 하우의 시에서는 "의지하여"라는 뜻이 더 적절하다.

위대한 카이사르의 유령
역사를 가로질러
Fantôme du grand César
à travers l'histoire

"위대한 카이사르의 유령"에 의지하여 글을 쓰는 것이다. 즉 「참고문헌」에서 역사에 대한 시적 글쓰기는 이전 텍스트의 유령에 의지하여 이루어지는 것이다. 이전의 텍스트의 내용을 인용함으로써, 유령과 긴밀한 접촉을 하면서 의지하는 것이다. 또한 토마스 모어의 『리처드 3세』로부터 인용된 부분에서 볼 수 있듯이, 역사 혹은 역사의 '주동자들'을 시적, 극적으로 활용할 수도 있기 때문이다. 텍스트의 저자가 우상의 위상을 갖게 되는 바로 그 순간, 진정한 저자로서의 위상을 문제 삼는 것을 통해, 『왕의 성상』은 '저자가 아닌 저자'가 남긴 유작의 대표적인 예가 된다. 저자가 아닌 이 저자는 죽음의 순간에 위대한 배우가 되었다. 수잔 하우가 상상하듯이, 그는 (진정한 저자-배우인 셰익스피어가 창조해낸) 『햄릿』의 유령 역할을 맡아, "기억하라!"라고 마지막으로 외친 것인지도 모른다. 신의 음성을 듣고 기록한 예언서에도 저자가 있듯이, 『왕의 성상』의 경우에도 어떤 의미에서는 저자가 있다. 어쩌면 고든 주교일 가능성이 높지만, 어쨌든 이 저자는 영어 표현으로 보자면 'ghost writer'이다. 이 '유령 작가'는 '다른 사람'을 위해 글을 써준다. 그리고 텍스트의 저자라는 공식 타이틀은 '다른 사람'의 것이다. 가령, 앤 허친슨과 같은 인물에게서 영감을 받아 쓰여진 글의 경우, 성령이 "유령 작가"이다.

텍스트를 전통, 전범典範, 출판/저자/인쇄의 원칙들의 '집 밖으로hors de la maison' 펼치기, 하지만 집에서 그리 멀지 않은 곳, 바로 문 너머, 유령들이 떠도는 바로 그곳까지만 펼치는 것이다.

수잔 하우는 역사에 대(항)하여 시적으로 글을 쓸 때는 언제나 유령 작가의 글쓰기가 된다는 것을 보여주고 싶은 듯하다. 그런데 모순되게도, 그녀에게 이런 글쓰기는, 시적 글쓰기가 역사를 벗어나지 않는다 할지라도 그것을 초월한다는 아주 전통적인 믿음을 표현하는 하나의 방식이다.

참고문헌

Howe, Susan, *The Birthmark. Unsettling the Wilderness in American Literary History*, Hanover and London, Wesleyan University Press, University Press of New England, 1993.

______, "A Bibliography of the King's Book or, Eikon Basilike"(1989), *The Nonconformist's Memorial*, New York, New Directions, 1993.

______, *My Emily Dickinson*, Berkeley, Ca, North Atlantic Books, 1985.

Howe, Susan & Beckett, Tom, "The Difficulties Interview", *The Difficulties*, 3, n° 2, 1989.

Cottton, John, *A Modest and Cleare Answer to Mr Balls Discourse of set formes of Prayer*, London, s. n. d'éditeur, 1642.

Dickens, Charles, *The Personal History of David Copperfield*, London, Bradbury and Evans, 1850.

Milton, John, "Eikonoklastes", *The Prose Works of John Milton*, Philadelphia, John Moore, 1847, Vol. 1.

Shepard, Thomas, *The Autobiography*, McGiffert, Michael(ed.), *God's Plot. Puritan Spirituality in Thomas Shepard's Cambridge*, Amherst, The University of Massachussetts Press, 1972.

Soubbotnik, Michael A., "L'histoire, la fiction et la faute dans *Roger Malvin's Burial* de Nathaniel Hawthorne", Zbygniew Przychodniak & Gisèle Séginger, *Fiction et histoire*, Strasbourg, Presses Universitaires de Strasbourg, coll. "Formes et Savoirs", 2011.

Wedgwood, Cicely Veronica, *The Trial of Charles I*, London, Collins, 1964.

황석영 소설의 '한국' 번역과 혼종성*

: 『손님』을 중심으로

김미현

1. 서론: 문화 번역과 '한국'

번역가로서의 발터 벤야민이 염두에 둔 것은 승리자들의 역사가 아니라 거기서 누락되어 기록되지 못한 주변부의 역사이다. 때문에 벤야민은 번역가들이 오히려 원본 텍스트의 조화로움을 깨트리는 잔해들에 주목해야 한다고 강조한다. 과거에 대한 지배적인 해석을 거부하면서 승리자의 항아리를 온전하게 보전하고 전달하는 것이 아니라, 그 항아리를 깨는 데 '번역가의 과제'가 있다는 것이다.[1] 따라서 번역의 의의는 잊어버릴 수 없는 삶의 순간이 담겨 있는 행간을 드러내도록 새로운 언어

---

* 이 글은 이화-파리 동 대학 간의 공동연구결과물로, 2012년 『비평문학』 제43호(한국비평문학회)에 게재되었다.

1 발터 벤야민, 『언어 일반과 인간의 언어에 대하여/번역자의 과제 외』, 최성만 옮김, 길, 2008, 133-138 참조.

를 창조하는 데서 생겨난다.[2] 이럴 때 대문자 역사History를 거부하는 번역의 주체가 누구이고, 그런 번역을 통해 의도하는 바가 과연 무엇인가가 중요해진다. 굳이 '문화' 번역이라는 개념을 통해 그것이 언어 번역만이 아니라 행동양식이나 가치관, 세계관, 이데올로기의 번역을 포함하는 광의의 개념임을 강조하는 것도 이 때문이다.[3]

문화 번역가로서 황석영은 1989년 방북한 후 해외 망명생활을 하다가 1993년 귀국하여 복역한 뒤 1998년 석방되고 나서 본격적으로 동아시아 담론을 구상한다. 그 구체적 결과물이 소위 '동아시아 3부작'이라고 일컬어지는 『손님』(2001), 『심청』(2003), 『바리데기』(2007)이다. 동아시아 담론이란 서구(미국) 중심의 신자유주의에 대해 저항하는 탈식민주의적 시각을 통해 동아시아 고유의 정체성을 탐구하려는 것이다. 특히 그 출발점이 되는 『손님』[4]은 한국전쟁 50주년을 맞아 집필하기 시작해서 한국전쟁을 21세기적 시각에서 새롭게 번역한 작품으로 평가될 수 있다. 미국에서 목사로 일하고 있는 류요섭이 고향인 황해도 신천을 방문하는 것을 계기로 과거 신천학살 사건과 연루된 여러 인물들의 이야기를 통해 화해와 상생의 미래를 추구하고 있는 작품이다. "분단 모순의 상상적 해결을 넘어서는 통일문학의 이정표"[5]라는 평가나, "전통과 현대성이 결합된 21세기형 분단소설"[6]이라는 평가가 한국전쟁을 통해 황석영이 새롭게 번역하는 '한국'의 의미를 확인할 수 있게 해준다. 그래서 이때의 따옴표 쳐진 '한국'은 구체적이고 개체화된 한국이 아니라 개념화되고

---

2 정혜욱, 『번역과 문화연구』, 경성대학교출판부, 2010, 47 참조.

3 김현미, 『글로벌 시대의 문화 번역』, 또하나의문화, 2005, 48 참조.

4 황석영, 『손님』, 창작과비평사, 2001. 앞으로 본문 인용은 이 책을 기준으로 삼아 페이지만 제시한다.

5 이봉일, 『이데올로기의 유령을 넘어서』, 월인, 2002, 58.

6 오창은, 「억압된 기억의 꿈- 『손님』론」, 오태호 엮음, 『황석영』, 글누림, 2010, 304.

집단화된 이데올로기로서의 의미를 지닌, '한국'으로 (문화) 번역된 한국을 의미하게 된다. 우리가 이미 알고 있는 '분단', '민족', '동양'의 의미를 동아시아 담론에 위치시키기 위해 황석영은 한국전쟁이라는 역사적 사건에 주목한다.

이런 맥락에서 『손님』에 나타난 '한국'은 '사후事後 발명품'이라고 할 수 있다. '포스트post, 以後'의 시기에 '프리pre, 以前'가 만들어지는 것이기 때문이다.[7] 포스트분단문학, 포스트민족문학, 포스트오리엔탈리즘문학의 측면에서 『손님』을 바라볼 수 있는 것도 이런 배경에서 가능하다. 이때의 '포스트'는 분단문학과 민족문학, 오리엔탈리즘문학을 이미 경험한 후 그에 대한 번역이 일어난 사후의 인식이라는 의미와, 기존의 분단문학이나 민족문학, 오리엔탈리즘문학을 계승함(후기)과 동시에 거기에서 벗어나려는(탈) 이중적 경향을 보여준다는 의미를 동시에 담고 있다. 마치 번역이 원본으로 종결되지 않고 그 이후에 전개되는 삶, 이른바 '후생after life' 속에서 실현되는 것처럼[8] '한국'은 『손님』에 나타난 포스트 담론들을 통해 이국화異國化된다. 이때 주요 배경인 한국전쟁이나 신천학살 사건 또한 과거가 아닌 현재의 사건이 되고, 과거(역사)라는 시간 자체도 '외국'으로 다가오기에 그 속에서 사람들은 현재와 다르게 살게 된다.[9]

이 글의 목적은 이런 번역과정에서 황석영의 『손님』이 '한국'이라는 특수성에 경도된 토착주의nativism나 기존의 오리엔탈리즘에 내재하는 동양에 대한 낭만주의를 재생산하는 함정으로부터 얼마나 자유로운지에

---

7 레이 초우, 『원시적 열정』, 정재서 옮김, 이산, 2004, 45 참조.

8 이명호, 「문화번역의 정치성: 이국성의 해방과 이웃되기」, 『비평과 이론』, 2010, 봄/여름, 240 참조.

9 유종호, 『과거라는 이름의 외국』, 현대문학, 2011, 13 참조.

대해 검토하는 것이다. 지금까지의 '한국' 번역이 주로 한국 외부의 눈에 비친 것이었다면, 『손님』은 한국 내부에서 한국을 번역하는 양상에 대한 고찰을 본격적으로 보여준다는 의미에서 차별성과 중요성을 지닌다. 때문에 '현실주의적인 서사를 우리 형식에 담는다'[10] 작가의 의도가 '자민족 중심주의ethnocentrism'와 '전략적 본질주의strategic essentialism' 사이의 어디쯤에 위치 짓고 있는지 번역의 결과를 확인해볼 수 있다. 그리고 궁극적으로는 손님/주인, 기독교/마르크스주의, 남/북, 전통/근대, 동양/서양, 과거/현재, 현실/꿈, 실재/헛것 등의 이분법적이고 환원론적인 이항대립성을 극복해보려는 노력을 『손님』에서 어느 정도 구현하고 있는지 평가하는 문제로 귀착된다. 황석영의 성과와 한계 자체가 '한국'을 번역할 때의 현실태이자 가능태이기 때문이다. 『손님』은 이런 '한국' 작가 황석영의 번역가로서의 위치를 보여주는 시금석에 해당하는 작품이다.

2. 포스트분단문학: 전쟁의 전유

『손님』은 1950년에 있었던 신천학살 사건이 배경이다. 현재 미국에서 목사로 활동 중인 류요섭은 고향인 신천을 방문하기 직전에 일어난 형 류요한의 갑작스러운 죽음을 계기로 한국전쟁 중에 있었던 일을 기억하고 회상하게 된다. 그리고 북한 방문을 통해 한국전쟁 때 열 살이었던 류요섭의 눈에 비친 당시의 진상을 호출함으로써 광기의 역사로 인한 상처를 치유하고 화해와 상생을 이루려는 것이 소설의 주제이다. 형 류요한을 평생 괴롭혔던 '그때 그 일'의 현장에 있었던 사람들이 류요섭

10 황석영 · 심진경(도전 인터뷰), 「한국문학은 살아 있다」, 『창작과 비평』, 2007, 가을, 243.

을 영매靈媒로 삼아 유령으로 등장해 직접 자신의 이야기를 할 수 있도록 목소리를 부여함으로써 숨겨진 진실을 보여주려는 것이 작가의 의도이다.

신천학살 사건은 황해도 신천에서 1950년 10월부터 12월까지 45일 동안 무고한 주민들이 무자비하게 학살된 사건이다. 8·15 해방정국과 6·25를 계기로 해서 인천상륙 작전과 1·4 후퇴로 이어지는 1945년부터 1950년 사이의 혼란스러운 정국의 한복판에 신천학살 사건이 존재한다. 이 사건이 더욱 유명해진 것은 1951년에 피카소가 그린 그림 〈한국에서의 학살The Massacre in Korea〉 때문이다. 이미 1937년에 〈게르니카〉를 통해 자신의 조국인 에스파냐에서의 전쟁으로 인한 참혹상을 그렸던 피카소는 한국에서 일어난 신천학살 사건 소식을 듣고 '한국판 게르니카'로 불리는 이 그림을 그린다. 이 학살 사건을 통해 "오십이일 동안 신천군 주민의 사분지 일에 해당하는 삼만 오천삼백팔십삼 명"(99)이 죽었다는 사실이 피카소에게 커다란 충격을 주었던 것이다.

그런데 아직도 미제 사건으로 남아 정확한 진상이 밝혀지지 않은 신천학살 사건에 대해 『손님』에서는 새롭고 충격적인 사실을 제시한다. 기존의 역사에서 미군에 의해 저질러진 만행으로 알려진 신천학살 사건이 사실은 우익 기독교 단체에 의해 저질러졌다는 것이다. 그렇다면 이것은 미국과 소련의 대립이 아니라 남과 북, 좌익과 우익, 기독교와 마르크스주의의 대립으로 그 대립축이 전유된다.

1) "지난 조국해방전쟁 시기 미제침략자들은 조선에서 인류역사상 일찍이 그 류례를 찾아볼 수 없는 전대미문의 대규모적인 인간 살륙 만행을 감행함으로써 이십세기 식인종으로서의 야수적 본성을 만천하에 낱낱이 드러내놓았습니다. 흡혈귀 신천지구 주둔 사령관 해리슨놈의 명령에 따라

감행된 신천 대중학살은 그 야수성과 잔인성에 있어서 제이차세계대전 시기 히틀러 도배들이 감행한 오스벤찜의 류혈적 참화를 훨씬 릉가하였습니다. 미제침략자들은 신천에서 살아 움직이는 모든 것은 잿가루 속에 파묻으라고 지껄이면서 오십이일 동안에 신천군 주민의 사분지 일에 해당하는 삼만오천삼백팔십삼명의 무고한 인민들을 가장 잔인하고 야수적인 방법으로 학살하는 천추에 용납못할 귀축 같은 만행을 감행하였습니다." (99)

2) 그들의 말은 타자기의 활자체 글씨처럼 단문이 되어 요섭의 현재와 과거를 찍으면서 스쳐 지나갔다. 그들은 모두 미군이라고 고쳐서 말했지만 당시에 미군은 주둔하지 않고 북쪽을 향하여 차를 타고 재빨리 지나갔을 뿐이다. 군대가 오기 직전과 뒤의 사십오일 동안 후방 병력의 대부분은 치안대와 청년단이었던 것을 요섭은 자신의 형 요한과 함께 잘 알고 있었다. (108)

1)의 예문은 류요섭이 북한을 방문해서 신천의 '미제학살기념박물관'에 갔을 때 북한측 안내원이 설명하는 내용이다. 북한은 남한뿐만 아니라 그 배경이라고 생각되는 "미제 침략자들"을 공격하기 위해 무고한 인민들을 가장 야수적인 방법으로 학살했음을 고발하고 있다. 소설에서 류요섭은 본인이 사건을 직접 경험했기 때문에 그것이 사실이 아님을 누구보다도 더 잘 안다. 북한이 이 사건을 이처럼 미군의 소행으로 모는 이유는 자신들의 체제를 유지하기 위한 것임도 간파한다. 학살의 원흉으로서 미제국주의를 호명해야 해방의 당사자로서의 북쪽 입장과 노선이 분명해지기 때문이다.

하지만 2)에서 뒤집어지듯이 작가는 "모두 외세탓"(91)이라는 북한측 설명을 의심하면서 본인이 수집한 자료와 목격담을 중심으로 신천학살 사건이 미군이 아닌 우익 측에 의한 행위임을 밝히고 있다. "누구 남들이 그런 행악을 한 게 아니라, 우리가…… 동네에서 같이 오순도순 살던 사람들이 그랬다"(116)는 것이다. 또한 기존의 좌우 이데올로기를 '좌=마르크스주의=무산계급=소작농', '우=기독교=유산계급=친일분자'로 대체하고 있다. '성전을 위한 싸움'과 '인민을 위한 계급투쟁'이라는 명분의 이면을 파헤치려고 한 것이다. 평안도와 황해도 지역은 조선에서 개신교가 가장 먼저 퍼진 지역이다. 그리고 개화 이래 신문명의 수입과정에서 기독교는 지주를, 마르크스주의는 소작인을 중심으로 형성되었다. 심지어는 소설 속에서는 기독교 내부에서도 분열이 일어나 서로의 가족을 죽이는 보복 차원에서 신천학살 사건이 일어났다고 본다.

이런 작가의 시각은 분단문학의 새로운 장을 연다. 한국전쟁을 배경으로 한 기존의 분단문학은 크게 전쟁 체험세대와 미체험세대로 나뉘어 그 양상을 달리한다. 전쟁 체험세대는 이데올로기 차원에서 남과 북의 갈등 양상에 초점을 맞춘다. 남과 북의 이데올로기 대립에서 설사 그 이면이 미국과 소련의 대리전 양상이라고 해도 좌익과 우익 사이의 가치관이나 세계관의 충돌에 그 근원을 둔다. 한국전쟁을 휴머니즘의 차원에서 다루더라도 좌우익 양쪽 모두 이런 이데올로기 대립의 피해자로 다루면서 이데올로기의 허구성을 비판하는 것이 대부분이다. 반면 전쟁 미체험세대는 이데올로기가 아닌 일상이나 관념의 차원에서 한국전쟁을 번역한다. 이들에게 한국전쟁은 부모세대를 통한 간접체험 중심이기에 '북한'이라는 우리와 '다른' 나라의 체제를 낳은 전쟁으로 인식되기 때문이다.

황석영은 전쟁 체험세대로서 「한씨연대기」, 「북망 그 멀고도 고적한 곳」, 「탑」, 『무기의 그늘』 등을 통해 창작 초기부터 지속적으로 분단의 상처를 이데올로기 차원에서 강조해왔지만, 1989년 방북 이후 망명과 투옥을 겪고 베를린 장벽이 무너지는 세계사적 변화를 직접 경험하면서

『오래된 정원』, 『손님』, 『바리데기』 등의 2000년대 소설들에서는 보다 적극적으로 분단을 극복하려는 태도를 보인다. 『손님』의 경우에도 소설의 뒷부분에서는 인간 본성이 지닌 악마성이나 패악에 연유하는 폭력에 대해 언급하고 있지만,[11] 작가가 신천학살 사건의 진실에서 강조하고자 하는 바는 '기독교' 측의 폭력으로 인해 벌어진 참극이라는 사실이다. 기존의 남한중심주의, 즉 반공주의의 오류에서 벗어나 북한에서 일어난 우익의 만행을 고발함으로써 균형 잡힌 시각을 확보하려는 것이 작가의 의도이다.[12] 이 점이 바로 기존의 남한과 우익 중심적 분단문학을 새롭게 번역한 '포스트분단문학'으로서의 이 작품의 특징이라고 볼 수 있다.

보다 구체적으로 볼 때, 『손님』은 이병주의 『지리산』, 김원일의 『겨울 골짜기』, 조정래의 『태백산맥』, 이문열의 『영웅시대』, 홍성원의 『남과 북』 등에서 민족 내부의 갈등으로 한국전쟁을 다룬 소설들의 전통을 이어받으면서도 그 작품들이 남한을 배경으로 한 것과 달리 한국문학 사상 최초로 북한을 배경으로 함으로써 남한중심주의에서 탈피한 분단문학이라는 의의를 확보하게 된다.[13] "타자(남한과 연관된 북한)의 역사를 구성적으로 재인식함으로써 스스로 타자되기(통일)를 기획하는 것"[14]이기 때문이다. 『손님』은 "남한의 작가가 북한에 대해 묘사할 수 있는 현 시점에서

11 "나는 이제 우리의 편먹기는 끝났다고 생각했다. 더이상 사탄을 멸하는 주의 십자군이 아닌 것이다. 우리는 시험에 들기 시작했고 믿음도 타락했다고 생각했다. 나와 내 동무들은 눈빛을 잃어버린 나날이 되어갔다. 눈에 빛이 없다니 그게 무슨 소리냐고. 사는 게 귀찮고 짜증이 나서 그랬다. 조금만 짜증이 나면 에이 상, 하고 짧게 씹어뱉고 나서 상대를 죽여버렸다"(246).

12 양진오, 「한반도의 민족문제에 관한 장기지속적인 성찰」, 『문학과 사회』, 2002, 가을, 155 참조.

13 김병익, 「이념과 상잔, 민족의 해원」, 『문학동네』, 2001, 가을, 535-536 참조.
김재용, 「냉전적 분단구조 해체의 소설적 탐구」, 『실천문학』, 2001, 가을, 323 참조.

14 오창은, 앞의 논문, 306.

의 최대치"[15]인 것은 분명하다. 남한 이야기는 전혀 나오지 않는 상황에서 북한만을 배경으로 이토록 리얼한 분단문학을 쓸 수 있는 배경에는 황석영이 베를린 장벽이 무너지는 현장을 직접 경험하고, 그때부터 이 작품을 구상했다는 사실에 그 연원을 둔다. 그리고 1989년 방북 때 직접 신천을 방문했던 경험 또한 반영된 것이다. 이를 통해 『손님』은 시류에 맞게 '냉전적 적대감의 해소'라는 목적에 이바지하는 포스트분단문학적 성격을 잘 보여주고 있다. 남한 혹은 기독교의 역사를 남한의 시각에서 전유함으로써 남한의 자성自省을 촉구하고 있기 때문이다.

물론 이러한 황석영의 소위 '북한중심주의'에 입각한 한국전쟁 번역은 소설 속에서 또 다른 불공평함을 낳고 있다. 그래서 이런 지나친 북한중심주의가 '편협한 민족주의'로 비판받을 소지도 충분하다.[16] 포스트분단문학으로서의 성격으로 인해 『손님』 속에서 한국전쟁은 다소 과잉되고 불합리하게 멜로드라마화되는 경향이 있다. 분단의 실상을 한국 '내부'의 갈등으로 전유함으로써 한국 '외부'의 역학관계가 오히려 무시되는 경향이 강해지기 때문이다.

가령 동네 머슴이었던 일랑(일명 이찌로)이나 광산노동자였던 순남이 아저씨로 대표되는 인민군 측의 폭력이나 살육은 간접적으로 간략하게 서술되는 반면, 상호나 봉수를 중심으로 한 기독교 청년단의 만행은 리얼하고도 직접적으로 서술되고 있다. 인민군 여전사 살해나 집단 윤간 장면, 보복성 처형, 가족 살해 등의 장면 등은 처참하다. 특히 일랑을 류요한이 권총으로 사살하는 장면이나 순남이 아저씨를 전봇대에 매달아 죽이는 장면은 가히 충격적이다. 반면 내부 혈전의 빌미를 먼저 제공한

---

15 이재영, 「진실과 화해: 『손님』론」, 최원식 · 임홍배 엮음, 『황석영 문학의 세계』, 창비, 2003, 105.

16 현길언, 「종교와 이념」, 『문학과 종교』 7호, 2002, 153-157 참조.

인민군 측의 류요한 가족에 대한 폭력이나 살육, 조장로의 죽음, 인민군 정규군의 무자비한 뒷마무리는 스쳐 지나가듯이 서술되고 있다. 이런 편파적인 묘사나 서술 태도로 인해 "양자 모두에게 공평하게 심판된다고 보기는 어려우며 회개하는 죄인(기독교)과 용서하는 당원(사회주의)이라는 형국에 가깝다"[17]거나, 류요섭이 다시 찾은 북한도 "화해는 없고 따지기를 통한 용서와 시혜를 통해서 천도될 수 있는 이상한 고향"[18]이라는 비판을 받기도 한다.

그럼에도 불구하고 황석영의 『손님』은 그동안 분단문학에서 사각지대에 있었던 우익의 폭력성과 그에 대한 반성에 초점을 두어 역사를 균형 잡힌 시각에서 재구성하려 한 의의가 있음을 인정해야 한다. 한쪽으로 치우친 시각을 바로잡으려면 과도기적 전략상 그 반대쪽으로 기울어질 수밖에 없음을 인정한다면, 이 작품이 안고 있는 민족주의의 '편협함'이나 북한중심주의의 '과도함'은 일정 부분 이해될 수 있다. 물론 앞에서도 지적했듯이 작가는 이런 남북 이데올로기의 문제가 아니라 인간 본성이 지닌 광기 차원에서 "애국정신의 타락"(236)을 지적하기도 한다. "목숨을 담보로 당원들의 재산을 갈취하든가 아니면 그들의 여자 식구들을 건드리기 시작"(236)한 것에 주목하면 기독교의 기득권도 문제가 되지 않고, 애국정신의 맹목성도 무색해진다. 그저 인간 자체의 야수성만이 부각될 뿐이다. 하지만 작가는 그런 본질적인 인간의 폭력성이나 야만성을 낳은 배경으로서 외래의 '손님'인 기독교와 마르크스주의를 번역한 것이 아니기에, 한층 더 역사적이고 시대적인 독법을 중심으로 작품을 해석할 필요가 있다.

---

17 황국명, 「황석영 소설은 리얼리즘의 미래인가」, 『우리 소설의 터무니』, 세종출판사, 2005, 307.

18 현길언, 「위장된 민족주의와 가짜 화해」, 『본질과 현상』, 2005, 겨울, 266.

3. 포스트민족주의문학: 전통의 발명

또 다른 '편견'이나 '되구부리기'를 초래할 위험스러운 요소를 지니고 있지만 『손님』이 포스트분단문학의 입장에서 남한중심주의나 반공주의에서 벗어나 한국전쟁을 번역한 의의가 있는 작품임을 부정할 수는 없다. 이와 연관되어 『손님』은 이런 포스트분단문학적 내용을 '지노귀굿'이라는 전통적인 굿 양식으로 형상화했다는 점에서 더욱 활발하게 논의되는 작품이기도 하다. 이미 사건의 당사자들이 죽은 현재의 시점에서, 그것도 가장 직접적인 가해자였던 형 류요한마저 사망한 시점에서 당시의 진실을 밝혀줄 수 있는 사람들을 등장시킬 수 있는 문학적 장치로 작가가 선택한 것이 바로 '유령(귀신)'들이다. 이 유령들은 각기 다른 입장에서 원한을 지닌 채 저세상으로 가지 못하고 이승을 떠돌고 있다. 이런 원귀冤鬼들의 한을 풀어주고 이들을 제대로 저세상으로 떠나보내는 것이 화해와 상생의 첫걸음이고, 그런 내용에 맞춤한 전통 양식이 바로 지노귀굿이다.

지노귀굿은 "무당의 입을 빌려 수많은 귀신들이 들고 나며 자신의 목소리를 풀어놓는 전통적인 굿 양식"[19]으로서, 이 소설의 소목차인 '부정풀이－신을 받음－저승사자－대내림－맑은 혼－베 가르기－생명돋음－시왕－길 가르기－옷 태우기－넋반－뒤풀이'는 지노귀굿 12 마당의 구성을 거의 그대로 가져온 것이다. 크게 삼분三分하면 죽은 원혼들과의 '접신接神－오신娛神－송신送神' 과정으로 나눌 수 있다. 이런 3단계는 그 자체로 '만남－충돌－조절'의 3단계를 거치는 번역의 과정과도 유사하다.[20]

---

19 서영인, 「황석영 서사의 지평」, 오태호 엮음, 앞의 책, 101.

20 조재룡, 『번역의 유령들』, 문학과지성사, 2011, 148 참조.

전통 굿 양식을 황석영은 현재적으로 번역하고 있다. 이런 번역과정에서 중요한 것이 바로 원한을 가지고 있어 이승을 떠도는 죽은 자들을 편안하게 저승으로 인도하는 것이다.[21] 작가는 지노귀굿에서 망자가 저승으로 가기 위한 과정의 하나로 자신의 억울한 심정을 토로하는 부분을 소설 속에서 과거와 현재를 오가며 자신들의 억울한 심정을 토로하는 산 자와 죽은 자들의 대화 속에 녹여내고 있다. 사실 이런 전통적 양식에 대한 작가의 관심은 이미 『장길산』(1984) 때부터 마당극 운동을 적극 활용한 경우에서도 전례를 찾아볼 수 있다. 작가는 『손님』에서도 민중연희 양식의 차용과 확대라는 측면에서 지노귀굿을 활용하고 있다.

이와 연관되어 작가는 1989년 방북으로 인한 타의적 망명 시절에 '동아시아 연대'나 '전통의 확대' 중심의 새로운 문명론으로 중국의 '중체서용中體西用'이나 일본의 '화혼양재和魂洋才'와 연결되었던 '동도서기東道西器'를 새롭게 번역한 '서도동기西道東器'를 주장한 바 있다. 한반도에 서구열강이 침투했던 구한말의 '동도서기', 즉 동양의 정신을 견지하면서 서양의 기술을 취하겠다는 사상을 '서도동기'로 뒤집음으로써 "패러다임을 바꾸자는 의미뿐만 아니라 동기東器를 강조하자"거나 "서도西道까지도 동기에 담자"는 대안적인 새로운 문명론을 제시한 것이다. 그리고 '동기'에서의 '그릇器'을 단순한 수단이나 방법을 의미는 것만이 아니라 "내용물을 결정할 뿐만 아니라 그것을 변화시키기도 하는" 적극적인 의미로

21 "우리말의 '굿' 또는 '푸닥거리'는 프랑스어의 '콩쥐라시옹conjuration'으로 번역될 수 있다. 데리다는 이 단어의 이중적 의미에 주목한다. 그것은 유령들을 도착하게 만드는 부름 혹은 초혼이자, 이와 정반대로 불러온 영혼을 쫓아내는 마법적인 축귀를 의미한다. [⋯] 따라서 지금 여기에 존재하지 않는 타자를 불러내고 다시 쫓아내는 순환 행위 속에는 타자와의 관계를 회복함으로써 곧 주체를 회복하려는 시도가 들어 있다." 오연경, 「식인食人 주체와 유령들: 황석영의 『손님』론」, 『철학 · 사상 · 문화』 제9호, 2010, 151 참조.

해석한다.[22] 때문에 '서도동기'는 "서도까지도 동기에 집어넣자는 얘기일 뿐만 아니라, 서도가 이미 옛날의 서도는 아니라는 것", "거듭난 동도가 세계를 제패한 서도를 반성시켜서 새롭게 규정한 서도"로 그 의미가 발전한다.[23] 그렇다면 '서도'는 세계를 제패했던 이전의 과거를 반성하는 새로운 서양을 의미하게 된다. 때문에 이때의 '서도'는 '동기'에 좀 더 가까워지고, 이전의 '동도서기'에서의 배타적인 대립관계에서 벗어나 보다 더 상관관계나 포함관계가 커진다.

여기서 보다 중요한 점은 작가의 이런 '서도동기'론이 김지하의 '동도동기東道東器'론처럼 "일제 치하의 향토주의나 검열하의 중국 현대문학의 한 분야처럼 민속주의에 속하지 않는다"는 점을 "황아무개에 대한 최소한의 존중"의 의미로 오해하지 말아줄 것을 작가가 직접 당부하고 있다는 사실이다.[24] 작가의 이런 직접적인 언급을 참조하지 않더라도 『손님』에 사용된 전통적인 굿 양식은 전통의 확대를 통한 민족주의의 새로운 가능성을 보여준다. "전지구적 자본주의의 시장 논리에 대한 문명적 대안"[25]으로 평가할 수 있거나, "서구의 세계관과 지배 담론에 의해 굴절된 우리 문화의 자의식을 유추할 수 있는 기회를 제공"[26]해주는 것으로 평가할 수 있기 때문이다. 더욱이 황석영의 '서도동기'론이 그가 주장하는 바처럼 단순한 '향토주의'나 '민속주의'가 아닌 것은 이미 모더니티의 등장으로 한 번 '죽었던' 전통을 지금 이 시점에서 다시 '살려낸' 것이기 때

---

22 황석영 · 이문재(대담), 「새로운 문명적 대안과 문학론을 위하여」, 『문학동네』, 1999, 봄, 38-39 참조.

23 황석영 · 최원식(대담), 「황석영의 삶과 문학」, 최원식 · 임홍배 엮음, 앞의 책, 60-61 참조.

24 황석영 · 심진경, 앞의 인터뷰, 247 참조.

25 김형수, 「분단의 형이상학을 넘어 민족의 해원에 이르는 길」, 『사림어문연구』 제14집, 2001.

26 고인환, 「황석영 소설에 나타난 전통 양식 전용 양상 연구」, 오태호 엮음, 앞의 책, 197 참조.

문이다. 지금 살아 있는 것처럼 보이는 모더니티가 오히려 유령처럼 '죽어 있는' 것임을 간파한 것이다. 그래서 유령으로 유령에 맞서는 것, 이것이 바로 황석영의 전통을 '새롭게' 번역하는 양상이자 현실을 극복하는 방법이 된다.[27]

3) 요섭은 벽을 따라서 길게 늘어선 헛것들을 둘러보았다. 한 여남은 명이 되어 보였다. 그것들은 그믐밤에 마당의 빨랫줄에 걸린 흰옷가지들같이 암흑에 덜 물든 좀더 밝은 어둠처럼 보였다.

성만이두 밖으루 나오라우.

하는 소리에 돌아보니 순남이 아저씨가 외삼촌의 방 앞에서 그를 불러내는 중이었다. 외삼촌도 요섭처럼 거실로 어정어정 걸어나왔다. 그는 누가 시키지 않았는데도 요섭의 옆에 와서 서더니 벽가에 늘어선 헛것들을 둘러보았다. 순남이 아저씨가 말했다.

우리가 요한이럴 데려가기 전에 갸가 죽인 사람덜이랑 풀어줄라구 기래. 죽으문 자잘못이 다 사라지디만 짚어난 보구 가야디.

살아 있는 요섭과 외삼촌은 거실의 위쪽에 앉고 요한 형과 순남이 아저씨의 헛것은 그들의 맞은편 아래쪽에 앉았는데 다른 마을사람들의 헛것들은 벽가에 서 있던 자리에서 스르르 미끄러져내려 자리를 잡았다. 그들은 남녀만 어렴풋이 분간될 뿐이고 누가 누군지 확실하게 알아볼 수는 없었다.

꿈에서처럼 앞뒤 순서도 없고 연결도 되지 않는 장면들이 어떤 곳에서는 자세하게 아니면 확 건너뛰어서 펼쳐졌다. (195-195)

4) 자자, 이젠 돼서. 그만들 가자우.

---

27 최영석, 「강신降神과 축귀逐鬼」, 『작가세계』, 2004, 봄, 76-77 참조.

순남이 아저씨의 헛것이 말했고 일랑이도 그 옆을 따른다.

그래, 가자우.

다른 남녀 헛것들도 벽에서 스르르 일어나 바람에 너울대는 헝겊처럼 어둠속으로 사라지기 시작했다. 아득하게 먼곳에서 누군가의 목소리가 들려왔다.

서루 죽이구 죽언 것덜 세상 떠나문 다 모이게 돼 이서.

요한이 아우에게 말했다.

이제야 고향땅에 와서 원 풀고 한 풀고 동무들두 만나고 낯설고 어두운데 떠돌지 않게 되었다. 간다, 잘들 있으라. (250)

앞의 2절에서 작가가 포스트분단문학적인 측면에서 기독교를 유산계급과 연결시켜면서 비판했다면, 여기서는 지노귀굿이라는 전통을 민족적 요소와 연결시켜 긍정하고 있다. 민족적 전통으로서의 굿 양식을 근대성의 외적인 변화에 의해 사라질 풍요성의 저장고이자 "헛것"들과 직접 소통할 수 있는 투명성의 저장고로 파악하고 있기 때문이다.[28] 그래서 작가는 예문에서처럼 각각의 인물들이 자신의 진상을 토로하는 부분을 지노귀굿의 양식을 빌려 문학화한다. 그리고 이런 '포한抱恨 → 해한解恨'의 과정에 집중함으로써 서로 다른 인물들의 다양한 입장을 입체적으로 조명하고자 한다. 이런 전통 양식의 현대적 복원은 서구 중심의 근대문학에 응전하는 주요한 방식의 하나라고 할 수 있다.[29] 특히 굿 양식은 지배 문화로는 번역 불가능한 피지배 문화의 경험과 전통을 전달하고 있기에 탈식민주의적 시각이 반영된 것으로도 볼 수 있다.[30]

---

28 네스트로 가르시아 칸클리니, 『혼종 문화』, 이성훈 옮김, 그린비, 2011, 269 참조.

29 고인환, 앞의 논문, 197 참조.

30 김미영, 「황석영 소설에 나타난 탈식민주의 고찰」, 『한국언어문화』 제26집, 2004, 6 참조.

또한 지노귀굿이라는 양식을 '전통의 확대'로 볼 수 있는 이유는 그것이 "리얼리티를 획득하기 위해 리얼리즘을 버린 것"[31]이기 때문이다. 이때의 리얼리즘은 서구의 사실주의적 기법을 의미하고, 리얼리티는 유령의 출현이나 시점의 자유로운 이동 등의 탈사실주의적 기법을 의미한다. 황석영은 지노귀굿이라는 민족적 형식이 리얼리즘이라는 보편적(서구적) 양식을 반성시킴과 동시에 그것을 극복하고 있는 것으로 파악한다.[32] 리얼리즘이 단선적 · 고정적 · 인과적 · 선조적 인식에 기반을 둔 것이라면, 그에 반해 전통적인 굿 양식은 복합적 · 유동적 · 우발적 · 순환적 인식에 기반을 두면서 리얼리티의 세계를 반영한다는 것이다. 이런 맥락에서 『손님』의 서사 방식은 "리얼리즘을 넘어선 또 다른 리얼리즘"이라거나 "민족 화해를 대승적으로 지향하는 해원의 리얼리즘"이라는 의미를 부여받게 된다.[33] 작가가 주장하는 '서도동기'의 입장에서 보면 이때의 리얼리즘은 '서도'로, 리얼리티는 '동기'로 치환될 수 있다.

여기서 더 발전하여 황석영은 서구 중심으로 인한 근대의 파행을 이런 전통 양식을 통해 비판하려고 한다. 『손님』에서 유령은 부재하지만 가장 강력하게 현존하는 아이러니를 지닌다. 즉 유령은 현존하는 존재가 은폐하고 몰아내려는 진실을 가시화하는 존재이기에 오히려 '산 자'보다 더 현실적이고 구체적이다. 비가시적인 가시성의 존재가 바로 유령이다.[34] 이런 '부재의 현존'을 가능하게 하는 것은 죽은 자들의 원한일 수도 있고, 살아남은 자들의 죄의식일 수도 있다. 이런 유령의 존재는

31 김병익, 앞의 논문, 529 참조.

32 "과거의 리얼리즘 형식을 보다 과감하게 보다 풍부하게 해체하여 재구성해야 한다"거나 "객관적인 서술 방법도 삶을 그럴싸하게 그린다고 할 뿐이지 삶을 현실의 상태로 재현하는 것은 불가능한 노릇이다"라는 '작가의 말'을 참조할 수 있다.

33 조성면, 『경계를 넘고 간극을 메우며』, 깊은샘, 2009, 43 참조.

34 자크 데리다, 『마르크스의 유령들』, 진태원 옮김, 이제이북스, 2007, 24-26 참조.

서구 중심의 근대성을 의심하게 만든다. 즉 유령은 인식 · 예측 · 통제가 가능하다는 과학적이고 물질적인 근대성의 전제를 부정하므로 그 자체로 근대성의 반명제가 될 수 있다.[35] 이런 반근대적 유령을 통해 '서도'의 '동기'화는 더욱 강화되고, 감춰져 있던 현실은 더욱 명확하게 드러난다. 유령의 공간은 주변부이고, 유령의 언어는 방언이기 때문이다.

이처럼 황석영은 전통적인 굿 양식을 '보편적 문법'에 해당하는 서구 리얼리즘에 반하면서 반서구적이고 반근대적이기도 한 '민족적 양식'으로 번역함으로써 포스트민족문학적인 면모를 보인다. '동도서기' 중심의 민족문학을 번역해서 '서도동기' 중심의 포스트민족문학으로 위치시키고 있기 때문이다. 포스트민족문학에서는 내용으로서의 서양을 형식으로서의 동양에 포함시키므로 '동도'와 '서기'가 서로 대립했던 민족문학과 달리 그 두 가지가 서로 배타적이지 않은 포함관계를 형성할 수 있다. 전통을 되살림으로써 문화적 주체성을 강조하지만, 그것이 이미 순결한 민족문화가 아닌 "서구라는 타자를 제 몸의 일부로 받아들인 건강한 혼혈"[36]의 상태이기 때문이다.

흔히 『손님』에 차용된 전통 굿 양식에서 라틴 아메리카의 '마술적 리얼리즘'을 연상한다. 하지만 작가는 이에 대해 분명하게 선을 긋는다. 그것은 '서도서기西道西器'이기 때문이다. 그 차이점이란 마술적 리얼리즘에서는 전통적인 민담이나 전설이 현실과 유리된 채 원형 그대로 등장하여 소격효과를 주는 데 비해, 자신의 '동기'는 언제나 현실과의 연결이나 접점을 염두에 둔다는 것이다. 이럴 때 『손님』에 등장하는 유령들은 그 자체로 "몸이 사회화되는 과정"과 연관된다.[37] 당대의 현실을 문

35 로아 파킨스 사모라, 『마술적 사실주의』, 우석균 옮김, 한국문화사, 2001, 324 참조.

36 임기현, 『황석영 소설의 탈식민성』, 역락, 2010, 390.

37 황석영 · 심진경, 앞의 인터뷰, 254-258 참조.

제 삼기 위해 유령들은 현재로 소환된다. 그리고 이런 유령의 출현으로 전통이 확대됨으로써 포스트민족주의를 강력하게 환기시키게 된다.

그러나 이런 포스트민족문학적인 특성이 '탈식민주의의 아포리아'를 초래할 위험성도 있다. 탈식민주의가 서구 문화에 대한 저항을 의미하지만, 그런 탈식민주의적 민족주의가 지배계층을 옹호하는 또 다른 억압 담론으로 기능할 수 있기 때문이다.[38] "이스라엘이나 조선의 하나님 같은 건 없다오. 그냥… 하나님은 하나님이디"(157)라는 말에서 나타나듯이 하나님은 하나이지 "조선으 하나님"(214)과 같은 개념은 허구일 수 있다. 그렇다면 황석영의 한국적 전통에 토대를 둔 '동기' 개념 자체도 '상상'의 개념일 수 있다는 것이다. 이와 연관되어 볼 때 유령으로 형상화되었을 뿐, 소설 속에서 그 형상으로 등장하는 인물들의 언어나 행위는 지극히 현실적이고 리얼하다. 작가 스스로도 이 소설의 양식이 너무 리얼해서 "뼈대만 남았다"[39]고 아쉬워할 정도로 『손님』에서 시도한 '전통의 확대'가 제대로 육화되었는지, 그리고 과연 필수불가결한 문학적 선택이었는지에 대해 엇갈린 평가를 내릴 수 있다.

이렇듯 작가가 '서도동기'를 내세워 전통적인 굿 양식을 끌어온 것은 일정 부분 "전통 형식의 기계적 적용"[40] 혹은 "이야기의 힘만을 증폭시키는 동어반복적인 것"[41]일 수 있다. 심지어 마술적 리얼리즘조차 서구의 제국 시절에 대한 추억과 동양에 대한 환상을 강화시켜 서구의 입맛에 맞는 상품에 머무를 수 있다는 비판 또한 제기될 수 있다면 문제는

---

38 고인환, 「황석영의 『손님』 연구: 탈식민주의 담론의 현재적 가능성을 중심으로」, 『동아시아 문화연구』 제39집, 2005, 287 참조.

39 황석영 · 심진경, 앞의 인터뷰, 262.

40 황국명, 앞의 논문, 301.

41 최영석, 앞의 논문, 88.

더 심각하다. 이럴 때의 전통 양식은 '전도된 자민족 중심주의'에 빠질 수 있기 때문이다. 전통을 중심으로 한 민족문학은 그것이 상실된 사회에서 오히려 서구의 환상을 단지 반복하는 것뿐이기 때문이기도 하다.[42] 무엇보다도 이럴 때의 전통은 오히려 이국화되면서 중심/주변의 이항대립성을 강화시키고, 이로 인해 제국주의에 대한 저항을 방해하게 된다.[43] 이처럼 전통적 양식의 현대적이고 주체적인 활용이 민족 정체성을 확립하기 위한 인공적인 '발명품'에 불과하다면, 결과적으로 『손님』에 사용된 전통적인 굿 양식은 우리에게는 너무 낯익고, 서구 사람들에게는 너무 낯설기만 한 '동기'에 다름 아니게 된다.

4. 포스트오리엔탈리즘문학: 동양의 복제

황석영이 주장한 '서도동기'는 '민족'의 차원에서뿐만 아니라 '동양'의 차원에서도 문제적인 용어이다. 황석영은 현실주의적 내용을 담은 동아시아적 형식, 즉 '서도'를 '동기'에 담는 것을 중시한다. 『손님』의 경우에는 기독교와 마르크스주의라는 '서도'를 어떻게 전통적인 굿 양식인 '동도'에 담을 것인가로 이해할 수 있다. 작가에 의하면 "기독교와 맑스주의는 식민지와 분단을 거쳐 오는 동안에 우리가 자생적인 근대화를 이루지 못하고 타의에 의하여 지니게 된 모더니티"(작가의 말)에 해당한다. 때문에 서구로부터 유입된 '손님'에 해당하는 것이 바로 '기독교'와 '마르크스주의'라고 할 수 있다.[44] '주인(동기)'의 입장에서는 이런 '손님(서도)'을

42 로버트 J. C. 영, 『백색신화』, 김용규 옮김, 경성대학교출판부, 2008, 410 참조.

43 릴라 간디, 『포스트식민주의란 무엇인가』, 이영욱 옮김, 현실문화연구, 2000, 168 참조.

44 "천연두를 서병(西病)으로 파악하고 이를 막아내고자 했던 중세의 조선 민중들이 '마마'

어떻게 수용하는가가 한국 근대 역사에서 중요한 쟁점이라는 것이 작가의 의식이다. 이럴 때 좌/우, 마르크스주의/기독교의 대립은 다시 주인/손님, 본래적인 것/외래적인 것으로 번역된다.[45] 이데올로기의 대립에서 서로 간에 모두 가해자인 한국인들은 '손님'에 의한 대립에서는 모두 피해자라는 것이다. 박래품인 기독교와 마르크스주의가 주인 행세를 함으로써 한국 근대사의 비극이 초래된 것이라고 보기 때문이다.

> 5) 이건 모두가 기독 청년들이 거사한 일이야. 물론 남에서도 한독당이며 반공청년들이 들어와 함께 거사를 했지. 저들이 맑스의 자본론을 들이댄다면 우리에게는 성경이 있었다. 이제 우리는 주님의 십자군이요 저쪽은 사탄의 세력이 되구 말았지, 이건 우리 할아버짓적부터 조선이 개화하면서 시작되었던 거야. (123)

5)의 예문은 '자본론'과 '성경'으로 대변되는 서구의 '손님'이 한국에 들어오면서 개화기를 거쳐 한국전쟁 시기까지 전개되는 동안 신천학살 사건의 주요 동인이 되었던 한국 기독교가 지닌 역사의식을 설명하고 있다. 남쪽 기독교가 북쪽과의 전쟁을 "십자군" 전쟁으로 비유하면서 인민군을 "사탄의 세력"으로 간주하고 있음이 드러나고 있기 때문이다. 소설 속에서 한국 개신교의 전래 과정과 황해도 교회 성립사, 해방 후 북한 지역에서의 노동당과 기독교의 대립과정을 류요섭의 가족사와 연결시켜 서술하는 이유도 이와 관련 있다.

그런데 『손님』에서 이런 기독교와 마르크스주의의 갈등에서 더욱 중

또는 '손님'이라 부르면서 '손님굿'이라는 무속의 한 형식을 만들어낸 것에 착안해서 나는 이들 기독교와 맑스주의를 '손님'으로 규정했다"(작가의 말).

45 성민엽, 「이데올로기 너머의 화해와 그 원리」, 『창작과 비평』, 2001, 겨울, 243-244 참조.

요한 이면을 차지하는 것이 바로 '토지 개혁'이다. 민족 내부 사이의 갈등을 초래한 결정적 계기가 바로 지주였던 기독교도들 소유의 토지를 강제로 빼앗긴 사건이 자리 잡고 있기 때문이다. 그것도 종처럼 부리던 아랫것들, 즉 "제 고장에서 대접 못 받던" "어중이 떠중이에 머슴 건달 떠돌이 따위들"에게 당했다는 충격이 기독교인들을 괴롭혔다. 그러므로 신천학살 사건의 결정적 계기는 기독교에 대한 탄압이 아니라, 재산 몰수에 다름 아닌 토지 개혁이었다는 것이다. 이럴 때에는 '기독교'와 '마르크스주의'라는 두 가지 '손님'의 내용이 재편된다. 기독교가 자본주의로 대체됨으로써 '자본주의'와 '마르크스주의'로 손님의 내용이 새로 형성되기 때문이다. 한국의 기독교가 친일파와 같은 기득권 세력이나 유산계급과 친연성을 보인다는 역사적 사실이 이런 상황을 증명해준다.

이런 맥락에서 '친일파=지주=자본가=우파=기독교=미국'이라는 등식이 순차적으로 성립된다. 자본주의를 대변하는 축이 바로 미국식 자본주의나 신자유주의이기 때문이다. "그런데 이제 보니 사실상 가장 무서운 '손님마마님'은 아직도 미국이 아닌가"(작가의 말)라는 작가의 언급에서도 외세의 중심은 자본주의이고, 자본주의의 중심은 미국이라는 사실을 알 수 있다.[46] 이럴 때 북한 인민들은 유산계급과 미국에 의해 이중으로 식민화된 하위 주체들에 다름 아니다. 이런 자본주의에 대한 비판을 통해 『손님』은 서구/비서구, 식민/피식민의 대립이라는 탈식민주의적 시각을 확보하게 된다. 그리고 이런 탈식민주의적 시각을 통해 서양이 낭만화시키거나 신비화시킨 '오리엔탈리즘'을 다시 번역해서 동양이

46 작가는 이전에도 "따지고 보면 자본주의 체제라고 하는 것은 엄밀하게 말하자면 '미국화'이거든요"(이문재와의 대담, 36 참조)라거나, "글로벌리제이션의 번역도 그냥 '지구화'나 '세계화'가 아니라 아니라 '(미국식) 세계화'라고 특화시켜야 한다"(「황석영이 황석영을 말하다」, 『작가세계』, 2004, 여름, 26)고 말한 바 있다.

바라본 동양 중심의 '포스트'오리엔탈리즘적 시각을 보여준다. 포스트오리엔탈리즘이란 동양이 스스로 바라본 동양을 중심으로 오리엔탈리즘을 새롭게 번역함으로써 동양을 서양의 대안으로 재발견하려는 움직임이라고 할 수 있다.

> 6) 그때 우리는 양쪽이 모두 어렸다고 생각한다. 더 자라서 사람 사는 일은 더 복잡하고 서로 이해할 일이 많다는 걸 깨닫게 되어야만 했다. 지상의 일은 역시 물질에 근거하여 땀 흘려 근로하고 그것을 베풀고 남과 나누어 누리는 일이며, 그것이 정의로워야 하늘에 떳떳한 신앙을 돌릴 수 있는 법이다. 야소교나 사회주의를 신학문이라고 받아 배운 지 한 세대도 못 되어 서로가 열심당만 되어 있었지 예전부터 살아오던 사람살이의 일은 잊어버리고 만 것이다. (176)

6)의 예문에 드러나듯이 작가는 "야소교"와 "사회주의" 중심의 서양 문화에 대해 "열심당"으로서 맹목적인 신봉을 보인 과오를 청산하기 위해서는 "예전부터 살아오던 사람살이의 일"을 잊어버려서는 안 된다고 본다. 이것은 예문의 앞부분에서 남쪽과 북쪽 "양쪽이 모두 어렸다"고 말하면서 양비론의 시각을 언뜻 보이는 것과는 약간 다른 시각이다. "인간의 일은 역시 물질에 근거하여 땀 흘려 근로하고 그것을 베풀고 남과 나누어 누리는 일이며 노동과 분배가 정의로워야 하늘에 떳떳한 신앙을 돌릴 수 있는 법"(176)이라고 말하면서 소설 속 다른 곳에서 기독교와 마르크스주의와 조화를 강조한 것을 무색케 하는 측면도 있다. "사람살이의 일"이라는 보편성이 아니라 "예전부터 살아오던"이라는 특수성에 대한 옹호로 읽힐 여지가 충분하기 때문이다.

이를 뒷받침해주는 근거들이 다른 인물들에게서도 발견된다. 류요섭의 증조할머니는 "서양구신"(38)을 대신해 "당군하라부지"(39)를 잘 모셔야 한다며 손님마마를 물리치기 위해 장승법수에게 절을 시킨다. "손님마마란 것이 거이 원래가 서쪽 병"(43)이라는 생각 때문이다. 이런 증조할머니의 전통적 생각은 할아버지와 아버지, 그리고 자신의 세대로 내려오면서 기독교적인 가풍에 의해 자연스럽게 배척되지만, 이 소설에서 긍정적인 인물로 그려지는 소메 삼촌의 경우를 통해 주체적으로 한국화된 양상으로 발전한다. 소메 삼촌은 한국전쟁이나 신천학살 사건 때에도 인간의 인간다움에 충실한 인품 덕에 살아남았고, 현재 북한에서도 '열성 당원'인 동시에 '회개하는 기독교인'이라는 이중적이고 모순적인 가치를 동시에 실천하고 있는 인물이다. 당원으로서 인정을 받으면서도 여러 유령들과 가장 활발하게 소통할 수 있는 능력을 지녔고, 참회의 기도도 열심히 드린다. 작가는 바로 이런 방식을 기독교의 한국화, 즉 '조선의 예수님'을 제대로 믿는 방식으로 간주하는 듯하다.

그런데 작가의 이런 동양적 사고에 내재하는 위험성 또한 존재한다. 특히 이런 위험성은 작가의 포스트오리엔탈리즘적 사고가 앞에서도 언급했듯이 신자유주의를 중심으로 한 미국식 자본주의에 대한 비판과 연결될 때 한층 심화될 수 있다. 한국의 주체성을 "예전부터 살아오던 사람살이의 일"의 회복으로 확립하고자 할 때 모더니티 내부의 적대나 비판은 소거된 채 모더니티 외부에 대한 손쉬운 비판에 빠질 수 있다. 또한 모더니티에 대한 진지한 대결이 사라져 모더니티 없는 모더니티로 전락할 위험성도 커진다.[47] 모더니티로부터 자유로운 국가나 민족은 없다. 이것이 모더니티가 진짜 유령인 이유이다. 그렇다면 한국의 분단 문제 또한 "특수한 모더니티나 예외적인 모더니티가 초래한 비정상적인

47 서동진, 「분단 · 이동 · 모더니티」, 『문학동네』, 2006, 겨울, 447-448 참조.

결과가 아니라 자본주의적인 모더니티에 내재적인 한계를 직접 표상하는 것"[48]으로 보아야 한다.

이와 연관되는 또 다른 문제는 이런 작가의 전통론 혹은 근대론과 연결되는 동양론이 말 그대로 순수하게 동양적인가에 대한 의문이다. 작가는 한국 고유의 사상이 그 자체에 머무르는 것이 아니라 현실주의적인 시각을 가질 때 그런 작품만이 "쓴 사람의 국적을 넘어 세계인이 함께 보고 공감할 수 있는 문학"[49]이 될 수 있고, 그러기 위해서 "우리가 자기 근처에서 뭔가 보편적인 가치들을 찾아낼 수 있"[50]어야 한다고 본다. 작가는 한국만의 특수성이 아닌 세계적인 보편성을 살리기 위해 동아시아적 상상력이나 전통적인 양식을 활용한다. 하지만 이런 '서도동기'적 발상이 오히려 서구의 오리엔탈리즘적 시각을 복제한 측면이 있다. 동양이 동양인 것은 서양과의 대비에서 가능한 것이고, 그런 의미에서 서양이 없으면 동양도 없다. 이런 맥락에서 작가의 동아시아론은 다분히 서양을 의식하고 그 대타 개념에서 규정된 것이다. 때문에 이때의 동양 또한 '상상'의 동양, '만들어진' 동양일 수 있다. 그렇다면 손님을 배척하는 주인의 관점이 아니라 손님을 지나치게 의식하는 주인의 관점이 오히려 문제가 된다.

『손님』의 이런 시각은 '동양의 오리엔탈리즘'과 연결된다. 동양의 오리엔탈리즘은 외국인이 보는 것을 보거나 상상하는 토박이 중심으로, 외국의 응시에 어울린다고 생각되는 것을 동양 내부에서 증명하려는 강박이나 환상을 의미한다. 황석영이 강조하는 '전통적인 것' 혹은 '동양적인 것'은 서구인들이 한국적이라고 생각하는 "응시를 되받아 응시하는 노

48 앞의 논문, 448 참조.

49 황석영 · 최원식, 앞의 대담, 22.

50 황석영 · 이문재, 앞의 대담, 36.

출벽"[51]일 수 있다. 물론 이러한 노출벽이 동양을 서발턴화하고 이국화하는 서양의 오리엔탈리즘을 패러디하거나 흉내 냄으로써 저항이나 비판의 기능을 담당할 수 있다. 하지만 『손님』의 경우에는 서양이 바라본 상상의 동양과 그 특성이 비슷하다. 때문에 이때의 오리엔탈리즘은 '전도된 오리엔탈리즘'이라는 혐의로부터 자유롭지 못하다.[52] "리얼리즘 이전의 초현실적 묘사와 오컬티즘의 남발"[53]이라는 비판을 받는 이유도 여기에 있다.

이럴 때에는 옥시덴탈리즘이 오히려 오리엔탈리즘의 반사경에 다름 아니게 되어, '백색신화'와 유사한 '황색신화'가 발생할 수 있다. 동양에 대한 응시가 동양을 생산한 서양을 복제하는 아이러니가 발생하고 있기 때문이다. 포스트오리엔탈리즘도 서양이라는 '제국의 눈'을 의식할 수밖에 없는 이중 억압의 산물이라는 것이다. 마치 에드워드 사이드의 오리엔탈리즘 이론이 서양과 동양의 대립을 '해체'하기보다는 '부정'하려고 했기 때문에 여전히 '서양/동양'이라는 이분법적 사유를 여전히 반복하고 있는 한계를 보이는 것과 유사하고 할 수 있다.[54] 이렇게 오리엔탈리즘의 한계를 극복하려던 포스트오리엔탈리즘은 그 한계를 어쩔 수 없이 계승하고 있는 측면이 존재한다.

51 레이 초우, 앞의 책, 258.

52 권성우, 「서사의 창조적 갱신과 리얼리즘의 퇴행 사이」, 『한민족문화연구』 제24집, 2004, 241-243 참조.

53 오창은, 앞의 논문, 361.

54 로버트 J. C. 영, 앞의 책, 350 참조.

5. 결론: '한국'으로의 회귀와 혼종성

일본과 미국을 번역하듯이 한국은 스스로 한국 또한 번역한다. 황석영의 『손님』은 이런 전제하에 한국에 대한 번역에서 '차이를 가진 반복'을 보여준다. 황석영에게 한국은 합의된 연속체로서 매끄러운 이동을 보이며 번역되는 대상이 아니라, 오염되고 침범된 혼종성의 지대를 횡단하게 하는 복합물이다. 그래서 황석영에게는 한국 자체가 해방적이면서도 구속적인 대상이다. 한국적이기 위해 한국을 발명하고, 세계와 소통하기 위해 한국을 번역해야 하기 때문이다. 그리고 그 구체적인 실천행위로 『손님』에서는 한국전쟁 중에 일어난 신천학살 사건의 진상을 지노귀굿이라는 전통 양식에 담아 문학화하고 있다. 이 과정에 작가는 민족의 화해와 통일을 향한 염원을 투사하고 있다. 작가는 그동안 스스로 말할 수 없었거나 잘못 말해졌던 '한국적인 것'을 한국 스스로 말하게 해준다. 그리고 황석영은 한국을 번역하는 과정에서 기존의 반공주의와 민족주의, 오리엔탈리즘의 한계를 극복하려는 '포스트' 담론을 강조한다.

아시아 본질주의(자국민주의)는 곧 서양주의일 수 있다.[55] 아시아의 본질주의와 서양의 나르시시즘은 전이와 역전이의 긴장 속에서 기묘한 공범관계를 이루기 쉽기 때문이다.[56] 황석영이 한국에 '대해' 말할 뿐, 한국'에' 말하지 않는다는 혐의도 여기서 발생한다. 하지만 이런 침해나 오해, 오염이 없으면 번역은 불가능하다. 오히려 번역은 언제나 불안정하고 불편한 문학 행위이다. 문학 안에서 '한국'은 언제나 번역된 채 존재한다. 그리고 그 번역과정은 타자를 설정하는 과정에 다름 아니고, 차이

55 사카이 나오키, 『번역과 주체』, 후지이 다케시 옮김, 이산, 2005, 131-143 참조.

56 앞의 책, 217-221 참조.

에 대한 해석과 재해석에 종속되는 과정일 수밖에 없다. 그 결과 '한국'의 번역에 한국적인 것뿐만 아니라 반한국적이거나 비한국적인 것이 포함된다는 것, 그래서 혼종성의 양상을 보일 수밖에 없다는 것 또한 당연하다. 그것을 '한국'에 대한 번역이 지니는 기본적인 특성으로 보아야 할 것이다. 그것을 후진적인 것이라거나 본래성이 결여된 것으로 보는 것 자체가 이분법적이고 비현실적인 것이다. 한국의 주체성은 서양을 모방하고 싶다는 욕망 자체의 모방과 반발의 역학관계에서 발생할 수밖에 없기 때문이다.

이런 맥락이라면 황석영의 '한국' 번역이 과연 옳은가 그른가에 대한 논의는 비생산적이다. 오히려 왜 '한국'에 대한 번역이 필요했고, 그 방법론이 어디에 근거를 두는가에 대한 관심을 통해 그런 번역의 (무)의식을 규명해보는 것이 더 생산적인 논의가 될 것이다. 어차피 '순수한' 한국은 없다. 한국은 '한국'이 필요하기 때문에 '한국'이 된다. 이런 현실을 인정할 때라야만 한국으로의 회귀가 오히려 이상주의적이거나 편협한 분단문학이나 민족문학, 오리엔탈리즘문학의 반복이 아닐 수 있게 된다. '한국'의 번역이 식민주의적 보편성에 토대를 둔 '특수성'이 아니라 문화적 차이에 기초한 '단독성'의 측면에서 이루어져야 하는 이유도 여기에 있다.

이런 '단독성'이 보장될 때에야 비로소 진정한 혼종성을 지닌 번역 공간이 가능해진다. 중심과 주변이 서로 갈등하면서 공백이 생겨나고, 그 접점에서 비판적인 혼합도 일어나는 제3의 공간, 동일화할 수 없는 것들이 불연속적으로 써지는 공간이 바로 번역의 공간이다.[57] 이런 혼종적 번역 공간에서 한국은 동양적이기도 하고 서양적이기도 하다. 황석영은

57 정혜욱, 앞의 책, 112, 132 참조.

이런 두 개의 '한국'에 대해 분열적이고 양가적인 충성심을 보여주고 있다. 『손님』은 바로 이런 '한국' 번역에서의 '절반의 성공'과 '절반의 실패'를 동시에 보여주는, 경계에 서 있는 '한국' 작품이다.

참고문헌

간디, 릴라, 『포스트식민주의란 무엇인가』, 이영욱 옮김, 현실문화연구, 2000.

고인환, 「황석영의 『손님』 연구: 탈식민주의 담론의 현재적 가능성을 중심으로」 『동아시아 문화연구』 제39집, 2005.

권성우, 「서사의 창조적 갱신과 리얼리즘의 퇴행 사이」, 『한민족 문화연구』 제24집, 2004.

김미영, 「황석영 소설에 나타난 탈식민주의 고찰」, 『한국언어문화』 제24집, 2004.

김병익, 「이념과 상잔, 민족의 해원」, 『문학동네』, 2001, 가을.

김재용, 「냉전적 분단구조 해체의 소설저구 탐구」, 『실천문학』, 2001, 가을.

김현미, 『글로벌 시대의 문화번역』 , 또하나의 문화, 2005.

김형수, 「분단의 형이상학을 넘어 민족의 해원에 이르는 길」, 『사림어문연구』 제14집, 2001.

데리다, 자크, 『마르크스의 유령들』, 진태원 옮김, 이제이북스, 2007.

벤야민, 발터, 『언어 일반과 인간의 언어에 대하여/번역자의 과제 외』, 최성만 옮김, 길, 2008.

사모라, 로아 파킨스, 『마술적 사실주의』, 우석균 옮김, 한국문화사, 2001.

사카이 나오키, 『번역과 주체』, 후지이 다케시 옮김, 이산, 2005.

서동진, 「분단 · 이동 · 모더니티」, 『문학동네』, 2006, 여름.
성민엽, 「이데올로기 너머의 화해와 그 원리」, 『창작과 비평』, 2001, 겨울.
심진경, 「한국문학은 살아 있다」, 『창작과 비평』, 2007, 가을.
양진오, 「한반도의 민족문제에 관한 장기지속적인 성찰」, 『문학과 사회』, 2002, 가을.
영, 로버트 J. C., 『백색신화』, 김용규 옮김, 경성대학교출판부, 2008.
오연경, 「식인(食人) 주체와 유령들」, 『철학 · 사상 · 문화』 제9호, 2010.
오태호 엮음, 『황석영』, 글누림, 2010.
유종호, 『과거라는 이름의 천국』, 현대문학, 2011.
이명호, 「문화번역의 정치성:이국성의 해방과 이웃되기」, 『비평과 이론』, 2010, 봄/여름.
이봉일, 『이데올로기의 유령을 넘어서』, 월인, 2002.
임기현, 『황석영 소설의 탈식민성』, 역락, 2010.
정혜욱, 『번역과 문화연구』, 경성대학교출판부, 2010.
조성면, 『경계를 넘고 간극을 메우며』, 깊은샘, 2009.
조재룡, 『번역의 유령들』, 문학과지성사, 2011.
초우, 레이, 『원시적 열정』, 정재서 옮김, 이산, 2004.
최영석, 「강신(降神)과 축귀(逐鬼)」, 『작가세계』, 2004, 봄.
최원식 · 임홍배 엮음, 『황석영 문학의 세계』, 창비, 2003.
칸클리니, 네스트로 가르시아, 『혼종문화』, 이성훈 옮김, 그린비, 2011.
현길언, 「종교와 이념」, 『문학과 종교』 제7호, 2002.
______, 「위장된 민족주의와 가짜 화해」, 『본질과 현상』, 2005, 겨울.
황국명, 『우리 소설의 터무니』, 세종출판사, 2005.
황석영, 「황석영이 황석영을 말하다」, 『작가세계』, 2004, 봄.
황석영 · 이문재, 「새로운 문명적 대안과 문학론을 위하여」, 『문학동네』, 1999, 봄.

4부

영화와 역사의 조우

인덱스적인 글쓰기와 필름-형식

기지 피사노

이 글에서 나는 아직 진행 중인 어떤 논의에 대한 첫 결과물을 제시해보고자 한다. 그 논의는 역사의 글쓰기와 영화적 글쓰기 간의 복잡한 관련성을 분석해보려는 것이다. 역사의 기술記述과 영화 형식 간의 관계가 과거는 물론 오늘날까지도 지속적인 고려와 논란의 대상으로 남아 있는 것은 심지어 이 둘 간의 상호작용이 명백히 드러나지 않을 때조차도 흥미를 끌 만한 여러 요인들이 존재해왔기 때문이다. 나는 이런 여러 요인 중 가장 명백한 것(역사를 주제로 한 것)에서 가장 복잡한 것(징후에 근거해 역사를 기술하는 것과 파편적인 영화 기술 간의 상관성)까지 정확히 일곱 가지 경우를 다루어볼 것이다. 바로 이런 맥락에서 역사를 기술하는 하나의 형식, 카를로 긴즈부르그Carlo Ginzburg[1]에 의해 제안됐던 흔적

1 Carlo Ginzbung, *Mythes, emblèmes, traces : morphologie et histoire*, Paris, Flammarion, 1989(1986), 139-180. 새로운 판본이 Martin Rueff에 의해 Verdier 출판사에서 2010년 출판되었다.

traces과 징후indices에 따른 기술 형식을 상기해볼 것이다. 영화는 '실제 사실들'이나 지극히 환상적인 것에서 끌어온 이야기들을 재현하기 위해 역사를 나름대로 재사용해왔다.

1. 주제로서의 역사 혹은 역사를 토대로 한 영화

역사는 항상 영화를 매료해왔다. 초창기 영화에서부터 역사를 어느 정도 성실하게 재구성한 영화들이 만들어져왔다는 점은 이를 잘 보여주고 있다. 프랑스 초기 영화들만을 예로 들자면, 조르주 멜리에스 Georges Méliès의 〈드레퓌스 사건L'Affaire Dreyfus〉(1899)과 〈기즈 공의 암살L'Assassinat du duc de Guise〉(1908)을 예로 들 수 있을 것이다. 영화는 한 세기에 걸쳐 그 대부분이 역사적 단계와 사건들을 거쳐왔다.

- 선사 시대: 〈킹콩King Kong〉(어네스트 B. 슈드자크Ernest B. Shoedsack, 1933)에서 〈쥬라기 공원Jurassic Park〉(스티븐 스필버그Steven Spielberg, 1993)에 이르기까지
- 고대 시대: 〈십계The Ten Commandments〉(세실 B. 데밀 Cecil B. De Mille, 1923), 〈스파르타쿠스Spartacus〉(스텐리 큐브릭Stanley Kubrick, 1960), 〈카비리아Cabiria〉(지오반니 파스트로네Giovanni Pastrone, 1914), 〈글레디에이터Gladiator〉(리들리 스콧Ridley Scott, 2000)
- 중세 시대: 〈로빈 훗의 모험The Adventures of Robin Hood〉(마이클 커티즈Michael Curtiz, 1938), 〈잔다르크의 재판Le Procès de Jeanne d'Arc〉(로베르 브레송Robert Bresson, 1962), 〈장미의 이름The Name of the Rose〉(장-자크 아노Jean-Jacques Annaud, 1986)

• 앙시엥 레짐과 혁명: 〈라 마르세예즈La Marseillaise〉(장 르누아르Jean Renoir, 1937), 〈나폴레옹Napoléon〉(아벨 강스Abel Gance, 1927), 〈위험한 관계Dangerous Liaisons〉(스티븐 프리어스Stephen Frears, 1988)

• 러시아 혁명: 〈전함 포템킨Броненосец Потёмкин〉과 〈10월Октябрь〉(세르게이 에이젠슈테인Serguei M. Eisenstein, 1926, 1928), 〈니노치카Ninotchka〉(에른스트 루비치Ernst Lubistch, 1939), 〈닥터 지바고Doctor Zhivago〉(데이비드 린David Lean, 1965)

• 1, 2차 세계대전 관련 사건들과 유럽에서의 그 여파들, 미국의 역사적 사건들(아메리카대륙의 발견에서부터 베트남전쟁과 이라크전쟁에 이르기까지), 이스라엘과 팔레스타인의 충돌, 식민지화와 탈식민지화, 그리고 최근의 "아랍의 봄": 〈이집트 혁명의 중심에서 18일Les 18 jours au cœur de la révolution égyptienne〉(미리트 마하일Mirit Mikhail, 파리드 이스마일Farid Ismaïl, 이집트), 〈쉬르 라 플랑쉬Sur la Planche〉(레일라 킬라니Leïla Kilani, 모로코-프랑스), 〈이야기꾼, 아부압도Abou Adbo, le conteur〉(시리아 국민들은 길을 안다Le Peuple syrien connaît le chemin 연합, 시리아)

2. 백 년도 넘은 활동 이미지: 20세기 시각 역사를 위한 지층

20세기에 영화가 살아 있는 이미지들을 통해 내적, 공적 사건들을 주관적인 어떤 관점에 따라 보여주며 들려줘왔다고 말하는 것은 진부할지도 모른다. 디지털합성 이미지와 같은 지극히 허황된 이미지조차도 언제나 이미 존재하는 어떤 것, 롤랑 바르트가 사진에 대해 말하면서 제기했던 그 유명한 "그랬었다Ça-a-été"와 연관된 지시대상—설령 그것이 주관적이라 하더라도—을 지닌다는 점은 놀랄 만한 일도 아니다. 영화적 기재에 내재하는 '현실감impression de réalité'은 아날로그 이미지는 물론 디지털 이미지와도 연관되어 있으며, 디지털 이미지에서는 심지어 극사실주의를 논하기도 한다.

시각의 주관성에도 불구하고, 영화가 객관적이라는 전제는 1898년 이래 영화에 역사적 가치를 부여하는 데 기여해왔다. 폴란드 촬영기사인 볼레스로우 마추제우스키Boleslaw Matuszewski는 "활동사진의 실제 용도"에 관한 두 편의 논문에서, 영화는 "역사적 자료일 뿐만 아니라 사라질 리도 없고 쉽게 되살릴 수 있는 역사의 한 단편을 이루고 있어 과거에 대한 연구와 교육에 사용되어야 한다"[2]고 공언하면서 일찍이 영화의 역사적 가치를 강조한 바 있다. 마추제우스키는 이때 이미 무의식적으로나마 영화에 대한 공리주의적 관점에서[3] 카메라가 그 시대의 사료들을 생산해내는 새로운 방식일 뿐만 아니라 "눈에 띄지 않는"[4] 무언가를 포착해가며 역사를 사고하는 기능이 있다는 것을 알고 있었다. 그에게 영화는 뤼미에르의 촬영기사들에 의해 그 손잡이가 돌려지며 리드미컬하게 조작되었던 기계적 눈과 같이 역사를 저장하는 일이었을 것이다.

프랑스에서는 조르주 사둘Georges Sadoul과 같은 영화비평가와 역사가들에 의해 영화에서의 고유한 역사적 가치는 높이 평가되었다. 사둘은 당시 영화 연구를 역사적 자료에 포함시켰던 『역사와 그 방법L'histoire et ses méthodes』의 1961년도 판에 세 편의 논문[5]을 발표한 저자였다.

---

2 Boleslaw Matuszewski, "Une nouvelle source de l'histoire", 1898.

3 마추제우스키는 "영화는 그 속성상 유희의 대상도 아니고 다 큰 아이의 심심풀이도 아니다. 기분전환거리로 세상에 널리 알려지고 나면, 영화는 과학과 진보를 위해 다시금 활용되어야 할 것"이라고 말한 바 있다.

4 Matuszewski, 위의 논문.

5 Georges Sadoul, "Moyens récents de diffusion. Témoignages enregistrés :

1970년대 초에는 마르크 페로Marc Ferro[6]와 피에르 소를렝Pierre Sorlin[7]의 연구가 뒤따랐다. 마르크 페로는 사회에 대한 역분석contre-analyse을 위한 자료로 영화 분석을 자신의 연구에 통합시켰는데 이에 대해 그는 다음과 같이 쓰고 있다.

> "현실적이건 허구적이건 간에 영화가 이미지로 전해주는 현실은 지독히도 진실되어 보인다. 우리는 그 현실이 지도자들의 주장이나 이론가들의 도식, 반체제인사들의 분석에 반드시 상응하는 것만은 아니라는 걸 알고 있다. 영화는 그들이 말하는 것을 설명해주기보다는 그에 대한 환상을 고발하고 있다. [···] 영화는 이렇듯 수세대 동안 정치인들과 사상가들이 아주 균형을 맞추는 데 성공했던 것을 파괴하는 효과를 가져왔다. 영화는 체제와 개인 각자가 사회에 맞서 스스로 구축해야 했던 이중적 이미지를 파괴했다."[8]

한편, 피에르 소를렝은 사회학뿐만 아니라 미학에 관한 자신의 연구에 영화를 포함시키고 있다. 이때부터 "역사가들은 벌써 상당히 많은 자신들의 연구대상 목록에 영화를 추가하려고 했다."[9] 이 두 저자는 뒤

Photographie et cinématographie", 771-780 ; "Cinémathèques et photothèques", 1167-1177 ; "Témoignages photographiques et cinématographiques", 1390-1410, *L'Histoire et ses méthodes*, Encyclopédie de la Pléiade, 1961.

6 Marc Ferro, *Analyse de film, analyse de sociétés*, Hachette, 1976.

7 Pierre Sorlin, *Sociologie du cinéma : ouverture pour l'histoire de demain*, Aubier, 1977.

8 Marc Ferro, "Le film, une contre-analyse de la société?", *Annales E. S. C.*, 1973 repris dans *Cinema et Histoire*, Paris, Gallimard, 1993, 39.

9 Pierre Sorlin et François Garçon, "L'historien et les archives filmiques", *Revue d'Histoire Moderne et Contemporaine*, t. XXVIII, avril-juin 1981, 344.

따를 세대(미셸 라니Michèle Lagny, 마르셀 옴스Marcel Oms, 레미 피통Remy Pithon, 쥐느비에브 셀리에Geneviève Sellier, 프랑수아 가르송François Garçon, 실비 린드퍼그Sylvie Lindeperg, 크리스티앙 들라지Christian Delage, 앙투안 드 베크Antoine de Baecque 등)에게 지대한 영향을 주었다. 이렇듯 대다수의 역사가들에게 영화가 연구대상이 되었던 것은 역사적 사건이 예술가들과 그들의 작품에 미친 영향력 때문이었다. 필자의 경험에 비추어보더라도 몇몇 영화 작품에서 역사가 얼마나 비중 있는 것인지를 확인할 수 있었다. 전후 이탈리아 정치와 역사적 맥락을 고려치 않고서는 파졸리니Pier Paolo Pasolini의 영화를 분석하는 것은 불가능했다. 각 나라의 영화운동의 시작에 영향을 주었던 사건들을 고려하지 않은 채 이탈리아의 네오리얼리즘과 동유럽 국가들의 새로운 영화들, 브라질의 시네마 노보cinema novo와 독일의 표현주의 영화에 나타난 미학을 연구하기란 불가능하다. 리노 미치케Lino Micciché는 이에 관해 "영화 예술의 가장 두드러진 순간들은 대부분이 영화의 위기나 정치권력의 (긍정적 혹은 부정적인) 위기 상황에 속해 있다"고 쓰고 있다. 그리고 그로 인해 영화사가 연구대상이 된 이래로 드문 몇몇 경우를 제외하고는 가장 의미심장한 순간들이 사회정치적인 두 구조 사이의 전환기(볼셰비키 혁명 전후의 영화, 1차 세계대전과 연관된 사건들 전후의 독일 영화, 체코, 헝가리 같은 동유럽 국가들의 전쟁 직후의 영화)나 혁명의 여명기, 사회구조가 약화될 때(전후 이탈리아 네오리얼리즘, 브라질의 '시네마 노보'), 기성 정치권력에 대한 저항기(프리 시네마와 1970년대 영화), 미적으로 경직된 시기(프랑스 누벨바그, 폴란드 학파와 같은 영화학파), 혹은 역사적 격동기(1953년 이후의 탈스탈린화, 헝가리의 1956년도 사건들)와 종종 맞아 떨어진다. 이러한 상황들은 일반적으로 영화가 일련의 '봄'을 알리는 전조라는 사실과 일치하는 것이다. 그렇다 하더라도 영화는 그만의 독자성과 독특한 미학을 간직하고 있다.

3. 허구 영화와 다큐멘터리 영화 간의 모호성

영화가 세상과 그 사건을 반영한다고 전제하는 생각은 영화를 허구 영화와 다큐멘터리라는 두 제작방식으로 구분하는 것으로 널리 퍼졌던 듯하다. 다른 모든 장르의 영화들은 역사 분석에서 배제되어야 했던 반면, 다큐멘터리 영역에 속한 모든 제작물들은 실제 역사를 위한 자료를 구축하게 될지도 모른다. 가장 대담했던, 우리가 2절에서 이미 인용했었던 역사가들만이 허구 영화로의 험난한 모험을 감행할 수 있었다. 20세기의 상당 기간 동안 허구 영화와 다큐멘터리 간의 구분은 영화가 시작될 당시의 오래된 이분법(뤼미에르 = 다큐멘터리, 멜리에스 = 허구 영화)에 기반을 두고 왕성하게 유지되어왔다.[10] 그러나 이탈리아 네오리얼리즘이나 프랑스 누벨바그, 직접 영화, 시네마 노보, 〈밀양〉의 이창동 감독이나 〈오발탄〉의 유현목 감독, 혹은 박찬욱과 김기덕의 몇몇 영화들에서 볼 수 있는 새로운 미학적 요구와 함께 허구 영화의 다큐멘터리화가 진행되거나 다큐멘터리 영화들이 허구 영화화되는 새로운 장르가 출현하면서, 두 영화 제작방식 간의 상호작용은 이미 기지의 사실이 되었다. 따라서 우리는 촬영된 사실과 다큐멘터리를 만드는 사람/영화를 만드는 사람 간의 간격이 순전한 환상일 뿐이라는 사실을 받아들일 수밖에 없게 된다. 이후로 조금은 무기력해 보이는 허구 영화와 허구화

---

10 Gary Don Rhodes, John Parris Springer(eds.), *Docufictions : essays on the intersection of documentary and fictional filmmaking*, Jefferson, N. C., McFarland & Co, 2006.

된 자료들에 토대를 둔 영화(이자벨 클라케Isabelle Clarke와 다니엘 코스텔Daniel Costelle의 〈아포칼립스: 2차 세계대전*Apocalypse : la Deuxième Guerre mondiale*〉과 〈히틀러 아포칼립스*Apocalypse Hitler*〉는 2009년과 2011년에 프랑스 방송France 2에서 상영되어 시청자들에게 큰 호응을 얻었으나 상당한 논란을 일으킨 바 있다)까지를 포함하고 있는 다큐멘터리 영화는 잠재적인 역사적 자료를 이루고 있다. 이 모든 경계가 무너지고 나면 우리는 진정한 혼돈에 다다르게 된다. 모든 역사적 사건들에 논란의 여지가 있는 영화 장면들이 첨부된 프랑스 중고등학생용 역사 교과서는 이 점을 명확히 보여주고 있다. 이중 하나의 예를 들자면, 스탈린 독재에 관한 장에는 에이젠슈테인의 영화 〈총전선〉과 〈전함 포템킨〉이 들어갔다. 이 위대한 영화인은 공산주의 프로파간다를 그저 실행에 옮겼을 따름이었다.

4. 모든 영화는 과거를 현재에 재현한 것이다

역사는 과거에 일어난 사건들을 연구하는 것이고, 스토리는 과거의 이미지를 구성하는 것과 다름없으며, 이러한 구성을 통해 우리가 과거에 새 삶을 불어넣을 수 있다고 한다면 영화는 이러한 형식에 아주 탁월하게 준비되어 있는 셈이다. 사실 모든 영화는 부재하는 것의 현존이다. 말하자면, 과거에 있던 것이 화면에 투사되면서 다시 살아나는 이미지라 말할 수 있다. 이는 우리가 모든 영화에서 현재에 없는 사물들을 보고 있기 때문이고, 화면에 보이는 것들은 그들의 부재를 통해 자신들의 존재의 속성을 띠게 된다. 이처럼 이들의 영화 이미지는 세상을 반영하고 단순히 녹화하는 것으로 생각될 수 없으며 사실을 재생산해내는 예술로 간주될 수도 없을 것이다. 이와 정반대로, 스탠리 카벨Stanley

Cavell[11]은 영화 이미지가 과거로부터 도래한 세상을 '자동적으로' 만들어낸다고 확신하고 있다. 따라서 투사된 영화 이미지는, 그것이 있는 그대로 촬영되고 컴퓨터 합성을 거쳐 필름으로 다시 만들어졌다 하더라도 과거에 존재했던 이미지의 움직이는 흔적이라 말할 수 있다. 영화 이미지는 과거의 죽은 이미지이다. 이 이미지는 영사될 때에만 되살아난다. 영화를 구성하는 이미지들은 사실 여러 시간대에 존재하게 된다. 다시 말해 촬영이 이루어지는 현재, 포스트-프로덕션의 현재, 영화가 다루는 (얼마간 시간이 지난 과거에 자리 잡은) 시대, 영화가 영사되는 현재에 존재하는 것이다. 역사가와 마찬가지로 영화인들은 다양한 시간성을 가지고 재주를 부린다. 역사가는 이미 전제로 삼은 연대기에 따라 여기에 일관성을 부여하면서 비연대기적인 모든 것을 거부한다. 그리고 영화인은 매우 선택적인 편집을 통해 거기에 일관성을 부여한다. 여기서의 편집은 연속과 대립 논리에 따라 이질적인 요소들을 연결한다는 점에서 역사가의 작업과 결부된다. 이 두 요소(두 쇼트, 두 시퀀스 등) 간의 만남을 통해 의미가 만들어지게 된다. 그리고 이들이 영화 전체를 이루는 다른 요소들에 대해 어떤 위치를 차지하는가에 따라 의미가 산출된다. 과거를 재현하는 영화 본연의 작업은 역사가의 주된 임무이기도 하다.

5. 역사기록물의 재사용

역사와 영화 간의 관계에 대한 논의를 지속적으로 제기하게 하는 또

11 Stanley Cavell, *La projection du monde*, Paris, Belin, 1999(1971)과 *Le Cinéma nous rend-il meilleurs?*, Paris, Bayard Jeunesse, 2003 참조.

다른 사항으로는 허구적으로나 역사적인 사건을 소재로 한 (다큐멘터리에서와 같이) 새로운 이야기를 만들기 위해 역사기록물을 사용하는 것이다. 예를 들어, 1차 세계대전의 뉴스 장면들은 프랑수아 트뤼포의 〈쥘과 짐Jules et Jim〉과 〈초록 방La Chambre verte〉에서 사용되었으며, 임상수의 영화 〈그때 그 사람들〉에서도 역사적 이미지들이 사용되었다. 다른 많은 영화인들은 스튜디오에 세트장으로 짓기엔 너무 값비싼 장면들을 재현하려는 경제적인 이유만으로 이들 역사기록물들을 사용해왔다. 다큐멘터리 영화는 설명을 제시하는 데 필요한 사료들에 기반을 두고 있지만 다른 유형의 영화들, 예를 들어 '재활용' 영화나 '자료 영상물'은 선택한 장면들로 하여금 그 무언가(역사적 자료 자체에 대한 대중의 어떤 '취향'에 걸맞은 사료들)를 보여주도록 하고 있다. 재활용 영상물의 또 다른 부류로는 그 자료들의 정체를 밝히기 위해 거기에 비판적인 시선을 가져가거나 그것을 분석하고 반박하는 것들이 있다. 또한 1세기 동안 만들어진 영화들에서 자료를 가져온 작품들로는, 크리스티안 마클레이Christian Marclay의 두 작품, 〈시계: 시간에 관한 24시간짜리 영화The Clock: a 24-hour film about time〉(2010)와 〈전화기들Telephones〉(1995) 같은 신생 영화들(영화와 설치예술의 중간에 속한 파운드 푸티지found footage 영화)을 떠올려볼 수 있을 것이다.

우리가 앞서 다루었던 다섯 가지 사항은 역사와 영화 간의 문제에서 지속적으로 다룰 만한 어떤 요인들이 있는지를 보여주는 한편, 이러한 논의 자체가 때론 논쟁의 여지가 있으며 모순된다는 점을 보여주기도 한다. 역사적 사료를 재사용했다는 것만으로 이렇게 완성된 작품들이 역사용 자료가 되기에 충분한 것일까? 그리고 우리는 역사영상 자료들을 포함하고 있는 허구 영화들로 무엇을 할 수 있을까?

나는 내가 보기에 가장 문제적인 사항을 마지막으로 다뤄보고자 한다. 왜냐하면 그것이 역사의 글쓰기와 영화적 글쓰기 간의 관계를 바탕으로 역사와 영화 간의 문제를 제기해주고 있기 때문이다.

6. 모든 영화는 흔적과 징후로 이루어진 구조물이다

다양한 인식 영역에서 발견된 '흔적traces'과 '징후indices'를 탐구하면서 형성되었던 '실천적' 지식에 바탕을 둔 인식 형태를 확신했던 19세기 말에 영화는 그 모습을 드러냈다. 후각과 시선, 직관은 주요 현상과 사건을 밝혀주었다. 이런 점에서 카를로 긴즈부르그[12]의 연구는 좋은 예가 될 듯하다. 왜냐하면 역사가였던 긴즈부르그는 프로이트의 방법론과 지오반니 모렐리Giovanni Morelli의 그림감정평가 방식, 그리고 작가 코난 도일Conan Doyle의 수사방식에서 어떠한 공통점(증상과 징후, 흔적을 통한 인식)을 찾아낸 바 있기 때문이다. 이것들은 모두가 다 19세기에 동시에 나타났으며, 역사가의 행동에 새로운 비전을 열어주게 될 터였다.

'징후에 따른 방법'에 따르자면, "인간 정신의 가장 수준 높은 생산물에 이르게 해주는 열쇠를 제공해주는 것은, 가장 무의미하고 가장 중요성이 결여된, 솔직히 가장 하찮고 '천한'"[13] 세부적인 것들이다. 여기서는 언뜻 보아 주변부적인 것 같지만 진실을 밝혀줄 것 같은 요인들에 주의 깊고도 삐딱한 시선을 던지는 것이 관건이다. 바로 이 요인들에서부터 '수사'가 시작되기 때문이다. 우리는 이처럼 일종의 '간접적인 인식connaissance indirecte'에 도달하게 된다. 이 방법은 문학 텍스트들과 움

---

12 Carlo Ginzburg, *Rapporti di forza, Storia, retorica, prova*, Milano, Feltrinelli, 2000.

13 Carlo Ginzburg, *Mythes, emblèmes, traces ; morphologie et histoire*, Paris, 1989(1986), 146.

직이는 이미지들에 의해 그림이나 신화, 수기 원고들과 재판기록을 근거로 짜인 미세한 이야기들이 현실화되는 것과 연관되어 있으며, 이러한 세부적인 사항들은 영향력과 상관관계, 분배와 순환작용에 따라 그 필요성이 환기되고 있다. 수집된 자료들은 인류학이나 문학, 미술사와 항상 소통관계를 유지하고 있다. 그리고 만일 다양한 시간성이 표출될 경우에는 앙리 포시옹Henri Focillon과 같은 미술사가들의 의견에 귀를 기울이게 된다. 이들은 예술가가 작업하는 일반적인 역사적 맥락과 관련하여 예술적 창조의 독자성을 주장한 바 있다.

프랑스에서는 역사에 관한 이러한 새로운 사상이, 마르크 블로흐Marc Bloch가 1930년대에 시작했던 아날학파의 논의들에서 구체화되었다. 이 새로운 역사는 정작 익명의 인물들이나 작은 역사들에 의해 움직여지면서도 그것들을 은연중에 지나쳐버리는 거대 사건들로 이루어진 근본 없는 이야기들과 대립된다. '천한 것'이 이처럼 새로 등장한 역사가들의 하나의 토대가 되어주면서 예전에 무시되었던 (예술적, 고고학적, 경제적 등등의) 소재들이 이제 역사를 위해 활용되었다. 이 역사는 인문학의 단일성 원칙을 옹호했던 까닭에 학제간의 상호적인 방법론을 기반으로 하고 있던 터였다. 역사에 관한 이러한 새로운 개념 덕분에, 다른 예술이나 문화 형태와 마찬가지로 영화도 역사가들에게 분석 대상 중 하나가 될 수 있었다. 경험된 사실들은 문학적 허구와 더 이상 대립된 것이 아니었다. 역사는 사실뿐만 아니라 상상과 상징적 재현으로 이루어져 있다. 역사가 제공하는 이야기에서 어떤 상관성을 발견하려는 하나의 관점인 셈이다. 이 관점은, 역사 담론의 제약은 유지하면서도 허구적 이야기의 원동력은 포기하지 않는다. 이 새로운 태도로 말미암아 소설과 그림, 영화는 전혀 새로운 사고작용이 일어나는 장소가 되며 역사와의 어떠한 관련하에 지나간 경험에 접근하는 길을 터주게 된다. 이는 다른 역사가들과 마찬가지로 카를로 긴즈부르그에게도 역사는 동시에 두 가지 측면을 지니기 때문이다. 그중 하나는 실제 사실의 측면이고 다른 하나는 지속적으로 질문되고 상징적인 방대한 행동 영역에 의해 귀납된 상상적 결과들의 측면이다.

영화는 징후를 토대로 역사를 기술하는 새로운 '시대'의 출현을 나타내고 있다. '징후들을 연계paradigme indiciaire'시켜가며 역사를 기술하는 것은 영화사에 적합할 뿐만 아니라 시공간에 단속적으로 나뉘어 있는 파편들[흔적과 징후들]로 이루어진 영화 형식에도 적합하다고 필자는 생각한다. 우리는 편집(몽타주) 덕분에 이러한 파편들에 의미와 연속성을 부여할 수 있다. 이런 점들은 역사가들의 조사가 영화분석가들의 작업과 많은 공통점을 지닌다는 사실을 설명해주고 있다.

분석가 / 역사가 / 수사관

이렇듯 새롭게 등장한 역사가가 흔적과 징후들의 파편적인 요소들에서 시작하여 이야기를 꾸려간다는 점에서 그 행동을 영화분석가들의 그것과 연관시켜볼 수 있다. 실제로 영화분석가가 분석을 위해 가장 풍요로운 사상을 찾는 곳은 어떤 특정한 세부가 아닐까? 그가 영화 외적인 다른 세부 요소들, 예를 들면 도상이나 스타일, 테크닉, 경제성과 전기적 요소들에 도움을 청하게 되지는 않을까? 그가 처음에는 부차적인 것 같지만 진실을 밝혀주는 요소를 찾고 있는 것은 아닐까? 그리고 거기서부터 '영화 분석'이 시작되는 것은 아닐까?

역사가와 마찬가지로 영화분석가 역시 영화에 쓰인 담론과 그 이미지들 간의 모순된 결과나 '서술적 표현과 시각적 포착' 간의 대립을 찾는 것을 임무로 하고 있다. 왜냐하면 리비오 벨로이Livio Belloï가 설명했듯이, "영화는 순간적이고 일시적이며 미약한 시각 현상들을 포착해야만 그 효과들이 모두 경험되고 펼쳐질 수 있기"[14] 때문이다. '4. 모든 영화는 과거를 현재에 재현한 것이다'에서 나는 모든 영화가 부재하는 것의 현존이라는 점을 강조한 바 있다. 그런데 카를로 긴즈부르그와 폴 리쾨르 Paul Ricœur[15]에 따르면, '흔적'은 그 속성상 "부재하는 것의 현존 혹은 그 재현"이다. 그리고 이것은 개인적인 기억에 대한 문제와 상상과 진실의 범주에 속한 것에 대한 문제를 불러일으킨다. 역사가들은 이 두 원칙에 주의를 기울이게 마련이다. 역사가와 마찬가지로 영화분석가 역시 (모든 관객이 볼 수 있는) 물질성과 (처음에는 보이지 않는) 비물질성 사이에, 가시적이고 수량화할 수 있는 물질적 흔적(쇼트, 카메라 움직임, 시선, 대상, 소리 등등)과 영화의 디에제시스를 벗어나는 간접적인 증후들(종종 그로부터 영화적 상상력을 제공해주는 역사적 맥락을 밝혀주곤 하는 기억, 실수, 징후) 사이에 존재하고 있다. 역사가와 마찬가지로, 영화분석가 역시 —비록 그가 탐구하는 영역이 예술적 영역에 머물러 있기는 하지만—자신의 가정을 따져보아야(증명해보아야) 하며 개별적 사항(영화 한 편, 시퀀스 하나)과 전체(영화 전체, 한 편의 영화)를 연관지어보아야 한다.

지그프리트 크라카우어Siegfried Kracauer의 『역사-마지막 직전의 것들 L'Histoire – Des avant-dernières choses』(1969)에서는 영화가 [전체 장면을 모두 보여주는] '롱쇼트' 내에 있는 '클로즈업들'로 이루어진 소역사micro-histoire로 간주되고 있다. 크라카우어의 이 작품은 역사와 영화 간의 관계에 대해 가장 흥미롭게 기여하고 있다. 그는 역사적 사실과 본질적으

14 Livio Belloï, "Syncopes, tâches, détails. James Williamson et le collage", F. Albera, M. Braun, A. Gaudreault(dir.), *Arrêt sur image, fragmentation du temps. Aux sources de la culture visuelle moderne*, Payot, 2002, 297-308.

15 Paul Ricœur, *La mémoire, l'histoire*, l'oubli, Paris, Seuil, 2000.

로 연관된 이 두 글쓰기 형식이 그 사실을 복구하며 재조정하는 데 기여한다고 생각했다. 그러므로 역사와 영화는 "반쯤 익힌 중간 상태"[16]에 있는 현실을 보여주고 있는 셈이다. 앙투안 드 베크는 『역사-카메라 L'histoire-caméra』(Paris, Gallimard, 2008)에서 "영화는 역사를 구현하는 예술이다. 왜냐하면 영화야말로 현실의 파편들을 독창적인 방식으로 배열(연출)함으로써 어떤 한 순간의 현실을 보여줄 수 있는 예술이기 때문이다. 영화는 이처럼 가시화하고 있다. 영화는 역사의 한 민감한 형식예술이며 역사에 민감한 예술이다"라고 확언하고 있다. 철학자 알렝 바디우Alain Badiou는 고대 비극과 고전주의 시대 가톨릭 종교 이후, 영화는 "역사적으로 볼 때, 예외나 제한 없이 모두가 다가갈 수 있는 가시적 형상화를 위한 세 번째 시도"[17]라고 주장하고 있다.

이러한 논의를 마치며, 우리는 제7의 예술이 본래 역사적 차원을 지니고 있다고 주장할 수 있지 않을까? 역사의 여러 인식 형태들을 갱신하려는 욕구와 필요에 따라 영화 형식이 등장한 것은 아닐까? 그리고 바로 그런 까닭에 우리는 허구 영화와 역사 영상자료, 역사극을 모두 동일 선상에 놓을 수 있지 않을까? 모든 영상 이미지와 영화는 본래 주관적 사상을 내포한 허구이다. 그 사상은 백여 년 동안 줄곧 구축되어온 행동규범 덕분에 독특한 미학으로 변화되어왔다. 영화인-예술가들은 그들의 사상과 기량을 표현할 수 있기만을 바랄 뿐이다. 그리고 누가 뭐래도 그들의 작품은 세상을 향한 하나의 주관적인 시선을 제안하고 있다. 프란세스코 카세티Francesco Casetti는 영화야말로 조각났지만 계속 전체로 맞춰지려는 세상을 향한 새로운 시선을 담고 있는 기재, 다시 말해 "새

---

16 Siegfried Kracauer, *L'Histoire. Des avant-dernières choses*, Stock, 2006.

17 Alain Badiou, *Critique*, janvier 2005.

시대의 눈l'occhio del novecento"[18]이라 정의내리고 있다. 영화는 모든 시선이 제각각의 관점을 지닌다는 것을 명백히 드러내면서도 사물의 객관성을 항상 염두에 두어왔다. 영화는 관찰하고 저장하는 목표를 기계에 위임했지만 이 두 행위를 인간적인 것으로 만들어갔다. 징후를 모델로 한 역사가 파편(흔적)들에서 전체를 만들어내려고 하는 것이 아닐까? 역사가 그의 행위에 인간적인 외양을 부여하려는 것은 아닐까? 마르크 블로흐는 쟁점은 숨기지 않으면서도 자연스런 어조로 "인간의 시간은 언제나 시계의 시간이 지닌 엄격한 구획에서와 같은 가혹한 획일성에 항상 저항하게 될 것"[19]이라고 적고 있다.

따라서 우리는 '논리적 궁지'에 몰리게 된다. 모든 영화가 허구라고 한다지만 이 영화 덕분에 어떤 지식(그리고 어떤 즐거움)에 이를 수 있기 때문이다. 그런데 역사기술에서의 고유한 방식인 징후에 따른 기술방식의 토대 위에 지식(과 즐거움)이 만들어진다. 내가 유럽에서 확인했던 영화와 역사 간의 복잡한 애증관계는 여기에 기인한 것이다. 그 관계가 영화에서 발현되는 상황들을 규명하기 위해서, 한국에서 이루어진 역사기술 형태들과 비교해볼 수 있다면 매우 흥미로우리라 생각한다. 이것은 지식 형태들 간의 일치점이 있으리라는 가정을 진척시켜줄 것이다.

---

18 Francesco Casetti, *L'occhio del novecento, cinema, esperienza e modernità*, Bompiani, 2005.

19 Marc Bloch, *Apologie pour l'histoire ou Métier d'historien*, Armand Colin, 1997, 153.

참고문헌

Badiou, Alain, *Critique*, janvier 2005.

Belloï, Livio, "Syncopes, tâches, détails. James Williamson et le collage", F. Albera, M. Braun, A. Gaudreault(dir.), *Arrêt sur image, fragmentation du temps. Aux sources de la culture visuelle moderne*, Payot, 2002.

Bloch, Marc, *Apologie pour l'histoire ou Métier d'historien*, Armand Colin, 1997.

Casetti, Francesco, *L'occhio del novecento, cinema, esperienza e modernità*, Bompiani, 2005.

Cavell, Stanley, *La projection du monde*, Paris, Belin, 1999.

_____, *Le Cinéma nous rend-il meilleurs?*, Paris, Bayard Jeunesse, 2003.

Ferro, Marc, *Analyse de film, analyse de sociétés*, Hachette, 1976.

Ginzburg, Carlo, *Mythes, emblèmes, traces : morphologie et histoire*, Paris, Flammarion, 1989(1986) ; nouvelle édition augmentée, revue par Martin Rueff, Verdier, 2010.

_____, *Rapporti di forza, Storia, retorica, prova*, Milano, Feltrinelli, 2000.

Kracauer, Siegfried, *L'Histoire. Des avant-dernières choses*, Stock, 2006.

Matuszewski, Boleslaw, "Une nouvelle source de l'histoire", 1898.

Rhodes, Gary Don et Springer, John Parris(eds.), *Docufictions : essays on the intersection of documentary and fictional filmmaking*, Jefferson, N. C., McFarland & Co, 2006.

Ricœur, Paul, *La mémoire, l'histoire, l'oubli*, Paris, Seuil, 2000.

Sadoul, Georges, "Moyens récents de diffusion. Témoignages enregistrés : Photographie et cinématographie", pp.771-780 ; "Cinémathèques et photothèques", pp.1167-1177 ; et "Témoignages photographiques et cinématographiques", pp.1390-1410, in *L'Histoire et ses méthodes*, Encyclopédie de la Pléiade, 1961.

Sorlin, Pierre, *Sociologie du cinéma : ouverture pour l'histoire de demain*, Aubier, 1977.

Sorlin, Pierre et Garçon, François, "L'historien et les archives filmiques", *Revue d'Histoire Moderne et Contemporaine*, t. XXVIII, avril-juin 1981.

집단기억의 매체적 동원과 조작*
: 파이트 하를란의 영화 〈콜베르크〉를 예로 본 기억의 누락과 자기기만

이준서

1. 영화 매체의 '총체적인 동원Totale Mobilmachung'

1945년 1월 30일, 독일 잠수함 부대의 가장 중요한 대서양 기지였던 프랑스 항구도시 라로셸에서 파이트 하를란Veit Harlan 감독의 영화 〈콜베르크Kolberg〉(1943-1945)[1]의 프리미어가 개최된다. 문제는 라로셸이 연합군에게 포위된 지 이미 오래라는 사실이다. 어떻게든 포위망을 뚫고 영화릴을 보내기 위해 민족계몽선전부 제국수상Reichsminister für Volksaufklärung und Propaganda 요제프 괴벨스가 친히 공수 작전을 지시

---

* 이 글은 중국 사천외어학원에서 2009년 9월에 개최된 국제학술대회 '독일문학에서 문화기억과 민족적 가치의 형성'에서 발표한 내용을 개정 · 보완한 것으로, 『브레히트와 현대연극』 제28집에 게재되었다.

1 Veit Harlan, "Kolberg", 아르테Arte 채널 TV 방송 녹화(1998년 3월 22일). 이하 인용 뒤 괄호 안에 시간 표시.

했다고 전해지기도 한다.[2] 그런데 지치고 다친 병사들이 전쟁 폐허 속에서 이 사수 영화Durchhaltefilm[3]를 관람하는 광경은 상상만 해도 그로테스크하다. 그렇다면 도대체 〈콜베르크〉에 무슨 메시지를 담았기에 괴벨스는 이토록 이 영화의 상영에 집착했던 것일까? 이 글은 영화 〈콜베르크〉의 제작과 수용 과정을 기억이론의 특이사례로서 분석해보고, 이를 통해 기억이론이 소홀히 하거나 놓치고 있는 사항들을 수정시킴으로써 이론이 진일보하기 위해 필요한 새로운 인식들을 도출해보고자 한다.

그는 라로셸로 영화를 보내면서 현지 사령관에게 다음과 같이 쓴다.

> 이 영화가 귀관에게 그리고 귀관의 용맹한 부대원들에게 한 민족의 흔들림 없는 군건함의 기록으로서 나타날 수 있기를 바랍니다. 그들은 전세계에 걸친 이 격투의 시대에 전투 중인 전방과 하나가 되었으며 자신의 명예로운 역사의 위대한 모범들과 동일하게 그것을 행할 의지를 지니고 있습니다.[4]

소련 적군赤軍이 이미 '제3제국'의 수도 베를린의 불과 60km 앞까지 압박해 들어왔으며, 우파팔라스트 암 초Ufa-Palast am Zoo 영화관에서 개최되기로 예정되었던 이 영화의 베를린 프리미어마저 폭격 피해로 인

---

2 Siehe hierzu Rolf Giesen, Manfred Hobsch, *Hitlerjunge Quex*, *Jud Süss und Kolberg*, Berlin, 2005, S. 456f.

3 스탈린그라드 전투 이후 패전 가능성이 짙어지자 국민의 사수의지를 강화하려는 목적으로 제작된 나치 프로파간다 영화들을 뜻한다.

4 Zitiert nach Hans-Jürgen Eitner, Kolberg, *Ein preußischer Mythos 1807/1945*, Berlin 1999, S. 160: "Möge der Film Ihnen und Ihren tapferen Männern als ein Dokument der unerschütterlichen Standhaftigkeit eines Volkes erscheinen, das in diesen Tagen eines weltumspannenden Ringens, eins geworden mit den kämpfenden Fronten, gewillt ist, es den großen Vorbildern seiner ruhmvollen Geschichte gleichzutun."

해 장소를 변경해야 했다. 이런 시점에서 괴벨스는 이 사수 영화로 관객에게 무엇을 주입하고자 했던 것일까? 영화에서는 대놓고 이렇게 결연하게 말한다. "이제 우리는 함께 죽을 수 있겠군요"(95: 23).

괴벨스는 이미 1940년에 악명 높은 반유대주의 프로파간다 영화인 〈유대인 쥐스Jud Süß〉를 만들었던 하를란 감독에게 이 대형 영화의 제작을 직접 위임했으며 제작과정 내내 빈번히 개입했다. 1943년 6월 1일, 즉 '총력전Totaler Krieg'에 관한 자신의 악명 높은 체육궁전Sportpalast 연설 약 100일 뒤에, 그는 하를란 감독에게 "필요하다면, 수비대Wehrmacht, 국가, 당의 모든 부서에게 그들의 도움과 지원을 요청하고 이때 이로써 나에 의해 지시된 이 영화가 우리의 정신적 전쟁 수행에 복무하고 있다는 사실을 내세울 수 있는"[5] 전권 위임장을 써주었다. 당대의 초호화 출연진을 갖춘 것은 말할 것도 없고, 알려지기로는 185,000명 이상의 엑스트라와 수비대에서 차출된 6,000필의 말, 1만 벌의 군복이 제작에 동원되었으며, '국가위임영화Staatsauftragsfilm' 〈콜베르크〉는 850만 제국마르크Reichsmark의 제작비로 '제3제국'에서, 그리고 프리츠 랑의 〈메트로폴리스Metropolis〉 이후로 독일 영화사에서 제작비가 가장 많이 투입된 영화가 되었다.[6] 제작 위임 얼마 전 우파사 25주년 기념식에서 괴벨스로부터 교수 직함을 하사받은 하를란이 다시금 고가의 아그파 컬러 필름으로 영화를 촬영할 수 있었던 것은 물론이고, 전쟁이 진행되면서 점점 더 강화된 절약 규칙 또한 그에게는 해당되지 않았다. 이는 당시의 전황을 생각해보면 더욱 놀라운 일이다. 1942년에서 1943년으로 넘어가는 겨울에 벌어졌던 스탈린그라드 포위전Kesselschlacht으로 결정타를 맞은 독일

---

5 Zitiert nach Klaus Kreimeier, Die Ufa-Story, Frankfurt/M, 2002, S. 409.

6 Vgl. V. Harlan, Im Schatten meiner Filme, Hg. V. H. C. Opfermann, Gütersloh, 1966, S. 184ff.

군은 이미 엄청난 병참 및 병력 결핍을 겪기 시작했는데, 영화의 촬영 기간은 1943년 10월에서 1944년 8월까지였다.

그렇다면 이렇게 엄청난 비용을 들여서 제작된 〈콜베르크〉는 어떤 내용을 담고 있을까. 파이트 하를란의 나치 프로파간다 영화 〈콜베르크〉는 나폴레옹 전쟁 동안 독일인들 사이에서 생겨난 민족적 저항의 집단 기억을 동원해낸다. 1813년을 시점으로 하는 틀이야기에서 그나이제나우August Neidhard von Gneisenau(호르스트 카스파Horst Caspa) 장군은 프로이센의 왕 프리드리히 빌헬름 3세Friedrich Wilhelm III(클라우스 클라우젠Claus Clausen)에게 국민들을 동원해서 나폴레옹에 대항하는 해방전을 수행할 것을 요청한다. 왕이 전쟁은 군인들이 하는 것이라며 시민들을 전쟁에 끌어들이기를 주저하자 그나이제나우는 1806/7년에 나폴레옹의 군사적 우세에 맞서 성공적으로 스스로를 방어할 수 있었던 콜베르크 시의 역사적인 예를 상기시키고, 그러자 영화의 본래 부분이 다음과 같이 플래시백 형태로 제시된다.

즉 1806년에 지역사령관 루카두Ludwig Moritz von Lucadou 장군(파울 베게너Paul Wegener)이 "항복이 자살보다는 낫다Kapitulation ist besser als Selbstmord"(41: 40)면서 당시로서는 통상적인 방식으로 나폴레옹 부대에 항복할 준비가 되어 있음을 알리는 반면에, 시민대표인 요아힘 네텔벡Joachim Nettelbeck(하인츠 게오르게Heinz George)은 프랑스 전령에게 이렇게 선포한다. "오랜 한자동맹 도시인 콜베르크의 자유로운 시민들은 왕과 영주들에게 한 자신들의 맹세를 깨느니 차라리 자기 집 담벼락 폐허더미에 깔려 죽기를 원한다"(35: 54). 당시의 전설적인 자유부대 지휘자인 쉴Ferdinand von Schill 소위(구스타프 디젤Gustav Diesel)는 네텔벡이 오합지졸 "일요일 병사"(22: 49)들을 훈련시키는 것을 돕는다. 루카두에게 칼을 들고 달려들었다가 체포되자, 네텔벡은 새로운 사령관을 보내달라고 부탁하기 위해 조카 마리아(크리스티나 죄더바움Kristina Söderbaum)를 왕에게 보낸다. 쉴은 네텔벡을 석방시키는 데 성공하고, 동시에 당시에는 아직 젊은 그나이제나우 소령이 새로운 지역사령관으로 부임한다. 이 영화의 성스러운 트로이카인 그나이제나우, 네텔벡, 쉴은 함께 뭉쳐서 시민들이 프랑스군에 맞서서 자기파괴적인 전투를 하도록 이끈다. 콜베르크의 시민들은 프랑스 연합군의 진군을 방해하기 위해 '자발적으로' 댐을 헐어 자신들의 집이 물에 휩쓸려 내려가게 하고, 시를 폐허로 만드는 적군의 엄청난 포격에도 굴하지 않고 버틴다.

다시 1813년의 틀이야기로 돌아와서, 프리드리히 빌헬름 3세는 이제 그나이제나우에게 설득이 되어서 국민에게 항거를 명하는 편지를 쓴다. 이 글이 바로 역사적인 격문 '나의 국민에게 고함An mein Volk'이다. 영화는 여기에서 끝나지만, 관객들은 승전보를 기대할 수 있다는 사실을 역사적 기억을 통해 잘 알고 있다. 끝맺는 말로서 그나이제나우는 파토스에 휩싸여 이렇게 예언한다. "잿더미와 폐허로부터 불사조처럼 새로운 민족이, 새로운 제국이 일어날 것이다Aus Asche und Trümmern wird sich wie ein Phoenix ein neues Volk erheben, ein neues Reich"(103: 23).

2. 평행사례 형성Parallelbildung 전략으로서의 기억 누락

괴벨스가 대규모 사수-서사 〈콜베르크〉에 부여했던 원래 임무, 즉 "영화에 제목을 제공하는 도시의 예를 통해서 향토와 전방에서의 공동 정책이 어떤 적이라도 극복한다는 사실을 보여주려는"[7] 의도가 영화 상

7 Zitiert nach Kreimeier, 2002, S. 409.

영 시점의, 모든 희망이 사라진 실제 전황과 합치될 수 없음은 너무나도 명확해서 더 이상 자세한 분석이 필요하지 않을 정도이다. 또한 최종 승리를 위한 총체적인 동원에 대한 호소와 죽음충동에 대한 노골적인 고백 사이의 커다란 균열에 대해서도 상론할 필요는 없어 보인다.

오히려 흥미로운 점은 영화 〈콜베르크〉가 자신의 목적을 실현하기 위해 구사하는 서사적 · 매체적 전략이다. 이미 영화의 틀줄거리가 이 전략이 어떠한 방식으로 작동하는가를 여실히 보여준다. 역사적 사례에 대한 기억을 통해 현재의 행동을 설득해내기, 이것이 그 방식이다. 시사적인 주제와 씨름했던 첫 번째 프로파간다 영화의 실패한 물결과는 달리, 두 번째 물결은 이야기를 먼 시공간으로 옮겨가는 경향을 띤다.[8] 이는 현재 내지는 미래의 행동을 이끌어내는 데 과거가 오히려 더 효과적으로 도구화될 수 있다는 인식을 바탕으로 한다. 괴벨스는 최고도의 진정성을 확보해주는 "체험공간으로서의 영화Erlaubnisraum Kino"[9]를 과거의 기억을 동원해내기 위한 최적의 매체로서 활용한다.[10] 콜베르크를 둘러싼 전투의 신화가 전설적인 영웅들과 그에 못지않은 스펙터클과 더불어 말 그대로 관객의 '눈앞에' 펼쳐진다. 비록 위임자 자신, 즉 괴벨스는 이 영화에 완전히 만족하지 못했더라도—그리고 이 영화가 직접적인 모범으로 삼은 할리우드 영화 〈바람과 함께 사라지다Gone with the Wind〉(빅터 플레밍, 1939)와 〈미니버 부인Mrs. Miniver〉(윌리엄 와일러,

8 Vgl. Sabine Hake, *Film in Deutschland*, Reinbek bei Hamburg, 2004, S. 142.

9 Harro Segeberg, "Erlebnisraum Kino. Das Dritte Reich als Kultur- und Mediengesellschaft," In: ders.(Hg.), *Mediale Mobilmachung I*, München, 2004, S. 26.

10 Vgl. Astrid Erll, "Bringing War Home: JARHEAD und die Kriegserinnerung *made in Hollywood*." In: dies., Stephanie Wodianka(Hg.), *Film und kulturelle Erinnerung*, Berlin; New York, 2008, S. 146ff.

1942)과 비교해보면 질적인 수준차가 더욱 두드러지기는 하지만[11]—이러한 명증Evidenz[12]효과가 목표하는 바는 집단적 기억을 집단적 소망으로 변형시키는 것이었다.

기억의 연상적 성과를 현재에 대한 평행사례Parallel를 형성하는 데 동원하려는 괴벨스의 계획은 역사가 반복된다는, 좀 더 정확하게는 역사는 그 본질적인 특징들의 면에서 보자면 변하지 않는다는 그의 근본주의적인 사고틀Denkfigur에서 연원한다. 예컨대 1942년 4월 19일의 '총통 탄신일 라디오연설'에서 괴벨스는 하를란의 영화 〈위대한 왕Der große König〉(1940—1942)에서 발견되는 총통 아돌프 히틀러와 프리드리히 대왕 사이의 평행성들을 다음과 같이 부각시킨다.

> 그렇다, 현재에 대한 평행성들은 […] 이따금 너무나도 아연스러워서, 이 영화의 창조자들은 이 영화가 예컨대 성탄절 직전에 특정한 교육적 목적에서 계획되었던 게 아니라 이미 1940년 초여름에 우리 시대의 사명과 의무들과 무관하게 계획되었다는, 그러므로 문구들의 시사적 명징성과 여기에서 묘사된 경과들의 동류성을 의식적인 프로파간다로 환원시킬 수 없고 오히려 그것들의 원인들이 더 깊이 놓여 있는 역사적 법칙들에서 찾아져야 한다는 사실을 합당하게 환기시킬 필요가 있다고 보았다.[13]

그러나 선전부 장관 요제프 괴벨스 박사는 이렇게 순진한 형태로 자

---

11 Siehe hierzu Jens Eder, "Das populäre Kino im Krieg," In: Segeberg, 2004.

12 특별한 방법론적 전유 없이도 직관적으로 분명하여 의심할 바가 없음을 뜻하는 개념으로, 영어의 evidence와는 구분해야 한다.

13 Joseph Goebbels, "Führergeburtstag 1942. Rundfunkrede zum Geburtstag des Führers," in: ders., *Das eherne Herz. Reden und Aufsätze aus den Jahren 1941/1942*, Hg. von M. A. v. Schirmeister, München, 1943, S. 288.

신의 역사 이해 방식이 노출되기를 원하지 않았고, 그래서 역사에서 동일하게 유지되는 요소들을 연이어 자세히 나열함으로써 역사 법칙에 대한 자신의 통찰을 정교화하고자 시도한다.

> 각각의 세기는 자신의 역사적 과제를 지니고 있다. 그것들은 반복되지 않는다. 아니, 그것들은 후세가 더 이상 지나간 시대의 정치적 문제에 대한 역사적 이해로서 유포하기 어려운 방식으로 그 시대와 더불어 살아남는다. 그러나 역사가 만들어지는 본이 되는 성향은, 정치적 천재나 군사적 천재가 이를 통해 스스로를 드러내곤 하는 스타일과 표현형식들은, 시대를 훌쩍 뛰어넘어 끼치는 천재의 작용에 대해 그를 막아서는 저항들은, 하지만 무엇보다도 천재가 저항에 맞설 때 발휘하는 초인적인 힘들은 동일하게 남는다.[14]

그러나 이러한 평행성을 만들어내기 위해서는—이것이 필자의 첫 번째 테제이다—정상적인 회상Erinnerung보다 훨씬 고도의 환원Reduktion, 추상화, 일반화를 필요로 한다.[15] 이것은 세부사항의 누락, 즉 망각과 억압Verdrängung의 (의도적인) 투입을 통해서 이루어지는데, 이는 프로파간다 도구에 대한 대부분의 연구들이 집중하는 위조와 꾸며내기보다 효과면에서 결코 덜하지 않다. 그런데 이러한 누락 전략은 영화 매체의 경우에 더욱 연관성이 크다. 영화에서는 전통적으로 연속성의 원칙이 아주 강하게 작동하고 있기 때문이다. 빈자리들이 수용자들에게 인지되지 않도록 편집되고 영화의 시간이 손댈 수 없게 눈앞에서 흘러가는 것처럼

---

14 Goebbels, 1943, S. 288f.

15 Vgl. A. Erll, *Kollektives Gedächtnis und Erinnerungskulturen*, Stuttgart; Weimar, 2005, S. 7f.

보이는 까닭에, 영화 수용자는 누락된 것들을 감지해내는 데 더욱 취약성을 지닌다. 그리고 이는 〈콜베르크〉의 경우에도 여지없이 해당된다.

비록 하를란이 괴벨스로부터 "시나리오 작성 시에 네텔벡, 그나이제나우의 이야기와 1807년의 사건들을 정확히 지킬 것"이라는 "명령"[16]을 받았다고 하더라도, 이 영화는 극작술적인 누락 전략의 표본 사례로 내놓아도 결코 손색이 없다. 〈콜베르크〉에서 누락된 역사적 사실들은 거칠게나마 다음과 같이 범주화해볼 수 있다.

콜베르크 전투의 국제적 맥락

나폴레옹 전쟁이 거의 전유럽에 걸쳐 이루어졌음에도 불구하고, 영화는 영국, 스웨덴, 러시아 등 주변 국가들의 결정적인 역할에 대해서 침묵한다. 여기에는 물론 독일 프로파간다가 당시에는 연맹국이었지만 지금은 적국인 나라들을 긍정적으로 보이게 만들 수 없었다는 점이 큰 몫을 했을 것이다.[17] 영국이 콜베르크에 무기와 식량을 지원했던 사실은 전혀 언급되지 않고, 스웨덴은 쉴과 관련해서 슬쩍 이야기될 뿐이며, 러시아는 마리와 루이제 왕비에 관한 허구적인 이야기에서만 배경이 된다.

또한 1807년 7월 7일의 틸지트 평화조약에서 프로이센은 "부차적인 요소"[18]에 불과했으며, 함락 직전의 콜베르크 요새가 간신히 괴멸을 면했던 것은 순전히 이 협정 덕분이었음은 영화를 통해서는 전혀 알 길이 없

16 Harlan, 1966, S. 181.

17 〈위대한 왕〉을 제작하는 과정에서 이미 유사한 고려가 이루어졌다. Vgl. Felix Moeller: Der Filmminister, Berlin, 1998, S. 300f.

18 Hajo Holborn, *Deutsche Geschichte in der Neuzeit*, Bd. 2, Frankfurt/M., 1981, S. 82.

다. "그러나 '틸지트의 치욕적인 평화Schandfriedens von Tilsit'의 영향을 영화의 결말로 취해야만 하지 않기 위해서 괴벨스는 영화에 1813년에 이루어지는 '틀줄거리'를 착안했다"[19]고 파이트 하를란은 전후에 증언한 바 있다. 궁극적으로 이러한 국제적 맥락들의 누락은 콜베르크 사수가 가능했던 원인을 전적으로 국내적 요인으로, 즉 국민들의 결연함으로 환원해버린다.

콜베르크 전투의 결과들

〈콜베르크〉는 마찬가지로 프로이센이 틸지트 강화조약의 결과로 자기 영역의 약 절반을 상실했으며 콜베르크 역시 결국은 이를 통해서 프랑스 점령지가 되고 말았다는 사실에 대해 함구해버린다.[20] 이에 관해서 하를란 감독은 다음과 같이 적는다.

> 그나이제나우는 왕에게 1807년에 벌어진 콜베르크의 영웅적 싸움을 다시 한 번 눈앞에 제시했다. 그러고 나서 영화 〈콜베르크〉가 펼쳐진다. 이러한 극작술적인 속임수를 통해 영화는 또한 콜베르크의 몰락으로, 그리고 이로써 패전으로 마감할 필요가 없었다. 영화는 오히려 프리드리히 빌헬름 3세의 저 유명한 격문 '나의 국민에게 고함'으로 끝났는데, 이 격문은 위대한 해방전쟁을 호소했으며, 모든 독일인들은 이 해방전쟁이 나폴레옹의 몰락과 최종적인 승리로 이끌었다는 것을 알고 있었다. [...] 이러한 교묘한 방식으로 프로파간다 천재 괴벨스는 콜베르크를 둘러싼 패배한 전쟁

19 Harlan, 1966, S. 189.

20 Vgl. R. Giesen, Nazi Propaganda Films, Jefferson u.a., 2003, S. 169.

으로 '승리한 마지막 전투'를 만들어내는 데 성공했다.[21]

괴벨스는 이러한 황당한 눈속임을 통해서만 시민들이 모든 것을 희생해서 콜베르크를 사수한다는 것이 기실 얼마나 가혹하고 비이성적인 판단이며 헛된 노력인지를 은폐할 수 있었던 것이다.

전투 동안의 사실들

프랑스 부대는 콜베르크가 항복을 거부하고도 장장 5개월이 지나서야 비로소 콜베르크 요새를 포위했으며, 이 시점에는 이미 훨씬 동쪽으로 밀고 들어가 있었다. 지형적으로 변두리에 위치해 있었던 까닭에 콜베르크 요새는 전략적으로 무의미했으며, 포위가 시작되었을 무렵에는 인적으로나 화력 면에서나 콜베르크의 수비대가 포위군보다 오히려 우세했다.[22] 하지만 초기 상황에 대한 이상과 같은 분석은 관객에게 제공되지 않았고, 그 대신 하를란은 항복 요구에 대한 거부 장면에 곧장 나폴레옹이 이에 대해 격노하는 장면을 이어 붙였다.

두 번째 예로는 콜베르크의 사령관 루카두를 들 수 있겠는데, 그는 〈콜베르크〉를 "네텔벡-영화"[23]로 만들기 위해서 영화에서 가장 왜곡되게 묘사된 인물이다. 루카두를 패배주의자로 특징짓기 위해서 수많은 중요한 사실들이 누락되었다. 그는 비단 1806년 11월 8일에 콜베르크를 전투 없이 프랑스 침략자들에게 넘겨주기를 거부했을 뿐만 아니라 콜베르크를

21 Harlan, 1966, S. 190.

22 Vgl. Eitner, 1999, S. 109.

23 J. Goebbels, Die Tagebücher, Teil II, Band 8, München u.a., 1993, S. 425.

방어태세로 전환하기 위해서 요새를 강화하려고 노력하기도 했다.[24] 오히려 시민들이 그의 결정에 불만을 표명했으며, 그것도 영화에서 암시되듯이 부유한 상인들만이 항복 거부에 반대했던 것이 아니다. 마찬가지로 영화는 루카두가 충분히 보호될 수 없었던 민간인 200명을 뤼겐발트로 강제 대피시켰으며, 기병 대위에게 쉴의 진급을 제안했던 사람 역시 루카두였다는 사실에 대해서도 입을 닫고 있다.

또한 루카두의 대임자인 카알 빌헬름 에른스트 폰 발덴펠스Carl Wilhelm Ernst von Waldenfels 대위가 영화에 전혀 등장하지 않는 것 역시 주목할 만하다. 왜냐하면 그가 요새 방어 때 누구보다도 헌신적으로 전투를 수행하며 결정적인 역할을 했을 뿐만 아니라 "포위전에서 가장 계급이 높은 전사자"[25]이기도 했기 때문이다. 이는 아마도 그가 루카두뿐 아니라 그의 후임인 그나이제나우 휘하에서도 전투에서 탁월한 전과를 거두었다는 사실이 네텔벡이라는 인물에 의해 강하게 각인된 콜베르크 신화에 흠집을 낼 수도 있었기 때문이었을 것이다.

1945년 당시의 전황을 염두에 둘 때 가장 본질적이라고 칭할 만한 누락은 잔혹한 전쟁 현실의 재현이다. 하를란 감독은 특히 이러한 측면과 연관해서 전후에 〈콜베르크〉에 대한 괴벨스의 반응에 대해 폭로할 거리가 많다.[26]

> 비견할 수 없는 냉소주의로 그는 잔혹한 장면들을, 불타는 콜베르크 시의 화염에 대한 주민들의 저주와 많은 시체를 비난했다. 그 모든 것이 사

24 Vgl. Eitner, 1999, S. 91; 96.

25 Eitner, 1999, S. 101.

26 전후에 벌어졌던 책임 전가의 분위기에서 나치 프로파간다 영화의 대표 감독 하를란 역시 자유롭지 못하며, 그의 진술을 다룰 때 이 점은 반드시 고려되어야 한다.

> 디즘적으로 형상화되었다는 것이다. 그는 이 장면들을 잘라내라고 명령했다. 한 여성이 아이를 낳는 동안 그녀 위로 집이 불타다가 붕괴되면서 엄마와 신생아를 묻어버리는 것을 그는 악취미의 과장이라고 칭했다. 마찬가지로 나는 콜베르크에서는 더 이상 나무판자를 조달할 수 없었기 때문에 수많은 망자들을 위한 관을 만들기 위해서 사람들이 집에서 문을 떼어내는 장면과 또한 콜베르크의 우물과 수도관이 많은 망자들의 시체로 중독되어서 아무도 감히 마시려고 하지 않았던 것도 잘라내야 했으며, 심지어 세 번의 큰 전투 중의 하나를 빼버려야만 했다. 지속되는 살해와 피살이 관객들의 신경을 긁는다는 것이다. 그것은 평화주의적인 영화에는 몰라도 "콜베르크의 영웅가"에는 적합하지 않다고 했다. […] 이 영화는 체념으로 이끌지, "승리를 향한 결연함—얼마든지 대가를 치러도 좋다!"로 이끌지는 않는다는 것이다.[27]

하를란은 특히 "역사에 충실하게"[28] 촬영된 전투 장면이 삭제당한 것을 아쉬워한다. "움직임의 웅대함에 '총통 각하의 명령'이 떨어졌고, 이로써 가위에 희생되었다. 싹둑싹둑, 2백만 마르크짜리 장면이 그렇게 점점 더 영화에서 잘려나가 버려졌다. 그 영화는 총력전의 2백만 마르크짜리 잔혹함이었다."[29] 관객을 영화 속 전쟁의 끔찍함과 맞닥뜨리지 않게 하기 위해서 해당 장면들이 대거 편집 당했다. 이 장면들이 주로 롱쇼트나 익스트림롱쇼트로 제시되고 클로즈쇼트나 미디엄쇼트가 거의 없다는 사실 역시 눈에 띈다. 그 결과로 관객은 전쟁영화에서 관습적으로 상이한 쇼트와 앵글로 이루어진 커트들을 신속하게 연속시킴으로써 유발되

27 Harlan, 1966, S. 192.

28 Harlan, 1996, S. 192.

29 Harlan, 1996, S. 193.

는 역동성을 느끼지 못한다. 따라서 전장의 수백 명의 영상들은 매우 정적으로 작용한다.

3. 기억 조작의 부작용: 자기기만

위에 상술한 바와 같은 종류의 수많은 누락들로 구성된 눈속임의 유사사례 조작은—이것이 필자의 두 번째 테제이다—조작자 자신의 시야를 좁힐 수도 있다. 알라이다 아스만Aleida Assmann이 올바르게 지적하듯이 역사의 위조와 전유는 종종 함께 나타난다.[30] 이 경우에 사람들은 더 이상 실재를 보지 못하고 겨우 허깨비Phantom나 볼 따름이다. 그리고 이 허깨비가 앞으로의 행위를 받아쓰게 만든다. 괴벨스 자신이 이러한 방식의 기억 취급이 안고 있는 위험과 부작용에 대한 최고의 증거이다. 1944년 12월 1일에 괴벨스는 아직 후반 작업 중인 〈콜베르크〉를 보고 일기에 이렇게 적는다.

> 저녁에 새로운 하를란의 컬러 영화 〈콜베르크〉가 상영되었다. 그것은 연출 기술의 진정한 명작이다. 하를란은 그것을 또한 정치적으로도 어찌나 능란하게 자리매김했는지, 그것이 마치 3주 전에야 비로소 작업이 개시되었으며 현재 독일 민족을 움직이는 모든 문제에 답을 주고 있는 것 같은 의심이 들 수도 있을 지경이다. [⋯] 나는 그것을 가능한 한 빨리 공공을 위해 완성되도록 할 것이다. 이 영화는 오늘날 독일 민족의 분위기

30 Vgl. Aleida Assmann, Der lange Schatten der Vergangenheit, München, 2006, S. 41.

에게 승리한 전투나 마찬가지이다.[31]

이러한 평가는 괴벨스가 이미 1944년 9월 3일에 일기에서 언급했던 내용과 총력전의 필요성에 대한 전황 판단 면에서 역사적 궤를 같이한다. "그나이제나우에 의해 집필된, 1813년의 프리드리히 빌헬름 3세의 파르티잔 칙령이 읽을거리로 내 앞에 놓여 있다. 이 파르티잔 격문은 이제 우리에게 매우 필요하다. 사실상 매 문장마다 현재의 상황에 적용할 수 있을 법하다."[32] 1945년 3월 3일, 〈콜베르크〉가 상영되고 약 두 달 뒤에도, 그는 일기에 이렇게 쓴다. "나는 1908년의, 민족전쟁 준비에 관한 그나이제나우와 샤른호르스트의 진정서를 읽는다. 당시에도 오늘날과 정확히 똑같았으며, 우리는 해방전쟁 전에 그러했던 것과 정확히 동일한 수단으로 적들에 대항해 방어에 나서야만 한다."[33] 하지만 그로부터 불과 사흘 뒤인 6일에 그는 이렇게 탄식한다.

> 콜베르크의 군사령관이—만약 그가 그렇게 불릴 수 있다면—총통 각하께 그 도시를 싸움 없이 적에게 내주자는 제안을 했다. 총통께서는 즉각 그를 제거했으며 젊은 장교를 그의 자리에 투입했다. 이 타락한 장군들은 역사나 책임에 대한 감각이 없는 걸까? 오늘날의 콜베르크 군사령관은 그나이제나우보다는 루카두를 흉내 낼 야심이 있는 것인가?[34]

이 인용에서 읽어낼 수 있는 사고 도식은—괴벨스의 시각에서 보자면

---

31 J. Goebbels, Die Tagebücher, Teil II, Band 14, München u.a., 1996, S. 310f.
32 J. Goebbels, Die Tagebücher, Teil II, Band 13, München u.a., 1995, S. 392.
33 J. Goebbels, Die Tagebücher, Teil II, Band 15, München u.a., 1995, S. 407.
34 J. Goebbels, Die Tagebücher, Teil II, Band 15, München u.a., 1995, S. 432f.

–1806년의 콜베르크 내지는 영화 〈콜베르크〉에서 드러난 민족적 기억과 놀라울 정도로 명백하게 일치한다. 이에 따르자면, 총통이 행한 바는 정확하게 역사의 모범에 맞아떨어진다. 심지어 며칠 뒤 3월 12일에 선전부 장관은 이렇게 자신의 사명을 규정한다. "총통께서 그토록 소수의 존중할 만한 군부 휘하밖에 발견하지 못하신 것은 치욕적인 일이다. 이 무리에서는 각하 자신만이 유일하게 탁월한 인물이다. 그런데 왜 각하의 주변에 그나이제나우와 샤른호르스트들의 무리가 형성되지 않았단 말인가! 나는 총통께 그러한 무리를 발견해드리고 활용하실 수 있게 해드리는 일을 나의 가장 멋진 사명으로 여길 것이다."[35]

하지만 이미 1945년 3월 17일에 괴벨스는 일기에서 다음과 같은 사실을 확인해야만 했다. "오로지 역사적 예들에만 의존하는 논거들은 더 이상 설득력이 없다."[36] 그럼에도 불구하고 이는 그가 자신의 오류를 깨달았음을 의미하지는 않는다. 정반대로 프로파간다 장관은 전황을 현실적으로 평가하는 사람들을 비판한다.

> 나는 「교사로서의 역사Die Geschichte als Lehrmeisterin」라는 표제의 주요 기사에서 우리 시대에 대한 역사적 사례들의 증명력을 세부에까지 이르는 논증들로 제시할 기회를 잡는다. 나는 내가 성공하기를 바라지만 나는 현 시점에서는 오로지 성공만이 정말로 확신을 줄 수 있음을 잘 알고 있다. 다른 것들은 모두 국민의 한쪽 귀로 들어가 다른 쪽 귀로 나와버린다.[37]

---

35 위의 책, S. 487.

36 위의 책, S. 529.

37 위의 책, S. 529.

하지만 겨우 이틀 만인 1945년 3월 19일에 괴벨스는 더 이상 현실과의 대면을 피할 수가 없었다.

> 우리는 이제 콜베르크를 비워야만 했다. 그토록 비범한 영웅주의로 스스로를 방어했던 이 도시는 더 이상 유지될 수 없었다. 나는 콜베르크의 소개疏開가 수비대 최고사령부 보고에 기록되지 않도록 할 작정이다. 우리는 콜베르크 영화에 대한 강한 심리적 효과들에 직면해서 지금은 이것을 필요로 하지 않는다.[38]

괴벨스는 이제 과거가 아니라 현재의 역사적 사실마저도 누락 전략으로 처리하고자 한다. 민족적 기억의 가장 중요한 주춧돌인 사료로부터 '불필요한' 현실을 삭제해버리려는 것이다. 그런데 이는 비단 역사적 사실의 현재적 영향력을 제거하려는 행위에 멈추지 않는다. 이것은 현재를 넘어서 미래의 기억을 조작하려는 시도이며, 그러한 한 전혀 다른 개념의 프로파간다이다.

그리고 이러한 맥락에서, 이제 명백히 희망이 없는 전황으로 인해 자신의 사고 도식과 현실의 간극이 도저히 메꿀 수 없는 지경에 이른 괴벨스에게 남겨진 선택 가능성은 얼마 되지 않는다. 가장 긍정적인 모델은 자신의 오류를 인정하고 자신의 역사 도식을 수정 내지 포기하는 방법일 텐데, 이 "광적인 자기암시력"[39]을 지닌 프로파간다 장관은 '전기억Vorerinnerung'에, 즉 미래의 시점을 취해 기억의 양태Modus로 현재를 바라보는 새로운 기만 방식을 택한다. 약 1개월 뒤인 1945년 4월 17일

38 위의 책, S. 542.

39 R. G. Reuth, "Nachwort zur ergänzten Neuauflage", In: Goebbels, 2008, S. 2305.

에, 즉 가족 전원이 히틀러를 뒤따라 자살하기 불과 2주 전에, 그것도 결국에는 벙커에 들어가게 된 전 날에, 그는 자신의 직원들 앞에서 마지막 연설을 하는데, 그 내용은 그로테스크한 (자기)기만의 극점을 보여준다.

> 여러분, 백 년 뒤에 사람들은 우리가 살아가고 있는 끔찍한 날들에 관한 멋진 컬러 영화를 상영하게 될 겁니다. 여러분은 이 영화에서 배역을 맡고 싶지 않습니까? 지금 견뎌내십시오, 관객들이 백 년 뒤에, 여러분이 스크린에 나오면, 야유를 하고 호각을 불어대지 않도록 말입니다.[40]

여기서 우리가 듣는 것은 더 이상 허깨비와 현실을 구분하지 못하는 한 광기에 사로잡힌 남자의 날카로운 외침이다. 괴벨스는 〈콜베르크〉로 자신과 독일의 운명을 직조하려 했지만, 이 영화는 단순히 허상이기만 한 것이 아니라 괴벨스 자신이 만들어낸 망상이기도 하다. 프로파간다 장관으로서 그는 이러한 속임수를 훤히 알고 있었어야만 했다. 아니면 이것마저도 자기연출을 통한 계속되는 기만작전일까? 아니면 여기에서 반어적인 제2음정이 들리는가?

4. 마무리: 괴벨스의 사례에 근거한 기억 이론에 대한 몇 가지 제안

괴벨스의 위의 진술이 어떻게 해석되든 간에, 확연하게 눈에 띄는 바는 괴벨스가 얼마나 강하게 영화 매체와 연결되어 있었으며 얼마나 그

40 Zitiert nach Kreimeier, 2002, S. 409.

가 자신의 비전을 시각적인 형태로 인지하는가이다. 마찬가지로 눈에 띄는 것은, 괴벨스에게는 사실 기억의 구체적인 내용보다는 오히려 상이한 시대들에서 평행성을 '발견'하도록 해주는 사회적 인지표본을 만들어내는 것이 관건이었다는 사실이다. 그는 기억의 조작만이 아니라 알박스Maurice Halbwachs가 말하는 '기억틀Gedächtnisrahmung'의 조작을 목표로 했던 것이다. 괴벨스가 영화 〈콜베르크〉로 시도했던 바는 극단적인 경우에 해당할지도 모른다. 하지만 모든 회상이, 적어도 모든 회상하는 담론들이 동시에 자신에게 되도록 폭넓게 유효할 권리 요청이기도 하지 않는가. 비록 "이질적인 개인적 회상 위에 규범적인 패턴을 놓는, 집단적으로 동질화하는 충동들을 확인할 수 있는 곳이면 어디든 사회적 또는 정치적 기억틀의 작용력이 작동하고 있다"[41]는 알라이다 아스만의 확언이 부인할 수 없는 주장인 만큼 그 역의 작용메커니즘도, 즉 모든 개인적인 회상들이 궁극적으로는 기억틀로서 받아들여지기를 목표한다는 사실 또한 간과할 수 없다. 그러므로 그녀가 "상위의 기억틀에 대한 회상의 의존성"[42]이라는 표현으로 개인적 회상과 기억틀의 변증법적인 상호작용 관계를 단순화하는 데는 동의하기 어렵다.

둘째, 기억틀에 개입하려는 괴벨스의 시도는 과거, 현재, 미래라는 세 시간 차원 모두를 동원하여 이들 간에 평행성들을 만들어내는 매커니즘을 특징으로 한다. 기억구성물 〈콜베르크〉를 통해 상이한 시공간들-1806, 1813, 1945(현재), 미래-사이에 모종의 '흐름'이 생기도록 하려는 시도가 이루어진다. 이러한 흐름을 통해 시간대들이 동질화되고 이로써 시화적 시간이라 칭할 수 있는 상태가 생겨난다. 괴벨스가 영화 〈콜베

41 Assmann, 2006, S. 156.

42 위의 책, S. 166.

르크〉로 정말로 목표로 했던 바는 그저 최종 승리에 기여할 한 편의 사수 영화만이 아니라 언제나 써먹을 수 있는 신화이다. 누락 전략 역시–전쟁의 끔찍한 실제영상의 삭제를 제외하고는–근본적으로 '콜베르크 신화'의 구성에 이바지한다. 이는 위르겐 슈트라웁이 "다름 아닌 현대적 삶의 특징, 즉 우리 경험의 상승된 우연 및 차이 경험으로 직조된, 우리 경험의 시간화Temporalisierung"[43]라고 지칭하는 바에, 그리고 또한 역사의식에 관한 그의 다음과 같은 주장에 정확히 반대되는 것이다.

> 역사적으로 생각하고 말하는 사람은 시간적 구분들로 작업한다. 익히 알려진, 그리고 그 기본 형태 면에서 아직 비교적 단순한 표본을 과거, 현재, 미래로 이루어진 3체Trias가 제공한다. […] 그러니까 누군가가 다른 시기의 사람들의 행위를 이해하려고 한다면, 그는 이때 단지 자기 자신의 현재를 과거와 구분하고 얻고자 하는 이해를 위해 이러한 차이를 끌어들일 줄 알아야 할 뿐만 아니라 더 나아가 관심의 대상이 되는 행위를 시간적으로 복합적인 구성체로 관찰할 줄 알아야 할 것이다.[44]

이러한 견지에서 "이데올로기 비판에서 집단적 기억으로의 패러다임 전환"[45]이라는 알라이다 아스만의 주장은 다소 성급하지 않나 싶다. 비록–어쩌면 바로 그 때문에–역사에 대한 의미 부여와 승화가 "단지 이데올로기 비판적 의미에서의 '신화'에 불과할 뿐만 아니라 더욱 일반적

---

43 Jürgen Straub, "Vorwort", In: ders. (Hg.), *Erzählung, Identität und historisches Bewußtsein*, Frankfurt/M., 1998, S. 7.

44 J. Straub, "Geschichten erzählen, Geschichte bilden. Grundzüge einer narrativen Psychologie historischer Sinnbildung", In: *Straub*, 1998, S. 96.

45 Assmann, 2006, S. 31.

으로 현재와 미래에 현저한 영향을 끼치는 문화적 구성"[46]이라 하더라도 말이다.

셋째, 괴벨스는 현대의 백주대낮에 단지 기억의 신화적 해석 도식을 유포하려 했던 것만이 아니라 독자적인 심리를 지니는 개인으로서 국가적/민족적 기억 정치에 가능한 한 최대의 영향력을 행사하고자 했다. 이러한 극단현상은 개인적 기억과 집단적 내지 문화적 기억 사이의 엄격한 분리가 기억 연구에게는 이론적 골조의 안정성을 보장해주기는 하지만 실질적인 분석에는 그다지 기여하지 못한다는 사실의 증거이기도 하다. 기억 연구를 흥미롭게 만들어주는 것은 오히려 이 두 기억 차원 사이의 역학관계와 이에 뒤따르는 그것들의 비대칭적 갈등 및 오류들이다. 괴벨스의 예를 통해서 우리는 개인적으로 촉발된 기억 조작이 민족적 기억 차원에서 잘못된 구성을 유발하는 경우를 분석해보았다. 그 결과, 집단적 기억은 개인적 기억의 경우와 마찬가지로 계속적인 간주관적 검토와 수정이 필요하다는 점을 인식하게 되었다. 개인적이든 집단적이든, 회상은 퍼즐조각처럼, 아니 지크리트 바이겔의 표현을 따르자면 "몽타주Phantombild"[47]처럼 기능한다. 개별 회상이 너무 크거나 너무 희미하면, 그것들은 쓸모가 없다. 그러한 조각들은 더 큰 그림에 부합되지 못한다. 어쩌면 이것이 문화적 기억을 더 잘 다룰 수 있는 소박한 기준일지도 모른다.

마지막 제안은, 기억 연구가 대상으로 삼는 시간 차원과 관련된 것이다. 기억 연구에서 기억은 대부분 과거와 현재의 공동 작업이라고 기술된다. 기억의 실제적인 무대로서의 현재에 관심을 기울이는 것은 말

46 Assmann, 2006, S. 41.

47 Siegrid Weigel: Genea-Logik, München, 2006, S. 71.

할 나위 없이 중요하지만, 어쩌면 기억 구성의 소실점으로서 미래가 행사하는 역할 또한 간과해서는 안 될 듯하다. 그리고 이때 〈콜베르크〉의 예가 하나의 준거로서 이바지할 수 있을지도 모른다. 상이한 시간 차원들을 구분할 필요성을 부인하는 방식은 우리를 기억으로 인도하는 것이 아니라 신화로, 허상으로 인도한다.

▌참고문헌

1차 문헌

Harlan, Veit, "Kolberg", Aufnahme der Fernsehsendung am 22. März 1998 bei Arte, 1945.

2차 문헌

Assmann, Aleida, *Der lange Schatten der Vergangenheit*, München: C.H. Beck, 2006.

Eder, Jens, "Das populäre Kino im Krieg", in H. Segeberg(Hg.), *Mediale Mobilmachung I*, München: Wilhelm Fink, 2004.

Eitner, Hans-Jürgen, *Kolberg. Ein preußischer Mythos 1807/1945*, Berlin: Ed. q., 1999.

Erll, Astrid, "Bringing War Home: JARHEAD und die Kriegserinnerung made in Hollywood", in: dies., Wodianka, Stephanie(Hg.), *Film und kulturelle Erinnerung*, Berlin; New York: de Gruyter, 2008.

Dies., Kollektives *Gedächtnis und Erinnerungskulturen*, Stuttgart u.a.: Metzler, 2005.

Giesen, Rolf, *Nazi Propaganda Films*. Jefferson, NC. u.a.: McFarland, 2003.

Ders./Hobsch, Manfred, *Hitlerjunge Quex, Jud Süss und Kolberg*. Berlin: Schwarzkopf & Schwarzkopf, 2005.

Goebbels, Josepf, "Führergeburtstag 1942. Rundfunkrede zum Geburtstag des Führers", in: *Das eherne Herz. Reden und Aufsätze aus den Jahren 1941/1942*, Hg. v. M. A. v. Schirmeister. München: Zentralverlag der NSDAP, 1943.

Ders., *Die Tagebücher*, Teil II, Band 8; 13-15, Hg. v. Elke Fröhlich, München u.a.: Sauer, 1993ff.

Hake, Sabine, *Film in Deutschland*, Reinbek bei Hamburg: Rowohlt, 2004.

Harlan, V., *Im Schatten meiner Filme*, Hg. v. V. H. C. Opfermann. Gütersloh, 1966.

Holborn, Hajo, *Deutsche Geschichte in der Neuzeit*, Bd. 2. München u.a.: Oldenbourg, 1981.

Kreimeier, Klaus, *Die Ufa-Story*, Frankfurt/M., 2002

Moeller, Felix., *Der Filmminister*, Berlin: Henschel, 1998.

Reuth, Ralf Georg, "Nachwort zur ergänzten Neuaflage", in: *Joseph Goebbels Tagebücher* 1924-1945, Vol. 5, Hg. v. R.G. Reuth. München: Piper, 2008.

Segeberg, Harro, "Erlebnisraum Kino. Das Dritte Reich als Kultur- und Mediengesellschaft", in: ders.(Hg.), *Mediale Mobilmachung I*,

München: Wilhelm Fink, 2004.

Straub, Jürgen, "Vorwort", in: ders.(Hg.), *Erzählung, Identität und historisches Bewußtsein*, Frankfurt/M.: Suhrkamp, 1998.

Ders., "Geschichten erzählen, Geschichte bilden. Grundzüge einer narrativen Psychologie historischer Sinnbildung", in: ders.(Hg.), *Erzählung, Identität und historisches Bewußtsein*, Frankfurt/M.: Suhrkamp, 1998.

Weigel, Sigrid, *Genea-Logik*, München: Wilhelm Fink, 2006.

역사, 재구성 그리고 예술가의 문체
: 〈취화선〉의 미학

이수진

1. 여는 말: 사극, 재구성의 영화

98번째 작품으로 〈취화선〉(2002)을 연출한 임권택은 한국 영화 역사상 최초로 프랑스 칸 영화제 장편 경쟁 부문에 초청(〈춘향뎐〉, 1999)된 데 이어 2002년 감독상을 수상한 작가이다. 다양한 언론 인터뷰에서 감독 스스로 밝혔듯이 '한 가지 방향'으로 집중하여 스타일을 구축한 점이 크게 작용했다고 평가할 수 있다. 〈서편제〉(1993), 〈춘향뎐〉, 〈취화선〉을 잇는 10여 년의 행보에서 한국 사람들의 정서, 한국의 삶, 한국의 고유한 멋과 전통미를 구현하고 이를 밖으로 내보내 다른 문화권의 사람들에게 인정받으려는 노력이 통했다는 것이다. 이 기간 동안 임권택은 판소리와 한국화로 대변되는 '전통 예술'을 중심에 두고, 18세기 초, 19세기 말, 20세기 초 등 과거로 거슬러 올라간다. 다시 말해 조선시대 삶을 재현하는 영화들을 통해 '한국의 문화적 개성과 아름다움'을 입증하기 위한 일련의 작품군을 만든 것이라 하겠다.

이러한 맥락에서 임권택의 '한국적인 것을 재현한' 일련의 작품들을 '재구성의 영화'라 부를 만하다. 사극 영화란 것이 오늘날에는 사라져버린 과거의 모습을 역사 기록과 자료에 기반을 두어 재구성하는 작업이기 때문이다.

> "예전에는 사극을 만들더라도 소외 계층의 사람들이 하지 못하는 말을 대신 하는 사회정치적인 작품을 만들었던 적이 많습니다. 사실 〈춘향뎐〉에서 달라진 점은, 이야기의 본질이 매우 진취적이더라도 결국 해피엔딩의 사랑이야기일 뿐인 이 옛날 이야기를 가지고 한국 사람들의 삶을 표현했다는 것이죠. 우리의 취향, 문화적 특성을 독창적인 방식으로 재현하는 것 말입니다. 따라서 그 시대의 건축물, 의복, 색감을 되살려야만 했습니다."[1]

> "〈춘향뎐〉에서 보는 모든 소품, 서예, 장신구 등이 모두 고증을 거쳐 연구된 것입니다. 예전에는 타 분야 전문 인력의 협조를 받은 적이 없지만 이번만큼은 대학이나 박물관의 자문을 얻었지요. 너무나 큰 도움을 받았습니다. 예를 들어 한복 전문가는 영화 의상을 제작해본 경험이 전무한 분인데도 함께 작업을 해주셨습니다. 춘향의 집도 그 구조나 색깔 등을 철저히 고민해서 만들었습니다. 제 의도는 18세기 조선시대를 되살려보자는 것이었습니다."[2]

---

1 "Entretien avec IM Kwon-Taek", *Document du Chant de la fidèle Chunhyang*, Paris, éd. Groupement National, 2000.

2 H. Niogret et Y. Tobin, "IM Kwon-Taek, La rencontre entre le chant et l'image", *Positif* n° 478, Paris, éd. Jean-Michel Place, 2000.

사실 그의 영화에 사용된 색들을 보고 있자면 관객은 그 이전 영화에서는 볼 수 없는 유난히 정성스럽게 연출된 색이라는 생각을 하게 된다. 소박하면서도 생기 있는 색, 천의 재질에 따른 매끄러운 색과 빛, 자연과의 조화를 이루는 색 등은 단순히 조형 요소로서의 색에만 그치는 것이 아니라 옛 시대가 내재하고 있는 아름다움을 재현하는 매개 역할을 한다. 화면 구성을 위한 모든 요소가 바로 이러한 방식으로 조직되었다고 할 수 있다. 조금 과장하자면 한국의 사극 영화는 임권택의 사극 이전과 이후로 구분될 수도 있을 것이다.

사실 영화는 장르적 특성상 움직이는 이미지와 소리를 통한 시청각적 재현에 기댈 수밖에 없다. 바로 이 지점에서 닮음의 논리에 근거하는 이미지라도 그 재현 형식의 함의가 작용하기 마련이다. 관객은 이미지와 소리를 보거나 듣자마자 거의 동시에 혹은 자동적으로 그 함의를 생각하게 된다. "이미지는 홀로 자율적이고 폐쇄적인 왕국을 세울 수 없다. 이미지를 둘러싼 것과 소통 없는 닫힌 세상을 만들 수 없다. 단어나 혹은 다른 나머지와 마찬가지로 이미지도 의미의 법칙과 작용에 포함될 수밖에 없고 사회 내부에서 의미작용을 만드는 광대한 영향권 내부에 속할 수밖에 없다. 이미지 창조자의 영혼에 문화는 항상 내재하기 마련인데, 문화와 관련되자마자 도상적인 텍스트는 담화 형태를 지닐 수밖에 없게 된다."[3]

임권택 작품에서 표면적으로 드러나는 색감, 형태, 카메라 앵글, 편집 형식 등에는 심층적으로는 임권택의 정신이 묻어나기 마련이다. 〈취화선〉은 역사를 소재로 하되 역사 속에 개인을 묻어버리길 거부하는 작가

---

3 크리스티앙 메츠, 『영화의 의미작용에 관한 에세이 2』, 이수진 옮김, 문학과지성사, 2011, 188.

임권택의 선택을 보여준다. 또한 한국화라는 동양적 프레임(세로로 긴 직사각형 족자와 여러 폭의 병풍)을 영화라는 서양적 프레임(가로로 긴 직사각형 스크린)으로 담아내려는 임권택의 고민은 바로 끊임없이 거듭나기를 고민하는 장승업의 고독과 서로 조우하게 된다.

2. 〈취화선〉의 화원 장승업, 개인 역사의 재구성

〈취화선〉은 화원 장승업(1843-1897)에 관한 작품인데, 장승업은 조선 말기의 최고 화가였지만 시대적으로 혼란스러웠던 탓[4]에 그 생애에 대한 역사적 기록은 소수라고 한다. "현재 알려져 있는 장승업의 생애는 대부분 장지연의 『일사유사逸士遺事』와 오세창의 『근역서화징槿域書畵徵』의 기록 그리고 장승업의 제자인 안중식과 조석진을 거쳐 김은호와 김용준 등에 전해진 것이 대부분이다."[5] 이러한 맥락에서 〈취화선〉은 소수의 기록과 몇몇 일화를 근거로 하여 연대순으로 장승업의 삶을 재배열하고 사건과 사건 사이의 맥락이나 사건을 경험하는 내적 상태 등을 채워넣어 재구성한 것인데, 이 과정에서 독창적인 문체를 찾고자 하는 예술가라는 테마가 하나의 구성 논리로서 작용한다고 할 수 있다.

중인 출신이었으나 부모를 잃고 고아로 떠돌던, 즉 불행한 유년시절을

4 이 글에서 논지 전개상 역사적 상황에 대해 구체적인 설명을 전개하지는 않을 것이기 때문에, 〈취화선〉을 이해하는 데 도움이 될 만한 수준에서 장승업 생애와 관련된 사건을 간단히 정리하고자 한다. 장승업 24세 1866년 병인양요, 29세 1871년 신미양요, 34세 1876년 강화도조약, 42세 1882년 임오군란, 54세 1894년 동학농민운동과 갑오개혁.

5 진준현, 「오원 장승업의 생애」, 『정신문화연구』 통권 제83호, 한국학중앙연구원, 2001, 3. 임권택은 2000년 12월에 개최된 장승업 기념학술대회(주최 정신문화연구원)에 참관하면서 자문을 얻었다고 밝힌 바 있다. 학술대회 발표 논문들은 다음 책에서 찾아볼 수 있다. 『정신문화연구』 제83호, 한국학중앙연구원, 2001.

겪었던 장승업은 그림 재주를 인정받아 당시 유명세를 얻는 화원으로까지 성장하게 된다. 40대 초반에는 고종의 부름을 받고 궁중에서 그림을 그렸다고도 한다. 자유분방한 성품의 그가 구속을 견디지 못해 궁중에서 여러 차례 도망쳤다는 일화와 그림을 그릴 때는 반드시 미인을 옆에 두고 술을 따르게 했다는 일화는 꽤나 유명한 이야기로 전해지고 있다. 또한 술, 예술, 방랑으로 일관된 장승업의 생애는 어디에서 어떻게 마감되었는지 미지로 남아 있다. 대부분의 사료에서 그는 세속적인 가치를 거부하고 오직 순수한 예술을 위해 살았다고 전해지는데, 평상시에 자주 "사람의 생사란 뜬구름과 같은 것이니 경치 좋은 곳을 찾아 숨어버림이 좋을 것이요, 요란스럽게 앓는다, 죽는다, 제사를 지낸다 하여 떠들 필요가 무어냐고"[6] 말하곤 했다 한다. 장승업의 신비로운 사라짐은 영화에서 자발적인 소멸로 해석된다. 도자 가마 불속으로 천천히 녹아 들어가는 화원과 소박한 백자 위의 붓놀림, 강물에 유유히 떠 있는 쪽배 위의 노인, 평생 동안 그토록 찾으려 애썼던 완성된 그림 한 점.

〈취화선〉에서 예술가로서의 성장을 축으로 재구성된 장승업의 삶은 크게 '수련-성취와 명성-극복과 거듭나기'로 구분될 수 있다. 젊은 시절 자연을 관찰하고 중국 화풍을 모사하면서 습득한 화원으로서의 기술적 측면을 강조하는 부분이 영화의 전반부에 해당한다면, 화원으로서의 명성을 얻고 주문받은 그림들을 그리면서 원숙한 기량을 선보이는 것은 중반부, 그리고 이 모든 것을 뛰어넘어 자신이 열망하는 경지에 이루고자 하는 것이 결말부라고 할 수 있다.

서사 전개상 과거를 회상하는 플래시백으로 진행되는 영화는 이미 원숙한 기량을 겸비한 화원의 시기에서부터 시작하여, 대략 삼분의 이 지

6 진준현, 앞의 글, 23.

점(상영시간 69분)에 이르면 일본 기자와 대화를 나누는 처음 장면으로 되돌아온다. 이후 연대기적으로, 남은 삼분의 일을 진행한 후 장승업의 죽음과 함께 영화도 마무리된다(상영시간 117분). 다시 말해 플래시백으로 구성한 전반-중반, 연대기적으로 구성한 후반으로 요약할 수 있을 것이고, 이 구성은 화원으로서의 일생과 관련해서는 수련기-원숙기-완성기를 반영한 것이라 하겠다.

〈취화선〉의 연출 방식 역시 이러한 흐름을 내포하고 있는데, 특히 장승업의 그림을 연출하는 부분에 있어서 그 특색을 찾을 수 있다. 영화에는 모두 스물한 번의 그림이 등장한다. 그 순서는 화려하고 다양한 화풍에서 품격을 가졌다가 단순해지는 쪽으로 형상이 바뀐다.

> "젊었을 때 방황하고 할 때는 낙엽도 화려하고 매화꽃도 무리 지어진 화려한 느낌으로 그리다가 중년에 들어서면 지엽을 바라보고, 지엽에서 미를 끌어내려고 하는, 이런 식으로 변해가고 있잖아요. 그것도 전부 계획된 배열입니다."[7]

임권택이 언급했듯이 영화 전체를 관통하는 원칙은 화려하고 장식적인 멋에서 소박하고 단순한 멋으로의 변화이며, 이 과정의 연출 방식은 다시 말해 장승업이 화원으로서 거듭나려 했던 의지를 재해석하는 임권택의 문체라 할 수 있을 것이다. 사실 장승업에 대한 평가를 둘러싸고, 중국 화풍을 모방하는 기교가였다는 의견과 중국 화풍을 뛰어넘는 독창적인 면모를 지녔다는 상반된 의견이 공존한다. 임권택은 이 두 가지 의견 중에서 후자의 입장을 수용하고, 화원의 입장에서 필요했던 노력을

7 정성일 대담, 『임권택이 임권택을 말하다 2』, 이지은 자료 정리, 현문서가, 2003, 505.

강조하고 있는 셈이다.

역사적으로 장승업은 자신이 직접 볼 수 있던 중국 명화들을 통해 그림을 배운 특이한 이력으로 알려져 있다. "장지연의 『일사유사』 기록에 따르면, 중국의 유명 서화가들의 작품을 많이 수장한 역관 이응헌의 집에 기거하는 동안 장승업이 한 번 본 그림들을 그대로 모사해냈다고 한다."[8] 19세기 초기부터 중인 계층이 사업상 교역을 위해 중국을 자주 왕래한 결과 중국 문물이 상당수 유입되었던 점이나, 지식인들 특히 추사 김정희와 문하생들을 중심으로 중국의 금석학을 수학했던 점, 중국 문인화의 전통이 강화되면서 조선에서도 문인화를 선호하는 경향이 증가한 점 등은 동시대를 살았던 장승업에게도 직접적으로나 간접적으로 영향을 주었다고 할 수 있을 것이다.

가령 장승업 회화에 강하게 드러나는 '중국적 요소'는 시대적인 문화 경향을 반영한 산물이라 볼 수 있겠으나, 반면 김정희의 세한도(1844)로 대변되는 문인화, 즉 그림 자체의 완성도보다 그림과 문자(시)의 합일을 중요하게 여긴 그림에 반발하여, 혹은 본인의 신분에서 오는 부족한 학문적 깊이를 일부러 드러내지 않기 위해, '일체 문자를 쓰지 않았던' 고집은 동시대의 틀을 거부하려는 태도로도 볼 수 있을 것이다.

사실 장승업은 문인도 아니고 도화서 화원도 아닌, 직업 화가로서 그림으로 생계를 유지했던 경우인데, 따라서 그의 그림은 상당수 후원자와 구매자 들의 취향을 반영할 수밖에 없었을 것이다. 다시 말해 장승업의 다수 그림에서 중국 회화의 특징들을 찾아볼 수 있는 것은 시대적 요청이라 하겠다. 그럼에도 불구하고, 장승업 회화를 연구한 후대 학자들

8 이성미, 「장승업 회화와 중국회화」, 『정신문화연구』 제83호, 한국학중앙연구원, 2001, 26.

의 재평가에서도 드러나듯, 원숙기에 다다르면 더 이상 중국의 누구를 따라 계승한 것이 아닌 "호방한 필치나 섬세한 필치를 거침없이 구사하며 자신의 독자적 회화 세계를 펼쳐나갔다고 볼 수 있다. 결국 그는 과거 여러 대가들이 필법을 섭렵한 후 이를 토대로 자신의 필력을 구사하게 된 것으로"[9] 평가할 수 있다.

바로 이 지점에서 임권택의 재해석이 개입한다. 장승업은 직업 화가로서 상업성과 타협할 만한 입장에 있었고, 세속의 가치나 명성에 길들여져 안주할 수 있었던 재주꾼이었다는 점을 가정할 때, 임권택은 그의 예술관과 실천을 높이 평가하는 것이다. 장승업이 저항하는 것은 불평등한 사회체제가 아니라 사회가 그에게 강요하는 틀 자체, 그가 추구하는 것은 집단성에 반발하는 예술가의 개인적 자유, 순수 예술을 향한 열망과 거듭나기인 것이다.

3. 예술가의 문체, 영화로 담아내는 한국화

여기서 〈취화선〉의 장승업과 임권택이 서로 교차하는 지점이 발견된다.[10] 앞서 잠깐 언급했듯이 〈취화선〉은 한국의 멋과 미를 재현하는 데 심혈을 기울인 작품이다. 따라서 시각적 재미가 굉장히 중요하게 작용한다. 특히 한국화를 표현하는 장면에서 그 매력이 한껏 고조된다고 할

9 이성미, 앞의 글, 55.

10 이 글에서는 임권택이 〈취화선〉을 통해 본인의 독창적 문체를 탄생시킨 면모에 대해 살펴보고자 하며, 이와 같은 관찰은 지면상의 문제로 특히 한국화라는 동양적 프레임(세로로 긴 직사각형 족자와 여러 폭의 병풍)을 영화라는 서양적 프레임으로 형상화한 측면에 국한시키기로 한다.

수 있다. 점과 점이 겹치고 뭉치면서 음영과 양감을 더하고 이들이 다시 이어져 획을 긋고 이어진 선들이 한 폭의 그림으로 살아나는 것을 지켜보는 영상 체험은 마치 우리를 화폭 속으로 이끄는 듯하다. 요컨대 개별적인 숏shot의 아름다움뿐만 아니라 숏과 숏을 연결시키고, 신scene과 신scene을 아우르는 전체적인 조화로움이 굉장히 인상적이다.

그런데 완성작에서는 이렇게나 매끄러운 연결이 작업과정에서는 수많은 시행착오를 거쳐 다시 만들어지기를 반복했던 부분이라고 한다. 사실 동양의 족자는 세로로 긴 직사각형이고 병풍의 경우는 족자 크기의 여러 폭이 모인 형태이기 때문에, 가로로 긴 직사각형의 영화 스크린과는 차이가 큰 편이다. 동양화 한 폭을 화면에 담기 위해 좌우 여백을 그대로 두자니, 그림 자체는 작아서 잘 안 보이고 옆 빈 공간은 오히려 집중도를 떨어트리는 불필요한 요소가 될 테고, 가까이서 보여주자니 흰 화선지와 검정 선의 단순한 구성만 눈에 들어오고, 고심거리일 수밖에 없다.

> "그림을 찍는 게 문제였습니다. 너무 가까이서 동양화를 찍으면 그게 무엇인지 통 알 수가 없거든요. 멀리서 보면 완성된 그림일지라도 마치 미완성인 것처럼 여겨지기도 하죠. 화원이 작업하는 종이의 크기를 고려해서 클로즈업을 자주 사용할 수밖에 없었습니다. 클로즈업으로 잡고 그 안에서 역동적인 제스처를 보여주고 싶었죠."[11]

본인의 예술관을 드러내는 그림체에 도달하기 위해 평생 동안 노력했

11 M. Ciment et H. Niogret, "Entretien avec IM Kwon-Taek : le cinéma ne filme pas une logique mais l'esprit, le sentiment", *Positif*, n° 502, Paris, éd. Jean-Michel Place, 2002.

던 장승업이란 화가의 모습 위에, 그의 그림들을 영화 화면에 담고자 고민을 거듭하는 감독 임권택의 모습이 오버랩되는 것은 비단 필자의 상상만은 아니리라. 다른 비평가들 역시 〈취화선〉을 일종의 '자서전'이라 평가하니 말이다.

이제 〈취화선〉에서 그림 시퀀스를 연출하기 위해 사용된 형식들을 살펴보기로 하자.

첫째 화면 구도와 카메라 움직임 - 고정 클로즈업/고정 풀숏/이동 클로즈업/이동 풀숏. 영화 전공자가 아니더라도 클로즈업이나 이동, 고정 등은 쉽게 이해할 수 있을 것이다. 풀숏은 쉽게 말하자면 피사체를 머리에서부터 발끝까지 전체적으로 보여주면서 배경을 인물과 같이 넣는 연출법을 일컫는다. 즉 그림을 위부터 아래까지 전체적으로 보여주는데, 고정 숏의 경우는 한 번에 전부를 보여주고 카메라가 움직이지 않는 경우를 말하며, 이동 숏의 경우는 위부터 아래까지 훑어 내려가는 방식으로 카메라가 움직이는 경우를 말한다. 반면 클로즈업의 경우는 피사체를 아주 가까이서 보여주는 방식인데 이동은 카메라가 움직이면서 그림을 관찰하는 것이고, 고정은 움직이지 않고 그림을 응시하는 것이다.

이와 같은 네 가지 방식은 그 원칙을 생각하면 다시 두 가지로 압축될 수 있다. 즉 첫 번째 유형은 카메라를 고정한 채 시선을 화면 안으로 집중시켜, '화면 속의 움직임을 극대화'시키는 방식이다. 가령 클로즈업된 화원의 손과 붓의 놀림이나 화선지에 번지는 수묵의 점과 선이 강조된다. 두루마리가 풀리는 움직임, 책장을 넘기는 움직임이나, 혹은 화면 구도가 넓어진 풀숏의 경우에는 역동적으로 몸을 움직여 그리는 행위 혹은 커다란 병풍을 펼치는 행위 등이 강조된다. 두 번째 유형은 카메라를 움직이면서 마치 '시선이 움직이는 것처럼 대상이나 그림을 찬찬히 훑는' 방식이다. 클로즈업으로 보여줄 때에는 대상(꽃, 거미줄 등)과 그림을 가까이서 관찰하는 시선을 강조하는 반면, 풀숏으로 보여 줄 때에는 넓은 하늘의 새떼나 바람에 흔들리는 나뭇가지와 같이 자연의 움직임을 멀리서 관조하는 시선을 강조한다.

둘째, 클로즈업과 시선. 각기 다른 시점에서 다양한 등장인물들의 시선과 밀접하게 연결된 클로즈업은 맥락에 따라 그 함의가 변화한다. 초반(즉 화원의 수련기) 근접 거리의 관찰에 주목하여 '집중과 관찰'이라는 함의가 강조되다가, 중반부에서 화원으로서의 명성을 얻게 될 때에는 '세간의 감탄'을 의미하는 시선을 담게 되고, 후반(완성기)으로 갈수록 원숙한 예술가의 깨달음을 담아내는 원 거리의 바라봄 즉 '관조'로 변모한다.

셋째, 몽타주-컷들의 짧고 빠른 전환 및 연결. 사실 임권택의 이전 영화들에서는 롱테이크와 플랑-세캉스plan-séquence(한 개의 숏으로 한 개의 시퀀스를 구성하는 경우)가 자주 사용되었다. 〈서편제〉의 저 유명한 장면, 유랑생활을 하는 가족이 함께 진도 아리랑을 부르며 구불구불 돌담길을 천천히 걷는 내내 단 한 번의 컷도 없이 풍경과 인물을 담아내는 카메라의 고집. 감정을 머금은 풍경. 이것이 바로 임권택 영화였다고 해도 과언이 아니었는데, 〈춘향뎐〉에 이르러서는 판소리의 리듬을 화면에 담기 위해 과감히 몽타주를 사용한다. 〈취화선〉은 〈춘향뎐〉에 이어 임권택 미장센의 새로운 국면이라 부를 수 있을 방식, 즉 컷들을 짧게 연결시키는 몽타주가 등장한다. 〈취화선〉의 서스펜스는 다름 아닌 그림 그리는 과정에 대한 서스펜스이다. 장승업이 붓을 들면 영화는 호흡을 가다듬고 그의 움직임에 온 신경을 쏟는다. 완성된 그림 자체보다 그려가는 과정에 빨려 들어가게 만든다. 그림의 윤곽이 이러 저러한 단계를 거치더니 이렇게 만들어지는구나 하는 것을 아주 관심 있게 지켜보도록 만든다. 다시 말해 그림 그리는 과정 자체에 장승업이 성숙하는 과정을 녹여내는 것이라 하겠다.

> "나는 미장센이 더 필요한 감독일지도 몰라요. 이 삶의 얘기에서 배경이나 모든 것이 같이 어우러져야 되기 때문에, 이제 미장센 속에 드라마를 담아야 하는 걸지도 몰라요. 장승업의 일상생활을 찍을 때 어떻게 힘있게 찍어낼 것인가에 대해서 더 관심이 있었어요. 솔직히 드라마가 없잖아요. 그 안에 힘 있는 컷을 드라마와 바꿔놓은 거지요. 이제는 그런 데에 힘이 있어야 한다고 생각하는 거요. 아니 그보다는 영화에서 이제 그런 게 진짜 힘이라고 생각하는 거요."[12]

임권택은 한국의 전통 예술을 보다 더 멋스럽게 표현하기 위해 그간 고집했던 자신의 스타일을 버리고, 틀을 벗어나, 새로운 미장센을 연구하고 그러는 과정에서 깨달음을 얻었다고 해도 과언이 아닐 것이다.

4. 맺는 말

영화 속에서 누누이 강조되었듯이 화원 장승업의 염원은 단순한 모방이 아닌 거듭나기를 통한 깨달음이었다. 생명을 그림 속에 불어넣는 방법을 찾아 고민하고 방랑했던 것이다. 임권택 역시 〈취화선〉을 통해 한국 문화의 자연스런 멋을 농축적으로 담는 미장센에 대해 고민했다. 간혹 〈취화선〉이 역사를 진지하게 다루지 않고 사건의 배경으로 에피소드식 도입을 취했다고 비판하는 관객을 만나곤 한다. 이 비난이 틀린 것

12 정성일 대담, 499.

은 아니다. 개화당, 김옥균, 녹두장군 전봉준, 고부 군수 조병갑, 동학혁명 등 개화기 조선의 중요한 인물과 사건들이 연이어서 등장한다. 하지만 언제나 피상적이다. 마치 자막으로 몇몇 정보를 알리는 역할 정도에 그친다. 따라서 역사적 사건을 해석하고 작가의 이데올로기를 드러내는 정치 영화를 기대했던 관객들에게는 실망스러운 부분일 것이다. 하지만 역사의 글쓰기가 과연 정치사회적인 관점만을 허락하는 것일까?

〈취화선〉은 혼란스러운 시기를 살았던 장승업의 일대기를 예술가로서의 고뇌라는 주제로 재구성한 작품이다. 영화 내내 장승업은 끊임없이 역사에 밀려다니는 듯하다. 그는 실천적으로 역사에 참여하지는 않으나, 역사의 한가운데 서 있는 예술가로서, 현실을 온몸으로 버티는 예술가로서 혹은 현실로부터 물러서 관조하는 예술가로서 묵묵히 자신의 길을 간다. 현실에 참여하기를 권유하는 스승에게 장승업이 대답한다. "이 고단한 삶에서 위안을 줄 그림을 그리는 것 역시 좋은 일 아니겠습니까?" 역사의 글쓰기가 여러 형태로 가능하듯, 예술가의 모습 역시 여럿일 것이다. 한국화를 스크린 틀에 담아 그 아름다움을 살리고자 미장센을 고민한 임권택의 글쓰기는 분명 장승업의 글쓰기처럼 관객을 위로한다.

갈대로 뒤덮인 조용하고 드넓은 들녘, 바람에 흔들리는 나뭇가지들, 넓은 하늘을 가르는 새떼, 소박한 풍경에 유독 붉은 치맛자락…… 영화 곳곳에 배치된 고즈넉한 풍경과 그 시각적인 아름다움은 전체적인 인상에서 한 폭의 영상 그림, 동양화를 연상시킨다. 아름다운 병풍을 펼친 것 같은 영화 〈취화선〉은 결국 임권택이 구축한 영화 미학이라 할 수 있을 것이다.

참고문헌

연세대 미디어아트연구소 엮음, 『취화선』, 삼인, 2004.

이성미, 「장승업 회화와 중국회화」, 『정신문화연구』 제83호, 한국학중앙연구원, 2001.

정성일 대담, 『임권택이 임권택을 말하다 2』, 이지은 자료 정리, 현문서가, 2003.

진준현, 「오원 장승업의 생애」, 『정신문화연구』 제83호, 한국학중앙연구원, 2001.

크리스티앙 메츠, 『영화의 의미작용에 관한 에세이 2』, 이수진 옮김, 문학과지성사, 2011.

Apra, Adriano(éd.), "Im Kwon Taek, 1962-1963 : le réalisme sous le système et contre le mensonge", *Le cinéma coréen*, Paris, Editions du Centre Pompidou, 1993.

Frodon, Jean-Michel, "Im Kwon-taek et ses guerres", *Le Monde*, 2000. 5. 11.

"Entretien avec IM Kwon-Taek", *Document du Chant de la fidèle Chunhyang*, Paris, éd. Groupement National, 2000.

Mandelbaum, Jacques, "Roméo et Juliette au pays du Matin-Calme", *Le Monde*, 2000. 11. 22.

Niogret, H. et Y. Tobin, "IM Kwon-Taek, La rencontre entre le chant et l'image", *Positif* n° 478, Paris, Jean-Michel Place(éd.), 2000.

Niogret, H. et M. Ciment, "Entretien avec IM Kwon-Taek : le cinéma ne filme pas une logique mais l'esprit, le sentiment", *Positif* n° 502, Paris, Jean-Michel Place(éd.), 2002.

Lee, Soojin, *Une lecture du film d'Im Kwon-Taek : Le chant de la fidèle Chunhyang*, Paris, L'Harmattan, 2005.

임상수의 정치적 히스테리오그라피

장-미셸 뒤라푸르, 기지 피사노

이 글은 임상수 감독의 〈그때 그 사람들〉(2005)을 구체적인 예로 삼아 영화와 역사 쓰기의 관계를 분석한 것이다. 이 영화—박정희 대통령의 독재 말기 최후의 시간들을 연출한—의 꽤 독특한 구성은 역사 쓰기의 여러 변수들에 대한 성찰을 부추긴다. 하여 우리는 여러 가지 연산자演算子들을 상상해보았는데, 그중 히스테리오그라피hystériographie가 가장 적합해 보였다.

개별적인 한 가지 예에 한정된 이 연구는 시작 단계에 불과하기에 우리는 이 연구가 보다 보편적인 잠재적 전도성을 갖는지에 대해 평가할 입장은 되지 못한다(다른 영화들을 대상으로 또 다른 시험들을 거쳐야 할 것이다). 이 시작은 다만 진행 중인 연구에 방향을 제시할 뿐이다. 또는 하나의 개별 대상을 마주하고 의문을 품은 학문 전 단계의 순간, 또는 이론 전 단계의 순간이라고도 할 수 있겠다.

1. 역사는 언제나 사후事後에 기술된다

먼저, 어쩌면 약간은 돌연해 보일지도 모르고, 불가사의하게 느껴질 것이 틀림없고, 심지어 언뜻 듣기엔 터무니없어 보일지도 모를 이 신조어, '히스테리오그라피'부터 해명해야 하겠다. 역사 쓰기는 많은 우여곡절을 겪어왔다(이 점에 대해 여기서 살펴보려는 의향은 결코 아니다). 그러나 우리가 표방하는 방법론이 어떠하건, 또는 우리가 동조하는 학파가 어떠하건 한 가지 사실만큼은 자명한 이치처럼 집요하게 자리를 고수한다. 역사는 언제나 사후에 기술된다는 사실이다(발견적 선택[1], 회고적 시선[2], 사건의 귀납적 구성[3] 등등). 여기엔 한 가지 자명한 이치가 있는데 그것이 즉각적인 명백한 사실처럼 보인다는 이유로 그 중요성을 강조하지 않는다면 잘못일 것이다. 영화에 토대를 둔 히스토리오그라피 historiographie에서 우리가 전개해 나가려는 점도 바로 이 점이다. 우리는 히스토리오그라피에서 '이후'의 문제에 관심을 기울이려고 한다.

'이후après'라는 말은, 프랑스어에서뿐만 아니라 다른 언어들(이를테면 영어)에서도—한국어의 경우는 어떠한지 우리는 알지 못한다—두 가지 뜻으로 받아들여진다. 이 두 가지 의미가 지식이자 글쓰기로서의 역사

---

1 Paul Veyne, *Comment on écrit l'histoire*, Paris, Seuil, 1971, 45. "개별 사실들의 산만한 나열과 모든 것이 동일한 가치를 지니는 무심한 나열이 되지 않으려면 역사에는 선택이 있어야만 한다."

2 위의 책. "따라서 사실들은 자연적인 조직을 갖고 있어, 역사가는 일단 주제를 선택하고 나면 이미 조직이 완료된 것으로, 바꿀 수 없는 것으로 여긴다. 역사작업의 노고는 바로 이 조직을 찾는 데 있다."

3 위의 책, 52. "사건은 사물이 아니고, 견고한 물체가 아니고, 물질이 아니다. 사건은 우리가 현실에 자유롭게 가하는 잘라내기이며, 상호작용하는 물질과 인간과 사물이 작용하며 서로 해를 끼치는 과정의 집합체이다. 사건은 본래적 단일성을 갖고 있지 않다. 『페드르Phèdre』의 훌륭한 요리사처럼 진짜 관절에 맞춰 자를 수가 없다. 왜냐하면 관절이 없기 때문이다."

와 관련해서는 충돌을 일으키지 말아야 할 것이다. 첫 번째 의미는, 뒤이어 일어남을 가리키고, 이 단어가 'd'après'의 형태로 쓰이면서 갖는 두 번째 의미는 "…에 의거하면"[4]이다. 학문적 히스토리오그라피의 속성은 사실이 일어나고 난 후에 가능한 한 그 사실들에 의거해서, 또는 우리가 그 사실들에 대해 갖는 생각에 의거해서 역사를 쓰는 것이다(사건의 도래는 언제나 소급적이다. 과거의 일부를 제 방식에 따라 비추는 현재로부터 이루어지는 것이다).[5] 이것이 객관성에 대한 학문적 요구이다.

그렇다고 모든 주관성이 역사가의 작업에서 제거될 수 있다는 의미는 아니다(이 점에 대해서는 1952년에 리쾨르Rocœur가 객관성-중립성과 객관성-방법, "열정적 주관성"과 "연구의 주관성"을 구분하며 쓴 유명한 글을 참조해보라).[6] 반면, 우리가 말하려는 바는 히스토리오그라피의 객관성은 대상의 객관성이 역사가에게 반박을 제기하지 않을 때만 존재할 수 있다는

4 일어나고 있는 역사Geschichte의 경우는 전혀 다르다. 과거에서 끌어낼 교훈이 없다면("역사가 가르쳐주는 건 […] 여러 국민과 정부들이 역사에서 전혀 아무것도 배우지 못했다는 사실이다.", G. W. F. Hegel, *La raison dans l'Histoire*, Paris, 10/18, "Bibliothèques 10/18", 1996, 35.). 현재는 이전 시대들에서 자양분을 얻는다. "과거를 뿌리로 취하는 자 / 잎으로 미래를 갖는다"(Victor Hugo, *Œuvres poétiques*, tome I, *Les Rayons et les Ombres*, "Fonction du poète", Paris, Gallimard, "Bibliothèque de La Pléiade", 1964, 1031).

5 이런 의미에서—이것은 우리 시대의 상투성이 되기도 했다—역사가의 모든 몸짓은 근본적으로 탈시대적이다. 이 점에 대해서는 뒤에서 다시 언급할 것이다.

6 Paul Ricœur, *Histoire et Vérité*, Paris, Seuil, 1964, 35. "우리는 역사에서 일정한 객관성을, 역사에 적합한 객관성을 기대한다. 다른 용어가 아니라 바로 이 용어에서 우리는 출발해야 한다. 그런데 이 제목에서 우리가 기대하는 것은 무엇일까? 여기서 객관성은 엄밀히 인식론적 의미로 이해되어야만 한다. 방법론적 사고가 구상해내고, 정돈하고, 이해한 것, 그리고 이해시킬 수 있는 것에 대해 객관적이어야 한다는 의미이다. […] 이 기대는 다른 기대를 끌어들인다. 우리는 역사가로부터 일정한 주관성의 자질을 기대한다. 아무 주관성이 아니라 역사에 적합한 객관성에 걸맞은 주관성을 기대하는 것이다. 따라서 그것은 연루된 주관성, 기대되는 객관성에 연루된 주관성이다"(23-24). 역사의 인식론은 혼합적이다.

점이다. 왜냐하면 역사가가 그것에 예속되어 있기 때문이다. 한 사건의 기술記述은, 엄밀한 연대기적 진부성을 뛰어넘고, 논리적 관점에서 볼 때 해당 사건의 진행과 비교해 일정한 시간적 차이 속에서 요구된다는 중요한 사실이 바로 여기서 비롯된다—바로 이 점이 연대기 역사와 구분되는 점이다. 이런 이유에서 사건은 대과거로만 존재하기에(하나의 사실이 역사가에게 사건이 되려면 우리가 그 결과를 알아야만 한다.), 역사는 사후事後의 학문이다. 모든 히스토리오그라피historiographie는 히스테리오그라피hystériographie(이력 기술履歷記述)이다.

우리가 히스테리오그라피를 거론하는 건 히스테리의 그리스 어원인 히스테리시스hystérèsis를 염두에 두기 때문이다. 그야말로 사후에 벌어지는 현상을 가리키는 말이다. 히스테리시스는 무엇보다, 곧 매우 중요한 것으로 밝혀질, 미묘한 차이, 지연遲延을 말한다. 우리의 생각은 다음과 같다. 역사 쓰기가 돌이킬 수 없는 어떤 지연을, 과거에 대한 우리 시대의 지연이 아니라(왜냐하면 사건은 선택권을 가진 현재의 범주—방법론적, 이데올로기적 등등의 범주—안에서만 주장되고 구성되기 때문이다), 현재에 대한 현재의 지연을 메우겠다고 주장하는 한 사후에 이루어질 수밖에 없다.

프랑스어에서 히스테리시스hystérèse는 원인에 대한 결과의 지연을 뜻한다. 특히 물리학, 경제학, 의학에서 접할 수 있는 이 개념은 하나의 체계가 어떤 변동 원인이 작용한 후에도 일정 시간 동안 원래 상태로 남아 있는 현상을 가리킨다. 1895년에 이미 『과학적 심리학 초고』에서 청년 프로이트는 정신활동을 '지연Verspätung'과 '사후Nachträligkeit'로 정의내린 바 있다. 초보적 활동(뉴런의)은 '소통(길트기)'으로 발생한다. 사후와 지연은 바로 태생적 부가물들이다. (프로이트의 텍스트를 길게 해설한) 데리다와 더불어 달리 말해보자면, "먼저 제시되고 나서 차후에 스스로를 지키고, 연장하고, 차이 속에 제자리를 잡는 생명이란 없다. 차이가 생명의 본질을 이룬다."[7] 소통은 길이다. 길, 다져진 길이다rupta, via rupta. 길은 단절이다. 길은 무엇보다 절단이지 접합이 아니다. 정신적 흔적은 폭력 없이는 남겨질 수 없다. 특히 지연 없이는 그 흐름을, 그 길을 생성해내지 못한다. 그 무엇도 채울 수 없고 채워서도 안 되는 지연 말이다. 흔적은 오직 다른 시간에 의식에 의해서 있은 그대로 지각된다.[8]

'이후' 개념에서 '지연' 개념까지 살피면서 우리는 어떤 인식론적 움직임을 확인한다. 자기 목표를 놓치지 않을 수 없는 것의 움직임hystérizei이다. 따라서 히스테리오그라피는 뒤늦게 흔적을 새기기 때문에 제 목표를 놓치는 역사 쓰기이다. 다시 말해 이후에 기록되는 순간부터—그 개념상—히스토리오그라피는 이 이후의 이후 속에 자리 잡을 수밖에 없고, 따라서 결핍을 그릴 수밖에 없다(저마다 고유의 언어 영역 속에서 모든 쓰기의 속성은 무엇보다 자기 자신의 결핍이다. "글을 쓴다는 건 접목한다는 의미이다."[9] 접목은 스스로의 고유성을 배제시킨다). '이후'에 있고, 가깝지 않아, 자신이 겨냥하는 것에 가깝지도 않고 그것을 위해 준비되어 있지도 않은 것이 바로 히스토리오그라피의 체제이다.

2. 과거이면서 여전히 현재인 사건

임상수의 〈그때 그 사람들〉은 이와 같은 히스테리오그라피 유형의 전형적인 예이다. 특히 잠시 후에 다루게 될 영화의 형태가 그렇다.

---

7 Jacques Derrida, *L'Écriture et la différence*, Paris, Seuil, "Points Essais", 1979, 302.

8 이 고찰에 대해서는 위의 책, 317 참조.

9 Jacques Derrida, *La Dissémination*, Paris, Seuil, "Tel Quel", 1972, 395.

임상수 감독의 네 번째 장편영화인 이 영화는 이야기, 연출, 인물 구성에서 매우 명확한 역사적 사건을 구체화하고 있다. 한국의 박정희 대통령(1961–1979)의 암살사건이다. 이야기는 단 하루 동안 전개된다. 1979년 10월 26일, 가장 가까운 측근들과 식사를 하는 동안 대통령은 중앙정보부장 김재규에게 살해당한다. 영화는 역사적으로 소화하기 힘든, 매우 민감한 주제를 다루고 있다. 왜냐하면 한국 관객이 시한폭탄과 같은 다음의 질문을 직면하게 되기 때문이다. 박정희의 체제가 1) 병적인 독재체제였는가(악평 높은 군사 독재), 다시 말해 새롭게 구성된 민주적 국회 체제(1960년 4월) 내부에 발생한, 분리적인 파렴치한 사건이었는가, 아니면 2) 신자유주의적이고 권위적인 인물들로 구성된 체제(초대 대통령 이승만이 1948년에서 1960년까지 이미 철권통치를 한 바 있다)를 잇는 연속적인 변형으로서 15년 동안 이 나라의 예외적인 경제 성장을 이루어낸 뒤(현대, 삼성, LG 등의 재벌) 새로운 형태로 재출현한 것인가? 박정희의 딸인 박근혜가 보수민족주의 성향의 새누리당의 후보로 나와 경제 성장 시절에 대해 향수를 느끼는 여론에 실려 되살아난 아버지의 은총에 힘입어 2012년 12월에 대통령으로 선출되었으니 말이다.

이 민감한 딜레마를 임상수는 이렇게 요약했다. "박정희가 죽은 지 30년이 지난 지금 우리는 이 사람의 폭력을 뛰어넘었는가? 이것은 고통스런 질문이고, 바로 이런 이유에서 일부 관객들은 이 영화를 싫어했다."[10] '고통스런' 질문이지만 '도발적인'[11] 질문이기도 하다. 왜냐하면 많은 것

10 영어 'bang'의 모호성이, 고유의 의미로건 비유적 의미로건, 이 잔인하고 성마른 인간이 가할 수 있었던 난폭한 타격을 가리킬 수도 있고, 또한–아이러니하게도–그를 죽이기 위해 필요했던 두 번의 총격 중 마지막 것을 가리킬 수도 있음을 짚고 넘어가자. 영어 제목에 담긴 모호한 의미는 주격 또는 목적격 속어일 수 있다.

11 임상수가 이 영화의 프랑스판 DVD에 실린 인터뷰에서 쓴 말이다(포템킨, 2009).

이 바뀐 것처럼 보이고 실제로 바뀌었을지라도 박정희 이후의 한국이 어느 정도는 박정희에 의거한 한국이 될지도 모른다는 가능성, 소홀히 할 수 없는 일부 역사작업에서 한국이 뒤처질 가능성을 마주한 한국인들에게 그들의 역사적 미래를 바라보도록 이 질문이 촉구하고 있기 때문이다.

이 뒤처짐(지연)을 역사 쓰기(여기서는 영화 속의 역사 쓰기)의 지연과 혼동하지는 말아야 한다. 다시 한 번 말하지만 역사 쓰기가 이후에 이루어지는 것이라고 해서 그 어떤 경우에도 '무엇에 의거해' 이루어져서는 안 된다. 그래서는 실패작이 될 것이기 때문이다. 모든 글쓰기는 하나의 흔적이고, 소통(길트기)이며, 바로 그래서 글쓰기인 것이다. 임상수는 이 점을 매우 조심한다. 우리는 이 다른 형태의 지연을 그의 영화에서 목도하게 된다.

3. 방식의 문제들…

이 질문이 한국인들에게는 거슬렸을 수도 있었으리라는 점을 우리는 이해한다. 실제로 임상수는 단호히 적극적인 행보를 보여 고국에 많은 적을 두었다. 그의 영화 전체가(시나리오, 연출 등) 카오스의 기호 아래 설정되어 있다. 카오스가 무엇인가? 그 자체로는 아무것도 일어날 수 없는 것, 외부에서 조정하는 초월자의 개입이 없이는 아무것도 이어질 수 없는 것이 아닌가. 자기 자신에게 내맡겨진, 조직도 없고, 계보도 없고, 이후도 없는 무엇이 아닌가?

박정희의 암살은 전혀 예기치 못한 사건이었다. 아마 그 실행자들조차도 제대로 이해하지 못한 것 같다. 실행자들 각각의 동기를 완전히 파악하기란 불가능하다. 그들은 상관인 김재규의 지시에 따라 행동했다기보다는 각자의 열정에 따라, 또는 상황에 따라 행동했다. 김재규는 민주혁명가가 되기를 꿈꾸었던 걸까? 새 독재자가 되려고 했을까? 확실히 단정지어 말하기는 어렵다. 또한, 박정희는 거칠고 잔인한 독재자였던가? 반대로 치밀한 계산에 따라 움직인 인물이었을까? 그리고 다른 사람들은 단순한 하수인이었을까, 아니면 독재자와 똑같은 자격의 책임자들이었는가? 더구나 이전과 이후 사이에서 확실한 새출발을 하는 것도 불가능하다. 이전의 주된 인물들이 그 자리에 남아 있기 때문이다(최규하 국무총리가 박정희의 뒤를 잇게 될 것이다). 이는 잘 알려진 히스테리시스의 결과이다.

영화 속에서도 마찬가지로 인물들의 동기는 불투명하게 남거나, 어쨌든 모호하거나 복합적이다. 임상수가 행위의 동기가 되는 이유들을 결코 보여주지 않기 때문이다. 원인으로부터 단절된 결과는 근원적인 것(그리고 유일한 것)이 된다. 원인에서 결과로 이어지는, 사실 출현의 정상적 흐름을 따르지 않고 우리는 대번에 결과에서 원인으로 거슬러 올라가는, 해석의 역방향 시간 속에 들어서게 된다. 그러나 해석은 실행이 불가능하고, 원인의 부재는 결과를 고아로 만들어버린다. 방식은 탁월하다. 영화는 허구적인 현재의 사실적이고 연대기적인 질서 속에서 사실들의 전개를 따르는 것처럼 보이지만 사실은 원인의 박탈이 뒤늦게 수용하는 관객의 시각과 청각을 뒤집어놓아, 역사가의 입장(역방향)을 모방하도록 만든다. 그럼으로써 관객은 영화감독이 만든 발견적 도식 속으로 말려든다.

이 날의 이런저런 사실에 원인들이 있었겠지만 임상수는 일부러 원인없는 이미지들을, 영화를 통한 역사 쓰기 작업이 시차를 두고 그 작업을 구성하는 행위에 몰입할 수밖에 없도록 만드는 이미지들을 선택한다.

사실들을 불명확성과 불확정성 속에 남겨두어 결정적이고 너무도 가혹한 의미를 그 사실들에 부과하지 않고, 단 하나의 일화, 그것도 충격적인 일화를 가지고 모든 것을 설명하려 들지 않겠다는 것이 명백한 연출 의도이다(역사에서 수면에 떠오르고 눈에 띄는 결과들이 반드시 가장 능동적인 결과들은 아니다). 여러 차례의 인터뷰[12]에서 임상수 감독은 이 선택에 대해 설명한다. "삼성이나 현대 같은 대기업들은 실제로 이 나라를 통제하는 기업들이다. 이들이 박정희 체제하에서 권력에 이르렀기에 박정희의 유령이 여전히 한국을 통제하는 것이나 마찬가지이다."[13] 이후의 실체로서의 유령에 대해서는 잠시 후에 할 얘기가 많을 것이다. 우선은 매우 히스테릭한 이 사실만 짚고 넘어가자. 박정희의 죽음은 사실 아무것도 설명해주지 않는다. 그것은 거의 역사적 사건이라 말하기 힘든, 하나의 부대현상이다. 사실 분석할 것이 아무것도 없다. 왜냐하면 그는 죽지 않았기 때문이다. 그의 유령은 25년 넘도록 한국을 떠나지 않고 있다. 원인은 사라졌지만 결과는 여전히 영향을 미치고 있다.

이런 맥락에서, 역사의 재구성에 반드시 필요한 시간적 후퇴는 찾아볼 수 없다. 바로 그것이 임상수가 확인해주는 사실이다. 감독은 사건에 가담했고 아직 생존해 있는 인물들을 만나길 원하지 않았으며, 미간행된 자료들을 '증거자료'로 사용하려고 하지도 않았다. 그는 이 영화를 두고 그 자신을 "죽은 자들의 혼을 불러내려 한 무당"[14]이라 규정했다. 그다지 학문적이거나 역사적이라 하기 힘든 방식이지만 이것은 이 영화 촬영을

12 "Im Sang-soo on his Father, Scorsese, Samsung, and the Ghost of Park Chung-hee", entretien réalisé par Filmbrain, http://www.filmbrain.com/filmbrain/2005/10/im_sangsoo_on_h.html(최종 검색일: 2013년 1월 25일).

13 위의 자료.

14 〈그때 그 사람들〉(2009)의 포템킨 DVD에서 영화감독과 함께 촬영한 대담.

위한 히스토리오그라피 행위의 복잡한 입장을 말해주기도 한다. 이전과 이후 사이의 격차의 부재는 정치적, 경제적 히스테리시스에서 기인한 것으로(박정희 독재의 결과는 오늘날까지도 한국에서 여전히 느낄 수 있다) 히스토리오그라피 작업이 이루어지는 동안에도(우리가 이미 본 놀라운 행위를 통해) 제자리를 찾는 걸 가로막는다. 이 영화에서 보여준 임상수의 방식은 역사 쓰기의 진리를 가리키면서 그 필연적인 결과로 그것의 문제를 제기하고 있다는 점에서 값지다. 이것 역시 그가 보여주는 진실이다.

박정희 암살에 대해 역사적 시선을 갖기가 어렵다는 점 - 임상수는 그의 영화에서 익살스런 어조로 이 어려움을 갖고 논다 - 은 사실에 근거를 둔 중대한 돌발사건으로 더욱 강화된다. 영화는 이 사건을 통해 일정한 지연을 고발한다. 새로운 질서의 지연이다.

이 영화에는 두 가지 판본이 존재한다. 검열받은 판본과, 더 나중에 나온 것으로 영화감독이 인정한 다른 판본이다. 따라서 마치 이 영화는 권력의 억압하에 감독이 처음엔 자신의 의도대로 제작하지 못했다가 뒤늦게야 자신의 목표에 도달한 것처럼 보인다.

삭제된 부분은 기록 영상으로 구성된 프롤로그(약 1분)와 에필로그(약 3분 30초)이다. 첫 번째 시퀀스는 통치를 하는 박정희의 실제 사진들과, 1979년 가을 독재자가 죽기 며칠 전에 일어난 체제 민주화를 요구하는 학생과 시민의 시위를 강압적으로 진압하는 사진들이 번갈아 이어진다. 한 여성의 화면 밖 목소리가 이 일화를 환기한다. 두 번째 시퀀스는 박정희의 공식 장례식과 국가적 애도 시퀀스이다. 이 영상들에는 팝 음악이 동반되어 그 괴리를 통해 충격적인 특성을 부각한다. 이 삭제는 박정희의 딸이 제기한 소송의 결과로 이루어진 것으로, 그녀는 온전한 형태로 영화가 배분되는 걸 막았고, 최종 결과 앞에서 영화 제작사도 소심하게 겁을 먹고 협조했다. 2006년 말이 되어서야 항소 끝에 영화는 '감독판director's cut'으로 상영이 허용되었다. 이 '파운드 푸티지found footage' 순간들은 영화의 매우 허구적이고 코드화된 색조와 히스토리오그라피 시도의 균형을 되살리는 데 매우 결정적이다. 더구나 그 순간들은 역사적 일화의 재구성이 갖는 모든 마법적인 의도를 명백히 제거하고 있다(이 점을 임상수가 거부했음은 이미 상기한 바 있다).

4. …그리고 미학…

이 영화의 가장 두드러지는 독창성 가운데 하나는 사실 박정희 생애의 마지막 날을 매우 "현실감 없는" 장르들에서 차용해온 영화 코드를 활용해 다루어서 전반적으로 허구적인 분위기를 창출한다는 점이다. 특히 두 가지 장르에서 빌려왔다. 바로 누아르와 코미디이다.

많은 한국 평론가들이 임상수의 이 미학적 선택을 질타했다. 기록 영상이 검열로 삭제된 점이 능숙한 부주제들(크기, 입자효과, 존재론적 세계 등)에 당혹스런 결과를 낳았으리라는 것이다. 오히려 이 기록 영상들은 두 가지 방식에서 영감의 원천을 길어온 연출에서 그 의미를 갖는다. 임상수가 명백히 표명한 두 기법이다. 두 미국인 감독 마틴 스코시즈와 프란시스 포드 코폴라의 방식들이다. 임상수 스스로 마틴 스코시즈의 방식을 정제되고 투박한 방식이라고 규정했고(〈좋은 친구들Goodfellas〉), 코폴라 감독의 방식은 우아하다고 규정했다(〈대부The Godfather〉).[15] 이 두 미학이―서양 영화에서 차용해온―동일한 시퀀스들 속에 공존하면서 다른 성격의 영상들에 둘러싸여(기록: 에필로그와 프롤로그) 영화에 우리

15 위의 자료.

가 정의한 의미대로의 히스테리오그라피적 특성을 부여하고 있다.

무엇으로? 허구적 영화 영상들로 연출된 역사적 일화는 박정희 암살의 이전(시위)과 이후(장례식)를 증언하는 기록들로 경계가 지어져 진짜 시작도 없고(맥락 없이 등장하는 초반부 수영장 영상을 보라), 일관성 있는 전개도 없이(동일한 장면에서 등장했다가 멀어지고 다시 등장하는 다양한 인물들의 움직임을 보라), 끝조차 없는(모든 것에 제자리로 되돌아온다. 암살을 저지른 범인들은 물론 사형선고를 받지만, 이미 권력을 차지하고 있던 사람들이 권력을 계승한다. 한국 국민은 죽은 이들 때문에 눈물을 흘리는데, 독재자의 죽음도 거기에 포함된다) 공허한 실존뿐이다.

이 영화의 미학적 성공은 그것이 전형적인 영화효과(편집, 영상 배치)를 통해 우리가 앞서 상기한 정치적, 사회적 맥락에서 기인하는 지연을 거부하려고 시도한다는 데 있다. 그리고 히스테리시스 속에 그것을 부가함으로써 그런 시도를 하고 있다. 지연을 지연시킴으로써 좌절시키는 것이다. 강요된 지연에 맞서 싸우려면, 독자적인 히스토리오그라피 시선의 속성인 지연을 다시 제 것으로 만들려면 전자의 지연을 지연시켜야만 하는 것이다.

현대 세계사에서 또 다른 중대한 대통령 암살과 짤막한 비교를 해볼 수 있다. 존 피츠제럴드 케네디의 암살이다. 박정희의 암살과 달리 (독재자가 아니었던) 케네디의 암살은 엄청난 충격을 불러일으켰고, 특히 이후 미국에서 촬영된 영화들의 형태에 중대한 영향을 미쳤다. 이 특징은 매우 중대한 다른 차이점과도 연관이 있다. 케네디의 죽음이 촬영되었다는 사실이다.[16] 유명한 영화 〈재프루더Zapruder〉는 댈러스에서 35대

16 더 자세한 내용은 Jean-Baptiste Thoret, 26 Secondes. L'Amérique éclaboussée, Paris, Rouge Profond, "Raccords", 2003 참조. 이 책에서 토레는 무엇보다 63 이후의 미국 영화를 케네디 암살의 스펙트럼에 비추어 분석한다. 외상성 동기로서의 저격수의 얼

미국 대통령이 암살되던 날 아침에 군중 속에 있다가 암살 순간에 대통령 행렬이 지나가는 걸 녹화한 아마추어 저자(여성용 옷 제조업자)의 이름으로 촬영되었다. 26초짜리 시퀀스 숏이다. 처음엔 간접적으로 『라이프Life』지의 독자들에게 몇 장의 양화로 흐릿하게 재생된 형태로 알려진 이 영화는 수사 필요상 압수되었다가 나중에 전 세계 텔레비전 채널을 통해 대중에게 공개된다.

이 영화는 무엇보다 결핍이라는 용어로 영상에 두 가지 문제를 제기한다. 1) 관점의 편파성. 재프루더는 총격이 시작된 뒤로 시야 밖에서 벌어지고 있는 일을 녹화하려고 결코 돌아보지 않는다. 2) 공식적으로 보급된 필름엔 편집으로 삭제된 부분이 포함되어 있다(그리고 이런저런 형태로 보급되는 여러 단계에서 이루어진 다른 조작들도 있다. 양화 사진들의 반전, 영상의 재배치).

우리가 알기로 한국 영화에서는 이런 일이 전혀 일어나지 않았다. 박정희에 관한 영화는 박정희의 죽음이 영상 없는 사건이기 때문에 뒤늦게야 만들어질 수밖에 없었다. 그렇다면 이 사실에 비추어 선행하는 것을 다시 읽는 건 흥미로운 일이다. 히스토리오그라피 영화의 지연은 현실에 대한 영상 녹화의 놓친 약속의 지연이기도 하다는 것.

마지막으로 우리는 암살의 핵심 장면을 분석하려고 한다. 이 장면에서 지연 문제는 바로 영상들을 지연시키고 영상의 연속과 편집이라는 원칙 자체를, 다시 말해 이후의 이미지 연속을 부인함으로써 언제나 뒤

굴(〈더티 해리Dirty Harry〉, 〈암살단The Parallax View〉, 〈도청The Conversation〉), 뇌의 파열과 머릿속의 총알(〈왼편 마지막 집The Last House on the Left〉, 〈디어 헌터The Deer Hunter〉, 〈새벽의 저주Dawn of the Dead〉, 〈우리에게 내일은 없다Bonnie & Clyde〉 공포 영화가 당시에 전반적으로 급성장했다), 수사와 시나리오 요소를 갖춘 아마추어 영화(〈필사의 추적Blow Out〉), 퍼레이드 동안 벌어지는 살인(〈내쉬빌Nashville〉, 〈필사의 추적〉, 〈암살단〉) 등등.

늦게 동일한 지점으로 돌아와야 한다는 사실과 관계된 것이다.[17]

히스테리시스와 연관된 두 가지 결과가 매우 흥미롭다.

첫째, 작전은 박정희를 구심점으로 한 동심원을 펼치면서 세 장소에서 거행된다. 김재규의 대통령 제거(만찬장), 그의 심복에 의한 경호원들의 제거(복도), 사격수 세 명에 의한 주방 경호원들의 제거(정원). 정전이 되어 암살이 중단되자 세 장면은 각각 병렬 편집으로 뒤로 돌아가고 불이 다시 켜지면 정전이 되기 이전부터 시작되어, 고장 난 영사기가 다시 돌아갈 때와는 반대로 필름이 끊겼던 지점에 흥미로운 시간적 제자리 효과가, 파열한 시간 효과가(제자리에서 도는 축음기 바늘처럼) 생겨난다.

둘째, 김재규는 박정희를 두 번에 걸쳐 죽인다. 그는 살짝 지연된 컷에서 사후에 그를 죽인다(이것이 난장판의 느낌을 가중한다). 그가 확인사살을 하려고 돌아왔을 때 박정희는 이런 말로 그 점을 지적한다. "날 이미 쏘았잖아……" 이 말을 바꿔보자. "난 이미 죽었는데 넌 그걸 아직 모르고 있어." "넌 네 행위를 못 따라가고 있어." 이때 의식의 전형적인 특징을 보이며 김재규는 뒤늦게 자기 몸을 의식한다.[18] 그러나 그것이 다가 아니다. 의식이 실현되고 무엇보다 사건이 일어나려면, 다시 말해 하나의 사실에 가치가 덧붙여지려면 반복이 있어야 한다.

* * *

임상수의 〈그때 그 사람들〉은 역사 쓰기가 스크린에 입힐 수 있는 복

17 이 끈질긴 시대를 끊지 못한(이 당시 출현했고, 지금까지도 한국이 국제적으로 명성을 떨치게 만들고 있는 재벌을 통해) 한국 정치의 메타포이자 위에서 이미 언급했듯이 박정희 유령의 메타포이기도 하다.

18 앞에서 언급한 프로이트에 관한 간단한 주석 참조.

잡한 형태들을 분석하는 데－우리가 이 점을 보여주었기를 바란다－탁월한 예가 된다. 이 영화에서는 역사 쓰기의 속성인 지연이, 한국 현대사의 특징인 실패와 결핍과 '사후'와 소급이라는 다양한 방식과 결합해, 지연과 회피를 미학적인 차원만이 아니라 정치 비판의 차원에서도 긍정적인 쟁점으로 만든 연출을 가능하게 만들었다.

참고문헌

Derrida, Jacques, *La Dissémination*, Paris, Seuil, "Tel Quel", 1972.

_____, *L'Écriture et la différence*, Paris, Seuil, "Points Essais", 1979.

Hegel, G. W. F., *La raison dans l'Histoire*, Paris, 10/18, "Bibliothèques 10/18", 1996.

Hugo, Victor, *Œuvres poétiques*, tome I, *Les Rayons et les Ombres*, "Fonction du poète", Paris, Gallimard, "Bibliothèque de La Pléiade", 1964.

Ricœur, Paul, *Histoire et Vérité*, Paris, Seuil, 1964.

Thoret, Jean-Baptiste, *26 Secondes. L'Amérique éclaboussée*, Paris, Rouge Profond, "Raccords", 2003.

Veyne, Paul, *Comment on écrit l'histoire*, Paris, Seuil, 1971.

찾아보기

저자 소개

엘렌 바 오스트로비엑키Hélène Bah Ostrowiecki

파리 에콜 노르말을 졸업하고 17세기 프랑스 문학을 전공한 라틴어 전문가로서, 현재 파리-동 대학 불문학과 교수로 재직하고 있다. 17세기 철학담론의 문학적 형태에 관심을 가지고 연구를 진행하고 있으며 주요 논문으로 "Mise en texte, mise en ordre et mise en corps chez Pascal" 등이 있다. 저서로는 *Le Theophrastus redivivus, érudition et combat antireligieux au XVII*[e] *siècle* (Champion, 2012)가 있으며, 라틴어로 된 Geulincx의 *Éthique*(Brepols, 2009)를 번역했다.

카롤린 트로토Caroline Trotot

프랑스 파리 10대학에서 16세기 프랑스 시인 롱사르에 대한 연구로 박사학위를 받았으며, 파리-동 대학 불문학과 교수로 재직하고 있다. 저서로 *L'humanisme et la Renaissance*(Flammarion, 2003), 공저로 *Mesure et Démesure*(Ellipses, 2004) 외 다수가 있으며, 전공인 르네상스 시대의 시인뿐만 아니라 여행기에 대한 연구를 진행하면서 "Écriture de l'histoire et fiction de soi chez Jean de Léry" 외 다수의 논문을 발표했다.

홍석표

서울대학교 중어중문학과를 졸업하고 동 대학원에서 중국현대문학 전공으로 박사학위를 받았다. 현재 이화여자대학교 중어중문학과 교수로 재직하고 있다. 주요 저서로는 『중국 근대학문의 형성과 학술문화담론』, 『중국현대문학사』, 『중국의 근대적 문학의식 탄생』, 『천상에서 심연을 보다: 루쉰魯迅의 문학과 정신』, 『현대중국, 단절과 연속』 등이 있다. 주요 역서로는 『루쉰전집』 제1권(2인 공역), 『무덤』, 『한문학사강요 · 고적서발집』, 『화개집 · 화개집속편』, 『아Q정전』, 『중국당대신시사』, 『신적시선辛笛詩選』, 『매의 노래(바진 수상록)』(3인 공역) 등이 있다.

송기정

이화여자대학교 불어불문학과를 졸업하고 프랑스 파리 3대학에서 불문학 석사 · 박사학위를 받았다. 현재 이화여자대학교 불어불문학과 교수로 재직하고 있으며, 파리 3대학에서 초빙교수로 강의와 연구 활동을 한 바 있다. 한국프랑스학회 회장과 한국기호학회 회장을 역임했다. 저서로 『광기, 본성인가 마성인가: 종횡으로 읽는 광기의 문학 서설』, 『소설과 영화 사이－스크린 위에 소설을 쓰다』, 『신화적 상상력과 문화』(공저), 『자본주의 사회와 인간 욕망』, 『현대 프랑스문학과 예술』(공저), 『프랑스 문학과 여성』(공저) 등이 있고, 역서로 『여명』, 『루이 랑베르』 등이 있다. 그 외에 19세기와 20세기 프랑스 소설에 대한 다수의 논문이 있다.

지젤 세쟁제르Gisèle Séginger

현재 파리-동 대학의 문학 · 지식 · 예술연구소 소장으로 재직하고 있으며, 지식과 재현의 역사에 관심을 가지고 연구를 진행하고 있다. 19세기 문학 전문 잡지 *Romantisme*(프랑스)과 *Nineteenth-Century French Studies*(미국)의 편집위원으로 활동 중이며, 저서로 *Flaubert. Une éthique de l'art pur*(SEDES, 2000), *Flaubert, une poétique de l'histoire*(Presses Universitaires de

Strasbourg, 2000), *Nerval au miroir du temps*(Ellipses, 2004), *Spiritualités d'un monde désenchanté*(Presses Universitaires de Strasbourg, 1997) 외 다수가 있고, 80여 편의 논문을 발표했다.

오영주

서울대학교 불어불문학과 및 대학원을 졸업하고, 프랑스 파리 7대학에서 『플로베르, 정치와 사랑의 감상주의 비판』으로 박사학위를 받았다. 현재 이화여자대학교 이화인문과학원 HK연구교수로, 근대/탈근대 담론과 문화번역 관련 연구를 하고 있다. 저서로 『마담 보바리: 현대문학의 전범』, 공저로 『프랑스, 하나 그리고 여럿』, 역서로 『사랑의 범죄』가 있으며, 「〈소돔 120일〉의 경제적 상상력」 외 18－19세기의 프랑스 근대 문학에 대한 다수의 논문을 발표했다.

장미영

이화여자대학교와 동 대학원 독어독문학과를 졸업하고 독일 뮌스터대학에서 『요셉 폰 아이헨도르프의 소네트 연구』로 박사학위를 받았다. 현재 이화여자대학교 독어독문학과 교수로 재직하고 있다. 저서로 『문학의 영혼, 음악의 영감』, 『나르시스의 연못』, 『독일: 내면의 여백이 아름다운 나라』(공저), 역서로 『젠더 연구』(공역), 『사랑의 유희』, 『보르프스베데. 로댕론』이 있으며, 독일 고전주의와 낭만주의, 예술사 관련 논문들이 다수 있다.

미카엘 수보트닉Michael A. Soubbotnik

자연법과 실증법 이론에 대한 논문으로 프랑스 파리 10대학에서 박사학위를 받았으며, 현재 파리-동 대학 철학과 교수로 재직하고 있다. 정치철학 전문지 *Revue Française d'Histoire des Idées Politiques*의 편집위원으로 활동하면서, 언어철학과 북미와 브라질 문학에 관심을 가지고 연구를 진행하고 있다. 저서로 *La philosophie des actes de langage : la doublure mentale et l'ordinaire des langues*(PUF, 2001)가 있으며, "L'histoire, la fiction et la faute dans

Roger Malvin's Burial de Nathaniel Hawthorne" 외 다수의 논문을 발표했다.

조윤경

이화여자대학교 불어불문학과와 동 대학원을 졸업하고, 프랑스 파리 3대학에서 초현실주의 시 연구로 박사학위를 받았으며, 파리 고등통번역대학교(ESIT)에서 번역사자격증을 획득했다. 현재 이화여자대학교 불어불문학과 교수로 재직하고 있다. 시와 상상력 이론, 이미지와 텍스트 이론, 매체 및 몸 담론에 관한 연구를 진행하고 있으며, 경기 디지로그 창조학교에서 창조이론과 교육분야 멘토로 활동하고 있다. 저서로는 『미래를 만드는 새로운 문화 새로운 상상력』, 『보는 텍스트, 읽는 이미지』, 『초현실주의와 몸의 상상력』 등이 있고, 역서로 『Made in USA: 미국 문명에 대한 새로운 시선』, 『스물한 편의 연애편지』가 있으며, 논문으로는 「초현실주의의 수사법과 창의성 교육」, 「문학텍스트와 사진이미지의 상호매체적 관계 연구」, 「포스트휴먼과 기술적 상상력」 등이 있다.

김미현

이화여자대학교 국어국문과를 졸업하고 동 대학원에서 『한국근대여성소설의 페미니스트 시학』으로 박사학위를 받았다. 현재 이화여자대학교 국어국문학과 교수로 재직하고 있다. 저서로 『한국여성소설과 페미니즘』, 『판도라상자 속의 문학』, 『여성문학을 넘어서』, 『젠더 프리즘』 등이 있고, 공저로는 『우리문학의 여성성, 남성성』, 『페미니즘과 소설비평』, 『페미니즘은 휴머니즘이다』 등이 있다. 소천비평문학상, 현대문학상, 팔봉비평문학상 등을 수상했다.

기지 피사노Giusy Pisano

파리-동 대학 영화·시청각학과 교수로 재직하고 있다. 주로 영화미학과 영화사에 대한 연구를 진행해왔으며, 특히 소리와 이미지에 대한 연구에 깊은 관심을 기울이면서 이와 관련된 다수의 논문을 발표해왔다. 저서로는 *L'amour fou au cinéma*(Armand Colin, 2010), *Une archéologie du cinéma sonore*(CNRS,

2004), *Le muet a la parole. Cinéma et performances à l'aube du XXe siècle*(CNRS/AFRHC, 2005), *La Musique!* (AFRHC, 2003) 등이 있다.

이준서

서울대학교 독어독문학과를 졸업하고, 동 대학원에서 석사를 마치고 박사과정을 수료했다. 연극영화학/독문학 분야 독일학술교류처(DAAD) 장학생으로 독일 베를린자유대학교에서 『하이너 뮐러의 텍스트에 나타난 웃음』으로 박사학위를 받았다. 현재 이화여자대학교 독어독문학과 교수로 재직하고 있다. 저서로는 『'통일 이후 통일과정'으로서의 독일 통일영화』 등이 있으며, 역서로는 『매체로서의 영화』(공역), 『피나 바우쉬』(공역), 『독일영화사』 등이 있다.

이수진

서강대학교 불어불문과를 졸업한 후, 프랑스 파리 8대학 불문과에서 『한국적 담화상황에 적용된 기호학: 임권택 영화 춘향뎐 읽기』로 박사학위를 받았다. 현재 이화여자대학교 이화인문과학원 HK연구교수로, 포스트-휴머니즘과 예술적 재현 관련 연구를 하고 있다. 저서로 『만화기호학』, *Une lecture du film d'Im Kwon-Taek : Le chant de la fidèle Chunhyang*(프랑스), 역서로 『이미지, 모험을 떠나다』, 『상상적 기표-영화 · 정신분석 · 기호학』, 『영화의 의미작용에 관한 에세이1, 2』 등이 있다. 논문으로는 이미지 내러티브에 적용된 기호학 연구로 「이미지와 상징의 배열」, 「감각의 시뮬레이션」, 「인터페이스와 은유의 상상력」, 포스트휴머니즘 연구로 「패러다임 쇄신의 역사」, "Mémoire dématérialisée à l' ère du post-humain"(프랑스) 등이 있다.

장-미셸 뒤라푸르Jean-Michel Durafour

EHESS에서 미학 박사학위를 받은 후, 현재 파리-동 대학 영화 · 시청각학과 교수로 재직하고 있다. '사건événement' 이론을 적용한 이미지 분석에 관심을 가지고 연구하고 있으며, 특히 미국과 일본 영화에 대한 다수의 논문을 발표했다.

저서로 Jean-François Lyotard와 공저한 *Questions au cinéma*(PUF, 2009)와 *Hawks, cinéaste du retrait*(Presses Universitaires du Septentrion, 2007), *Millennium Mambo*(La Transparence, 2006) 등이 있다.

역사의 글쓰기

문학과 영화가 역사를 만날 때

펴낸날 초판 1쇄 2013년 5월 8일
엮은이 이화인문과학원
펴낸이 김훈순
펴낸곳 이화여자대학교출판부
주소 서울특별시 서대문구 이화여대길 52(우120-750)
등록 1954년 7월 6일 제9-61호
전화 02) 3277-2965(편집), 02) 362-6076(마케팅)
팩스 02) 312-4312
전자우편 press@ewha.ac.kr
홈페이지 www.ewhapress.com
책임편집 이정원
디자인 정혜진
찍은곳 한영문화사

ISBN 978-89-7300-974-9 93860

값 18,000원

* 잘못된 책은 바꾸어 드립니다.

이 도서의 국립중앙도서관 출판시도서목록(CIP)은 서지정보유통지원시스템 홈페이지(http://seoji.nl.go.kr)와 국가자료공동목록시스템(http://www.nl.go.kr/kolisnet)에서 이용하실 수 있습니다.(CIP 제어번호: CIP2013004071)